빠르게
생각하고
똑똑하게
말하라

THINK FASTER TALK SMARTER

빠르게 생각하고 똑똑하게 말하라

스탠퍼드대
최고의 말하기 강의

맷 에이브러햄스 지음
진정성 옮김

whale 🐋 books

민첩하게 생각하고 매끄럽게 말하도록 이끌어준
가족, 선생님, 멘토, 동료들에게

전하지 못한 이야기를
마음속에 담아두는 것보다 큰 고통은 없다.
–마야 안젤루Maya Angelou

즉석에서 그럴듯한 연설을 하려면
준비하는 데 석 주는 족히 걸린다.
–마크 트웨인Mark Twain

추천사를 쓰기 위해 원고를 받아보고 가슴이 콩닥콩닥 뛰었다. '맞아 맞아', '그게 그것이었어' '아, 이래서 그랬구나'를 연발했다. "물 반 고기 반"은 이런 때 쓰는 말이던가. 어느 한 줄 버릴 게 없다. 감탄을 넘어 감동이다.

말하기 관련 책을 세 권 쓰는 과정에서 의문과 미결의 과제로 남아 있던 부분이 말끔히 해소된 느낌이다. '말하기' 강의를 할 때마다 가렵긴 가려운데 어디가 가렵고, 왜 가려운지 몰라 답답했다. 이제 비로소 시원해졌다. 비어 있던 한 부분에 퍼즐 조각이 맞춰진 기분이다.

내가 번역서를 고르는 기준은 세 가지다. 첫째, 우리 실정에 맞는가. 둘째, 실용적인가. 셋째, 번역이 잘 되었는가. 이 책은 세 조건을 모두 충족한다.

우선, 우리와 맞지 않는 서양의 언어 습관이나 발화 상황을 전제로 얘기하지 않는다. 말하기 관련 번역서 가운데는 우리 사정과 동떨어진 예를 들어 설명하는 책들이 많은데, 이 책은 동서양 구분 없이 보편적으로 적용되는 내용을 다루고 있어 이질감이 없다.

일반론을 다루다 보면 현실성이 떨어져 실질적이지 않을 수 있다. 그런데 이 책은 그야말로 실용적이다. 당장 써먹을 수 있는 팁으로 가득하다. 6가지 커뮤니케이션 기술은 물론이고, 잡담, 설득, 조언, 사과에 이르기까지 상황별 대응 노하우를 담고 있다.

번역에도 공을 많이 들였다. 예를 들어, 말할 때 긴장을 다스리는 방법을 소개하면서 여기에 집중/행동 관찰/가볍게 들숨/자기암시 문구의 앞글자만 따서 '여행가자'로 번역했다.

이 책은 덤으로 세 가지를 더 선사한다. 그것은 바로 〈실전 연습〉과 〈요약〉과 〈실전 시나리오〉다. 읽다가 지루할 만하면 등장하는 〈실전 연습〉은 재미있고 유익하다. 나는 〈실전 연습〉이 이 책의 가장 큰 장점이자 매력 포인트라고 생각한다. 요소요소에 있는 〈실전 연습〉만 읽어도 이 책을 선택한 충분한 의미와 가치가 있다고 확신한다.

이 책은 요약이 잘 되어 있다. 저자가 테드 강연과 대학 강의를 해서인지 몇 가지, 몇 단계, 이런 식으로 조목조목 일목요연하게 정리해준다. 특히 6가지 커뮤니케이션 기술을 소개하는 파트에서는 장마다 친절하게 〈요약〉을 끝에 붙여줬다.

이 책은 크게 두 개 파트로 이뤄졌는데, 첫째 파트가 6가지 커뮤니케이션 기술을 소개한 이론편이라면, 둘째 파트는 실전편이다. 실전편은 잡담, 사과 등 각 상황별로 '무엇을 말할지'를 단계별로 제시하고, '어떻게 말할지' 몇 가지 비결을 제안한 후, 〈실전 시나리오〉를 소개한다. 무엇을, 어떻게 말할지 숙지한 후 〈실전 시나리오〉에 적용해 보면 어느덧 말하기 고수가 되어 있는 자신을 발견할 것이다.

_강원국(《《강원국의 어른답게 말합니다》》,《《강원국의 결국은 말입니다》》 베스트셀러 저자)

즉석에서 횡설수설하지 않고
똑똑하게 말하는 법

"어떻게 생각하세요?"

누구나 이렇게 간단하고 순수한 질문을 받아보았을 것이다. 주변 사람들이 내 대답을 기다리는 사이 분위기는 어색해지고, 머릿속은 긴장으로 새하얘진다.

사람들이 들어찬 업무 회의에서 안건 대신 점심 메뉴를 생각하고 있는데 상사가, 중요한 발표를 망친 뒤 함께 탄 만원 엘리베이터에서 동료가, 꼭 입사하고 싶은 기업의 면접 자리에서 임원이, 학생들로 빼곡한 대형 강의실에서 교수가 콕 집어 내 생각을 묻는다면 어떨까?

갑자기 이런 질문을 받으면 곤혹스럽고 마음이 떨린다. 재빨리 명쾌한, 가능하면 좀 그럴듯한 대답을 해야 한다는 압박이 우리를

찾아온다. 적어도 헛소리를 늘어놓아 망신당하는 것만은 피하고
싶다.

가슴에 손을 얹고 대답해 보자. 솔직히 이런 생각이 들 것이다.

'와, 망했다!'

자발적 의사소통과 긴장

누군가 대놓고 내 생각을 묻지 않더라도 자발적으로 말해야 하
는 상황은 꽤 많다. 결혼식 피로연에 참석했는데 친구가 건배사
를 청한다든가, 화상회의에 접속했는데 다른 직원들이 아직 들어
오지 않아 CEO와 단둘이 대화를 나눠야 한다든가, 근사한 파티
에 갔는데 동료가 장차 사업에 도움이 될 사람을 소개해 준다든
가, 공식 프레젠테이션이 끝났는데 사회자가 15분간 비공식 질의
를 받자고 제안할 수도 있다.

그런가 하면 어쩔 수 없이 위기에서 벗어나기 위해 말을 해야
할 때도 있다. 낯 뜨거운 실례를 범한 뒤 말재간으로 상황을 수습
해야 한다든가, 중요한 프레젠테이션에서 장비가 먹통이 되는 바
람에 시간을 때워야 한다든가, 상대에게 말실수해 사과해야 한다
든가, 갑자기 머릿속이 하얘져서 상대의 이름이나 하려던 말을 잊
을 수도 있다.

사람들은 대부분 갑자기 자발적으로 대화를 해야 하는 상황을 상상하기만 해도 심장이 오그라든다. 벌레, 주삿바늘, 좀비, 유령, 어둠보다 공개 석상에서 말하는 것을 더 두려워한다는 조사 결과도 있다.[1] 심지어 이 조사는 사전에 계획한 공식 연설을 대상으로 한 것이다. 준비할 틈도, 의지할 원고도 없는 상황이라면 두려움은 더욱 커질 수밖에 없다.[2]

그다지 말하기를 두려워하지 않는 사람도 남 앞에서 실언하거나, 대답을 더듬거나, 제대로 된 답을 하지 못했을 때는 당혹스러울 수밖에 없다. 능력이 부족해서 돌발 상황에 제대로 대처하지 못했다는 자괴감과 함께 향후 즉석에서 말해야 하는 상황에 대한 불안감이 찾아온다. 이런 자괴감과 불안감은 능숙하고 열정적으로 소통하는 데 방해가 된다.

남의 시선과 긴장

평소처럼 가슴 앞으로 팔짱을 끼어보자. 팔짱을 풀었다가 이번에는 안쪽 팔이 바깥쪽으로 오도록 다시 끼자. 어쩐지 부자연스러운 기분이 들 것이다. 잠깐이지만 팔을 어떻게 해야 좋을지 몰랐을 것이다. 마음과 몸이 따로 놀아서 혼란스럽고 당혹스러웠을 수도 있다.

곤란한 질문을 받거나 돌발 상황에서 말해야 할 때도 비슷한 기분이 든다. 자연스럽게 팔짱 끼는 법을 알듯이 무슨 말을 해야 좋을지 잘 알고 있을 때도 있다. 하지만 환경이 달라지면(사람들이 모여 있거나 압박을 받으면) 버겁고 불안한 감정을 느낀다. 이럴 때 투쟁-도피 반응fight or flight response이 일어나는 것이다. 대표적인 증상은 이러하다. 심장이 두근거리고 손발이 떨리며 몸의 '배관'이 거꾸로 된 양 손바닥처럼 평소 건조한 부위가 땀으로 젖고 평소 촉촉하던 입이 바짝바짝 마른다. 이런 상황에서 벗어나려고 발버둥 치는 사이 입에서는 두서없는 말이 더듬더듬 흘러나온다. 이제 대화가 삼천포로 빠진다. 발끝만 쳐다보거나 의자 깊숙이 몸을 구겨 넣거나 안절부절못한다. 듣는 사람이 부담스러울 만큼 '음'과 '어' 등을 남발한다.

완전히 머릿속이 하얘질 때도 있다. 2014년 미국 라스베이거스 국제전자제품박람회에서 있었던 일이다. 블록버스터 영화 〈아마겟돈〉과 〈트랜스포머〉 시리즈 감독 마이클 베이가 후원 기업에 관한 프레젠테이션을 하는데 프롬프터에 문제가 생기고 말았다. 즉석에서 뭔가 말해야 했던 베이 감독은 자신이 만든 영화에 대해 이야기하는 중이었는데도 거의 말을 잇지 못했다. 결국 그는 잠깐 어물거리다 짤막한 사과의 말을 남기고 연단에서 내려왔다. 어느 평론가는 "〈트랜스포머 2〉를 본 이래 그렇게 민망한 경험은 처음이었다"라고 비꼬았다.[3]

"즉석 연설은 저랑 맞지 않아서요…"

이후 베이 감독은 그날 일을 두고 "저는 즉석에서 말하는 재주가 없는 것 같습니다"라고 평했다. 이처럼 즉석에서 말을 잘하는 게 타고난 성격이나 재능에 달렸다고 믿는 사람이 많다. 요령이 있는 사람, 없는 사람이 정해져 있다는 것이다. 그리고 그런 능력을 타고나지 못했을 뿐이라고 자위한다. "수줍은 성격이라…"라든가 "나는 말보다는 숫자에 강한 편이어서…"라고 해명한다. 급기야 머리가 나쁘고 역량이 부족하다고 결론짓기도 한다.

그런가 하면 재앙에 가까운 기억 때문에 자신이 소통에는 젬병이라고 평생 믿고 사는 사람도 있다. 60대 후반에 접어든 사서 제인은 아끼는 손녀딸의 결혼식에서 축사하는 것이 소원이다. 하지만 사람들 앞에서 일어나 말할 생각을 하기만 해도 제인은 등줄기에 소름이 돋았다. 왜 그렇게 두려워하냐고 물어보니 수십 년 전 고등학교 시절 이야기가 튀어나왔다. 선생님의 질문에 대답하자마자 선생님이 반 아이들 앞에서 "지금껏 수업에서 들은 가장 멍청하고 최악인 대답이다"라고 소리쳤다는 것이다. 제인은 당황할 수밖에 없었다.

그날은 삶의 분기점이 되었다. 이후 제인은 회의나 사교 모임에 적극적으로 나서지 못했다. 사서가 되기로 한 것도 돌발 상황에서 스트레스를 받으며 말할 필요가 거의 없으리라는 생각 때문이었다. 제인은 즉석에서 제대로 말하지 못해 겪었던 망신이 반복될까 봐 자신의 삶에 엄청난 제약을 걸었던 것이다.

제인과 비슷한 경험을 가진 사람은 생각보다 많다. 자신이 즉석에서 말하는 일에 제대로 대처할 역량이 없다는 것을 뼈아프게 깨닫고 그런 상황을 꺼린다. 그 후로는 악순환이 이어진다. 신경이 곤두서서 말을 제대로 하지 못하고, 그 결과 더 긴장해서 어처구니없는 말실수를 반복한다. 어느 순간 긴장은 도저히 감당하기 어려운 수준까지 올라간다. 머릿속에서 "도저히 못하겠어"라는 돌림 노래가 울려 퍼지면서 우리의 의견과 생각은 마음속에 묻은 채 숨어버린다. 강의실 뒷자리, 회의실 한쪽 구석 자리를 찾아 헤매고, 화상회의를 할 때는 카메라를 끄고 음소거 버튼을 누른다.

직장과 일상에서 일어나는 돌발 상황에서 적절하게 소통하지 못하면 문제가 심각해질 수 있다. 작은 소프트웨어 스타트업에서 일하는 크리스라는 직원은 회사의 주력 제품을 포지셔닝하는 방법에 대한 좋은 아이디어를 떠올렸다. 아이디어가 상당히 급진적이어서 전략을 수정해야 했고, 이에 대한 면밀한 검토가 이어졌다. 사람들이 아이디어를 구체적으로 설명해 달라는 질문을 던지자 크리스는 얼어붙고 말았다. 긴장한 모습이 역력했고 주제에서 벗어난 모호하고 장황한 답을 내놓았다. 탐탁지 않았던 상사와 동료는 크리스의 의견을 무시하고 역량을 깔보았다. 결국 크리스는 해고당하고 말았다. 그로부터 불과 6개월 뒤 새로 들어온 한 직원이 크리스와 똑같은 아이디어를 내놓았다. 회사는 그의 의견을 채택했다. 곤란한 질문을 받았을 때 더 명확하고 설득력 있게 아이디어를 제시했다는 것만이 크리스와의 유일한 차이점이었다.

스탠퍼드식 커뮤니케이션 6가지 기술

이 책을 쓰는 것은 제인과 크리스, 그밖의 돌발 상황에서 말하길 어려워하는 모든 사람에게 희망이 있기 때문이다. 내가 가르쳤던 학생인 아차나는 남들과 잘 어울리지 못했다. 얼마 전 미국으로 건너왔고 직업도 바꾼 터라 자신감이 없었을뿐더러 목소리를 내는 것도 주저했다. "저에게 스스로 엄격한 잣대를 들이댔어요. 잔뜩 긴장하고 회의에서 의견을 내는 것도 꺼렸죠." 아차나는 말을 제대로 못한 탓에 불이익을 받고 커리어를 쌓을 중요한 기회도 놓치고 있다는 것을 깨달았다.

아차나는 효과가 입증된 여러 방법과 기술을 배우고 실전에 응용하면서 긴장을 풀고 자연스럽게 행동하게 되었다. 내면의 비판적 목소리에 휩쓸리지 않고 자신감이 붙자 남 앞에 나서서 말하는 일이 전처럼 두렵지 않았고 돌발 상황에서 보다 쉽게 이야기하게 되었다. 얼마 지나지 않아 아차나는 불안에 떨지 않고 팀 회의를 주도하기도 했다. 동료 직원이 세상을 떠났을 때는 사람들 앞에 나서서 그와의 따뜻한 옛 추억을 이야기하는 자기 모습에 스스로 놀랄 지경이었다.

물론 외향적 성격, 거침없는 태도, 번득이는 재치, 말재간을 타고난 사람들이 있다. 하지만 말재주가 없다 해서 자신을 '원래 그런 사람'이라는 틀에 가두고 표기할 필요는 없다. 즉석에서 말하는 데 가장 큰 영향을 미치는 요인은 타고난 재능이 아니라 목표에 접근하는 방식이다.

즉석에서 소통해야 하는 상황을 상상하면 난처해하는 자신의 모습을 떠올리는 사람들이 많다. 이런 생각이 계속되면 지레 겁먹어서 상황에 제대로 대처하지 못한다. 하지만 압박감을 줄이고 검증된 소통 기술을 실천해 보면 예상 밖의 대화도 유연하고 효과적으로 이어갈 수 있다. 돌발 상황에서 이야기하는 것을 즐기는 경지에 이를지도 모른다. 사람은 누구나 빠르게 생각하고 똑똑하게 말하는 법을 배울 수 있다.

타고난 매력, 사회성, 말재주에 상관없이 누구든 이 책에 담긴 '스탠퍼드식 커뮤니케이션' 기술과 맥락을 고려한 구체적 예시를 활용하면 즉석에서 편안하고 자신감 있게 말하게 될 것이다.

스탠퍼드식 커뮤니케이션 기술에는 여섯 가지 원칙이 있다.

첫째, 익히 아는 사실을 인정해야 한다. 우리는 이미 전반적인 소통, 특히 즉석에서 말하는 상황에 스트레스를 받는다는 사실을 잘 알고 있다. 그러므로 나에게 맞는 긴장 관리 계획을 세워야 한다.

둘째, 즉석에서 말해야 하는 상황을 관계 맺기와 협동의 기회로 인식하고, 우리가 소통에 나설 때 자신과 타인을 평가하는 방식을 돌아봐야 한다.

셋째, 새로운 사고방식을 받아들이고 위험을 감수하며, 실수가 실패가 아닌 경험으로 재해석해야 한다.

넷째, 남들이 하는 말(때로는 하지 않는 말)을 경청하는 한편, 내면의 목소리에 귀 기울여야 한다.

다섯째, 이야기 구조를 이용해서 자신의 생각을 더욱 이해하기 쉽고 날카로우며 설득력 있게 제시해야 한다.

여섯째, 정확도와 연관성, 이해도, 간결성 등 대화에 영향을 미치는 주요한 요인들을 반드시 듣는 이에게 초점을 맞춰야 한다.

사람들은 난처한 질문을 받았을 때 제대로 답하려면 타고난 재능과 재치가 필요하다고 속단한다. 물론 그런 재능을 타고난 사람도 있지만, 돌발 상황에서 똑똑하게 말하는 진정한 비결은 연습과 준비에 있다. 따라서 앞으로 마주칠 돌발 상황에 대비해 시간을 들여 여섯 가지 커뮤니케이션 기술을 길러야 한다. 시간을 투자하고 해묵은 습관을 버리고 의식적으로 말한다면 사람은 누구나 즉석에서 똑똑하게 말할 수 있다.

새로운 기술을 익힐 때면 항상 그렇듯, 자기 자신을 들볶지 않는 것이 중요하다. 곤란한 질문을 받았을 때 설득력 있게 소통하는 사람이 되려면 시간이 걸린다. 단번에 성공하겠다고 마음먹는다면 스트레스를 받고 이내 포기하게 된다. 똑똑하게 말하려고 노력 중이라는 사실만으로도 의미가 있다. 대부분의 사람은 즉석에서 제대로 말하는 법을 아예 생각해 보지 않거나, 뭔가 해볼 만큼 용기를 내지 못한다. 하지만 당신은 이 책을 펴들 만큼의 목표와 용기를 갖추고 있다.

돌발 상황에서 멋지게 소통하는 법을 완전히 익히려면 인내, 헌신, 노력, 품위가 필요하다. 내가 가르쳤던 이들이 몸소 보여주듯 그 효과는 인생을 통째로 바꿔놓을 수 있다.

인생은 테드^{TED} 강연이 아니다

즉석에서 말하기에 관한 가장 도움이 되지 않는 생각은 모든 말하기 상황에서 완벽하게 자신을 표현해야 한다는 것이다. 테드 강연의 주인공은 큐카드 없이 자연스럽게 이야기하는데도 얼마나 세련되었는가. 많은 사람들 앞에서 카리스마를 발산하고 깊은 감명을 주는 애플의 스티브 잡스나 미국 전 영부인 미셸 오바마 같은 사람들은 또 어떤가.

하지만 테드 강연은 공들여 짠 대본이 있고 심지어 편집을 거치기도 한다. 스티브 잡스와 미셸 오바마도 발표를 연습하고 다듬는데 몇 달씩 시간을 투자한다. 하지만 우리는 이렇게 완벽을 기해서 미리 준비한 이야기와 일상에서 자주 하는 즉흥적 소통을 혼동하곤 한다. 리허설을 거친 이야기에 적용해야 할 잣대를 일상적인 상황에서 하는 말에 들이대는 것은 옳지 않다. 발표에 임할 때처럼 완벽을 목표로 하는 대신 불완전한 부분을 받아들이고 어떻게 하면 그 순간에 가장 잘 집중할지에 초점을 두어야 한다.

역설적이게도 '제대로' 소통하려고 발버둥을 칠수록 '형편없이' 소통할 확률이 높아진다. 성공 비결을 외우려고 애쓰거나 특정 말투에 집착하다 보면, 연습했던 것을 기억하는 데만 정신이 팔려 정작 실전에서는 얼어버리거나 주변 상황에 적절히 대응하지 못한다. 그 순간 진정성 있게 호응할 기회를 놓치는 것이다. 빨리 생각하고 똑똑하게 말하기 위해 진짜 해야 할 일, 즉 본연의 모습을 보여주고 현재에 집중하며 듣는 이들과 마음이 통하는 것에서부터 멀어지는 셈이다.

청중 앞에서 쇼팽의 〈에튀드〉를 연주하는 피아니스트는 테드 강연을 준비하는 연사처럼 완벽을 기하기 위해 모든 음을 암기한다. 반면 즉흥적으로 말하는 것은 재즈에 가깝다. 상황에 맞춰 즉석에서 변주를 하고, 주변 사람들과 호응하는 것이다. 임기응변을 발휘하고 즉석에서 효과적으로 이야기하려면 소통에 관한 기존의 지식은 제쳐두고 새로운 기술을 익혀야 한다. 재빠르고 정확하게 상황을 파악하고, 듣는 사람의 요구를 알아차리고, 말을 조율하며, 내 발목을 잡는 긴장을 완화해야 한다.

일상에서의 소통에 계획과 연습이 전혀 필요치 않다는 것은 아니다. 하지만 사람들은 대부분 이미 이런 기술을 (어쩌면 지나칠 만큼) 개발하고 다듬어왔다. 이제 임기응변에도 노력을 기울이고 균형을 맞추어야 한다. 지금까지 해왔던 소통 습관과 버릇을 상황에 맞추어 '응용'할 수 있게 새로운 접근법을 배워야 한다.

A로 시작되는 이름

학창 시절 받은 비난 때문에 사서가 된 제인에 대해 잠깐 이야기했었다. 나는 자라면서 그와는 정반대의 경험을 했다. 책 표지에도 나와 있다시피 내 성은 '아브^{Ab}'로 시작한다. 이는 지금까지 내 인생을 형성하고 당신이 지금 손에 들고 있는 이 책을 쓰도록 해주었다. 무슨 소리냐고? 학교 선생님을 비롯해 윗사람들은 학생이나 아랫사람에게 질문할 때 성의 알파벳순으로 호명하는 경우가 많다. 나는 항상 맨 처음에 불렸다. 학창 시절을 통틀어 첫 번째로 이름이 불리지 않았을 때는 고작 두 번이었다.

항상 첫 번째로 호명되었기 때문에 답을 떠올릴 때 참고할 만한 예시도, 준비할 시간도 거의 없었다. 초등학교 때부터 항상 즉석에서 대답해야 했다. 처음에는 어색했지만 점차 익숙해졌다. 마음 놓고 내 모습을 드러내고, 운에 맡기고, 새로운 시도를 하고, 농담도 던졌다. 다른 친구들은 자신의 이름이 불리기 전에 의견을 발표하는 나에게 고마워하는 것 같았다.

이렇게 긍정적인 강화가 일어나면서 덜 긴장하고, 기회가 왔을 때 붙들 수 있었다. 고등학교에 진학할 즈음, 주변 사람들은 내가 항상 말을 잘하고 먼저 나서는 외향적인 사람이라고 생각했다. 위트가 넘치고 재미있으며 매력적이라고 말하는 사람도 있었다. 그렇다면 나는 본디 이런 사람이었을까? 절대 아니다. 나는 그저 일상에서 소통해야 하는 상황에 즉흥적으로 대처하는 경험을 많이 쌓았고, 꾸준하게 연습해 남 앞에서 이야기하는 것이 자연스러워졌을 뿐이다.

이제 당신도 나처럼 즉석에서 말해야 하는 상황에서 편안하고 자신 있게 대처할 수 있길 바란다. 성을 갈지 않아도 충분히 가능한 일이다.

빨리 생각하고 똑똑하게 말하려면

2010년대 초, 내가 강의를 했던 스탠퍼드대학교 경영대학원 교수들은 흥미로운 현상을 발견했다. 동료 교수진은 강의실을 메운 수십 또는 수백 명의 학생들 앞에서 무작위로 누군가의 이름을 불러 지식을 테스트한다. 사례 연구를 과제로 내주고는 강의실에서 한두 명을 골라 소크라테스도 혀를 내두를 만큼 다양한 질문을 던지는 것이다.

많은 학생이 졸업생 대표로 연설을 하거나 회사 생활을 하면서 발표를 한 경험이 있었다. 그럼에도 불구하고 학생들은 강의실에서 무작위로 이름을 불리면 당황했다. 대부분의 학생이 잔뜩 긴장한 채 출석했고, 이름이 불릴 만한 날에는 결석하기도 했다. 곤란한 질문을 받으면 얼어붙기 일쑤였다. 답을 알고 있는데도 재빨리 날카롭고 통렬하게 대꾸하지 못했다.

나는 경영대학원과 평생교육원에서 공적 소통에 대해 강의하는 '전문가'였기에, 즉석에서 일어나는 사회적 '소통'에 도움이 될 새 강의를 계획해 달라는 요청을 받았다. 이와 관련된 정보를 얻기 위해 소통, 심리학, 진화생물학, 사회학, 교육 분야의 학술지를 뒤졌다. 즉흥 코미디 자료도 훑어보고 정치, 경제, 의학 등 여러 영역에서 즉석으로 이뤄지는 의사소통 사례도 연구했다. 무엇보다도 스탠퍼드대학교 동료 교수진의 의견을 구했다.

마침내 강사 애덤 토빈Adam Tobin과 공동으로 진행했던 스탠퍼드 평생교육원 '즉흥적으로 말하기' 강의에서 쌓은 경험과 여러 자료를 한데 모아서 "빨리 생각하고 똑똑하게 말하는 법: 부담스러운 돌발 상황에서 효과적으로 말하기"라는 워크숍을 열었다. 놀랍게도 이 워크숍은 스탠퍼드대학교에서 전통으로 자리매김했다. 이제 스탠퍼드 경영대학원 재학생은 대부분 졸업하기 전에 빨리 생각하고 똑똑하게 말하는 법을 습득한다.

내 강의에 대한 반응은 굉장했다. 학생들은 무작위로 호명되는 순간을 더 이상 두려워하지 않았고 강의가 더 좋아졌다고 전했다. 온라인에서 내 강연을 들은 사람들은 내가 소개한 방법 덕분에 면접에 합격하고, 투자금을 따내고, 구술시험을 통과하고, 새로운 고객을 설득하고, 상사에게 좋은 인상을 주고, 심지어 약혼했다는 후기를 올려주었다. 기업에서도 내 교육이 더 나은 소통, 더 탄탄한 인간관계, 더 즐거운 업무 경험, 궁극적으로 더 나은 성과로 이어졌다고 평가했다.

당신도 더 편안하고 자신 있게 즉석에서 이야기할 수 있다면 어떨까? 남 앞에 혼자 서서 말하는 게 시험이나 고난이 아니라 참여하고, 배우고, 친해지고, 나아가 즐길 기회가 된다면? 자기 회의감, 땀이 찬 손바닥, 부자연스러운 침묵에서 벗어나 더 논리적이고, 간결하고, 설득력 있게 소통할 수 있다면? 위기에 수완을 발휘하고, 남들의 시선이 내게 쏟아질 때 빨리 생각하고 똑똑하게 말할 수 있다면?

이제 당신도 할 수 있다. 이 책은 마침내 즉석에서 말하는 게 즐거워지는 간결하고 실용적인 가이드다. PART 1 이론편에서는 즉석 대화에 걸림돌이 되는 요소를 이해하기 위한 여섯 단계를 다룬다. 바로바로 말해야 하는 상황에서 압박을 주는 주된 장애물이 무엇인지 알아보고 이를 극복하는 방법을 소개한다.

이를 위해 1강에서는 긴장을 관리하고, 2강에서는 발목을 잡는 완벽주의를 뿌리치며, 3강에서는 회피하거나 저항적인 마인드에서 벗어나는 방법을 소개한다. 이어 4강에서는 뛰어난 성과를 내기 위한 구체적 방안과 요령을 익히고 현 상황에서 필요한 것이 무엇인지 이해하기 위해 청중의 이야기를 능동적으로 듣는 법을 배운다. 5강에서는 즉석에서 콘텐츠의 구조를 완성하는 법을 다룬다. 끝으로 6강에서는 생각의 초점을 잃지 않고 설득력을 갖추게끔 다듬는 방법을 이야기한다.

PART 2 실전편에서는 즉석에서 말해야 하는 흔한 상황을 제시함으로써 일반적인 소통 문제를 해결하는 구체적인 기술을 살펴본다. 효과적으로 피드백을 전달하거나 면접에서 돋보이게 하거나 기업인이 사업 아이디어에 대해 성공적으로 발표하는 일을 도울 때 사용했던 전략도 소개한다. 이 전략은 스몰토크나 청중의 마음에 쏙 드는 건배 제안, 헌사, 소개의 말에서도 쓸 수 있다. 게다가 공감을 불러일으키는 방식으로 사과하는 법도 다루었다. 요약한 내용은 부록 1에 실었다. 끝으로 '빠르게 생각하고 똑똑하게 말하라' 전용 웹사이트로 연결되는 QR코드를 부록 2에 첨부했다. 책에 담긴 개념을 다루고 사례를 보여주는 자료와 영상, 그리고 새로운 이론을 자주 업데이트할 예정이다.

조만간 남 앞에서 말할 일이 있어서 이 책을 폈다면 곧장 실전편 또는 부록으로 건너뛰고 싶을지도 모른다. 그래도 좋다. 다만 소통 능력을 향상할 더 근본적 전략은 이론편에서 만나볼 수 있다.

나는 기존 상식에 반기를 들고 온갖 까다로운 상황을 헤치고 나아가는 데 도움이 될 반직관적 기술을 제시할 것이다. 구체적인 실천 전략인 '실전 연습'과 주요 기술을 좀 더 심도 있게 연습하기 위한 '집중 연습'을 강조한다. 이 기술들을 활용하면 무례를 저질렀을 때 상황을 무마하고, 일촉즉발 상황에서 긴장을 낮추고, 나쁜 소식을 좀 더 정중하게 전하고, 매력 있는 상대와 좀 더 쉽게 친해지고, 파티에서 주목받는 등 전반적으로 더 호감이 가고 매력적이며 효과적인 방식으로 소통하게 될 것이다.

실전에서 자신 있게

물론 이런 기술을 배운다 해서 모든 구체적 상황에 완벽하게 행동하리라는 보장은 없다. 하지만 솔직히 말해서 우리의 궁극적인 목표가 매번 완벽하게 행동하는 것은 아니다. 돌발 상황은 말 그대로 돌발적으로 일어난다. 이런 상황에서 최고의 모습을 보여주는 이들은 내가 이 책에서 다루는 수단과 기술을 유연하고, 민첩하고, 창의적으로 활용하는 사람이다. 이들은 공간과 분위기에 맞게 소통을 조율할 수 있다. 하지만 방법을 아는 것과 모르는 것에는 큰 차이가 있다. 이 책에서 소개하는 방법은 평소라면 버겁게 다가왔을 상황을 편안하고 자신감 있게 헤쳐나가는 데 디딤돌이 되어줄 것이다.

커뮤니케이션을 마스터하는 것은 운동을 배우는 것과 같다. 우선 기본 원리를 습득하고 실전 상황에서 응용한다. 그러면 비록 큰 경기에서 홈런을 때리거나 승점을 따내지는 못할지라도, 목표를 향해 의미 있는 걸음을 내딛고 스스로의 대처에 만족할 수 있다. 내가 한 훈련을 믿고, 위험을 무릅쓰고, 지금까지 편안하게 느꼈던 것에 도전하고 또 실험하는 것이 중요하다. 익히 알던 방법을 모조리 내다 버리는 것이 아닌, 접근 가능한 대안법을 탐색하고 결합해 소통 분야에 익숙해지는 것으로 충분하다.

이 책을 지속적인 연습의 길잡이로 활용하자. 콘퍼런스, 회의, 결혼식, 여행, 방송 출연 등 즉석에서 이야기하고 나를 빛내야 하는 상황을 앞두고 있다면 이 책이 당신의 효과적인 소통에 훌륭한 지침이 되어줄 것이다.

우습게도 사람은 누구나 인생에서 가장 의미 깊은 순간에 임할 준비를 갖추고 있지 않다. 이런 순간은 갑자기 찾아와서 뇌 회로를 정지시키기 때문에 진정한 내 모습을 고스란히 보여줄 수 없다. 하지만 해결책이 있다. 즉석에서 생각하고 말하며, 일관되고 강렬하고 누가 봐도 확실히 진심이 느껴지게 이야기하는 연습을 하면 된다. 말하는 순간 나의 진정한 모습을 보여주고 내 생각을 효과적으로 전달하는 방법은 누구나 배울 수 있다. 이제 시동을 걸어보자. 여섯 단계 기술을 이해하고 실천하면 당신도 곧 빨리 생각하고 똑똑하게 말할 수 있다.

차례

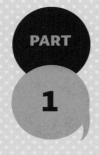

이론편
스탠퍼드식 커뮤니케이션 6가지 기술

PART

2

실전편
상황별 즉석 대화법

PART 1

이론편

스탠퍼드식
커뮤니케이션 6가지 기술

제1강 **침착**

불안한 짐승을
길들여라

긴장에 휩쓸려 당황하지 말고
약간의 노력으로 긴장을 다스리자

양파 껍질을 벗길 때는 항상 눈물이 찔끔 난다. 언젠가 나는 양파 때문에 눈물이 나는 정도가 아니라 완전한 패닉에 빠진 적이 있었다. 전도유망한 소프트웨어 회사 공채에 지원했었는데, 몇 번의 전형을 통과하고 CEO와의 최종 면접만 남은 상황이었다. CEO는 직원을 채용하기 전에 직접 만나보는 것을 자부심으로 여기고 있었다.

면접 시간에 맞춰 도착했는데 한 임원이 먼저 나와서 나를 기다리고 있었다. 그것만으로도 적이 놀랐다. 내가 아는 한 임원은 바빠서 지각하는 일이 다반사였으니까. 엎친 데 덮친 격으로 묵직한 한 방이 날아왔다. 이야기를 나눈 지 한 2분 정도 지났을까, CEO가 예상 밖의 질문을 던졌다(알고 보니 압박을 받았을 때의 대처 능력을 시험하기 위해 뚱딴지같은 질문을 하는 것으로 유명한 사람이었다).

"그쪽이 양파라고 칩시다. 내가 껍질을 세 겹 벗겨낸다면, 뭐가 나타날까요?"

웬 양파? 전공, 경력, 목표 혹은 내가 회사의 인재상과 들어맞는 이유에 대해 말하게 될 거라 생각했는데. 뜬금없이 양파라니?

자라면서 돌발 상황에서 말할 경험이 많았는데도 불구하고, 그때 나는 사람들이 이런 상황에 처할 때 흔히 겪는 투쟁-도피 반응에 휩싸였다. 어깨가 굳었고, 목이 바짝바짝 탔다. 머리는 과부하가 걸렸다. 초조해지고 얼굴이 달아올랐다. 면접을 통과하고 싶은 마음은 간절했지만 그 순간 나를 제멋대로 휘두른 것은 불안감이었다. '뭐라고 대답해야 좋지?'

당황하지 않고 자신 있게 말하려면

자발적 의사소통뿐만 아니라 모든 종류의 소통에 더 능숙해지려면 우선 숨 막히는 긴장감을 관리하는 법부터 익혀야 한다. 앞서 말했듯 긴장감은 우리를 옭아매고 주의력, 에너지, 실행 능력을 무너뜨린다.[1] 자칫하면 불안의 소용돌이에 갇히고 만다. 긴장은 실수를 낳고 자신감을 뒤흔든다. 세상에 나 혼자뿐인 것 같은 생각이 들고 무력감과 소외감에 젖는다. 그 결과 긴장감은 더 심해진다.[2] 최악의 경우에는 그런 상황에 맞닥뜨리자마자 숨이 막혀온다. 긴장 때문에 상황에 대처하는 능력이 마비되는 것이다.[3] 다행히 긴장을 낮추고 어떤 상황에서도 내 생각을 편안하게 전할 방법이 있다. 상대방에게 더 설득력 있게 다가갈 기술도 있다.

우리는 긴장을 말끔히 털어내는 게 아니라 긴장이 내 발목을 잡지 못하도록 해야 한다. 어떤 상황은 항상 긴장을 유발하게 마련이다. 그래도 괜찮다. 약간의 긴장감은 오히려 긍정적으로 작용한다. 각종 연구에 따르면 지나친 스트레스는 과제를 성공적으로 해결하는 데 방해가 되지만, 어느 정도의 스트레스는 오히려 동기 유발에 도움을 준다.[4] 적당한 수준의 스트레스나 불안감은 몸의 에너지를 북돋고 행동을 개시할 준비를 한다. 뇌가 각성되고 집중력이 높아지며, 주변 사람들을 살피고 상황에 적절하게 대응하게 된다. 쥐를 대상으로 한 실험 결과, 급성 스트레스는 뇌 안에서 새로운 신경세포를 만들어내서 기억력을 높이는 것으로 드러났다.[5]

긴장이라는 맹수를 길들이는 최고의 방법은 이중적으로 접근하는 것이다. 첫째, 상황에 처했을 때 나타나는 긴장의 증상에 대처한다. 둘째, 긴장을 유발하는 기저 원인을 해결하면 된다. 여기에서는 증상에 초점을 맞추고, 이후 긴장의 기저 원인에 대해 다룰 예정이다. 증상에 대처하는 데는 간단한 기술 몇 가지가 도움이 된다. 자연스럽게 말해야 하는 상황에 처한 순간, 또는 그 이전에 이런 기술을 활용하면 자신감이 솟고 편안해지며 더 효과적으로 상황에 대처할 수 있다. 면접을 보거나 자연스럽게 소통해야 하는 상황에서 소위 '양파 까기' 같은 기습 질문을 받아도 훨씬 매끄럽게 대응할 수 있는 것이다.

긴장의 증상

사람들이 긴장할 때 종종 겪는 증상은 세 가지 종류로 나눌 수 있다. 감정적 증상, 생리적 증상, 인지적 증상이다.[6] 남에게 떠밀려 자연스럽게 이야기해야 하는 상황에 처하면 우선 자신의 기분이나 느낌에 얽힌 감정적 증상이 찾아온다. 어떤 사람들은 남의 시선을 받으면 종종 스트레스, 압박감, 무력감을 느낀다. 무방비 상태에 놓인 것 같고 겁이 나며 벅차다. 동시에 생리적 증상도 겪는다. 땀이 나고 몸이 떨리고 말을 더듬는다. 가슴이 두근거리고 목소리가 떨리며 호흡이 얕아진다. 말이 빨라지고 산만해지며 얼굴이 상기되고 입이 바싹 마른다. 마지막으로 인지적 증상이 나타난다. 머릿속이 혼란스럽고 할 말을 건너뛰거나 잊어버리는 것이다. 내게 꽂힌 남들의 시선을 의식하느라 내가 말하는 상대, 상대가 원하는 화제에 온전히 집중할 수 없다. 급기야 부정적인 생각에 휘말린다. '준비가 불충분했어', '보나 마나 실패할 테야', '남들이 나보다 낫다' 같은 마음의 목소리가 들려온다.

마음 상태를 파악하자

이런 증상을 어떻게 해결하면 좋을까? 우선 감정적 증상에 대한 대처법부터 알아보자. 스트레스를 유발하는 상황에 처하는 순간 찾아오는, 짐스럽고 부정적인 감정에 대처하는 효과적인 방법은 내 마음 상태를 정확하게 파악하는 것이다.[7] 달갑잖은 감정이 든다는 것을 알아차리고 그 사실을 인정하자. 부정적인 감정을 무시하거나 회피하지 말고, 그런 감정을 느낀다 해서 자책하지도 말자. 부정적인 감정이 '나'라는 사람을 규정짓는 건 아니라는 사실을 되새기자.

스탠퍼드대학교 경영대학원 교수 크리스티안 윌러^{Christian Wheeler}에 따르면 "나와 내 몸 안에서 솟는 긴장감은 별개의 존재다. 이런 식으로 심리적 거리를 두면 그 감정에 휩쓸리는 대신 감정을 객관적으로 파악하게 된다."[8]

실전 연습

긴장감처럼 부정적인 감정이 느껴질 때, 나와 내 감정은 서로 별개의 존재라는 것을 기억하자. 부정적인 감정을 경험하는 내 모습을 한 발짝 떨어져서 관찰하고 있다고 상상해 보자.

내 감정을 파악하자

긴장 후에 맞닥뜨리는 감정을 정면으로 받아들이고, 다른 사람들도 나와 마찬가지라고 자신에게 상기시키자. "긴장하는 이유는 이번 일이 중요하기 때문이야. 내 평판이 달려 있어", "긴장하는 건 자연스러운 일이야"처럼 내 몸과 마음이 어떤지 파악하고 받아들이는 것이 좋다. 나의 부정적 감정이 정상적이고 자연스럽다는 것을 알면 감정에 휩쓸리는 것을 막을 수 있다. 심호흡하거나 옆에 있는 사람이 방금 한 말에 어떻게 대답할지 상상하는 등 현 상태에서 잠깐 벗어나 평소의 나로 돌아올 약간의 여유만 마련하면 된다. 이처럼 자신의 감정을 인정하기만 해도 길을 잃고 헤맬 때 주체감sense of agency과 통제감을 되찾는 데 도움이 된다.

일단 내 감정을 인지하면 우리에게 긍정적으로 작용하도록 인식의 방향을 바꿀 수 있다. 말하기 전 긴장하는 사람들은 종종 마음을 차분히 가라앉혀야 한다고 생각한다. 알코올 같은 외부 요인의 힘을 빌리는 사람도 있다. "청중이 속옷만 입고 앉아 있다고 상상하라"는 미국 드라마 〈브래디 번치The Brady Bunch〉의 유명한 조언9에 따라 시각화에 집중하는 경우도 있다. 하지만 이런 수단은 정신이 흐릿해지거나 주의가 산만해지기 때문에 득보다는 실이 될 때가 많다. 하버드대학교 경영대학원 앨리슨 우드 브룩스Alison Wood Brooks 교수가 말했듯, 이런 경우에는 긴장을 흥분으로 재정의하는 것이 더 나은 전략이다. 브룩스 교수는 일련의 실험을 통해 남들 앞에서 말하기 전 신난다고 되뇐 사람들("나는 신났어"라고 큰소리로 말하는 것이다)이 더 나은 성과를 낸다는 사실을 밝혔다. 이들은 실제로 더 신이 났고, 그 상황을 위협이 아니라 기회로 받아들였다(자세한 이야기는 뒤에서 다루기로 한다).[10]

사실 긴장감은 신나는 기분과 마찬가지로 몸이 '매우 높은 경계심'을 유지하도록 한다. 그래서 긴장감을 신나는 기분으로 재해석하면 주체감을 높일 수 있다. 돌발 상황에서 이야기할 때 찾아오는 불안감에 대한 생리 반응은 마음대로 조절할 수 없지만, 그 감정을 어떻게 인지하고 정의하느냐는 우리에게 달려 있다. 이처럼 스스로 상황을 어느 정도 통제할 수 있다고 느끼면 자연스럽게 말하는 역량이 늘어난다.

속도를 늦추고, 머리를 식히고, 마음을 누그러뜨리자

긴장이 불러오는 신체 증상에 대처하는 검증된 방법 중 하나는 호흡에 집중하는 것이다. 요가와 태극권을 할 때처럼 아랫배가 공기로 가득 차는 깊은 복식호흡을 몇 차례 해보자. 이렇게 호흡하면 마음이 차분해지고 심박과 말하는 속도가 모두 느려진다. 숨을 쉬면서 들숨과 날숨의 길이에 집중하자.

예전에 유명한 신경과학자 앤드루 후버만Andrew Huberman 교수가 〈빠르게 생각하고 똑똑하게 말하라〉라는 내 팟캐스트에 출연한 적이 있다. 후버만 교수는 긴장을 완화하는 심호흡의 효과는 날숨에 있다고 말했다. 숨을 내쉴 때는 폐 안의 이산화탄소가 줄어들어 신경계가 진정되므로 날숨을 들숨보다 두 배 천천히 내쉬라는 것이다. 연구에 따르면 이렇게 심호흡할 경우 신경계가 불과 몇 초만에 진정되기 시작한다.[11] 이런 식으로 두세 번만 호흡해도 심박수가 내려간다. 더불어 말하는 속도도 느려지는 것을 느낄 수 있다. 말할 때 가장 중요한 것은 호흡 조절이다. 호흡이 빠를수록 말도 빨라진다. 호흡을 늦추면 말도 자연스럽게 천천히 하게 된다.

심호흡만으로 말이 느려지지 않는다면 손짓, 고갯짓, 몸의 방향 전환 등 행동도 느리게 해보자. 사람은 말과 제스처의 속도를 맞추는 경향이 있다. 말이 빠른 사람들은 갑자기 획획 움직이는 제스처를 취한다. 행동을 느리게 하면 말도 느려질 것이다.

몸이 투쟁-도피 반응을 일으키면 아드레날린이 분비된다. 위협에서 도망쳐 안전한 곳으로 향하도록 하는 호르몬이다. 아드레날린은 심박수를 올리고 근육을 긴장시키고 몸을 떨리게 한다. 이때 공간 구석구석에 앉은 사람들을 향해 몸을 돌리거나 약간의 손짓을 하면 움직이려는 욕구가 해소되면서 몸이 떨리는 것을 누그러뜨릴 수 있다.[12] 결혼식에서 즉석 건배사를 한다면, 말하면서 천천히 한쪽 끝에서 반대쪽 끝으로 걸어가자(TV에서 변호사들이 판사가 던지는 질문에 답변할 때나 배심원단을 향해 말할 때 이와 같은 행동을 하는 것을 본 적이 있을 것이다). 지나치게 움직여서 주의를 흐트러뜨리는 것은 좋지 않지만, 말의 요점을 바꿀 때 한 방향으로 몇 발짝 걸으면 몸이 느끼는 동요를 덜 수 있다.

얼굴이 붉어지고 땀이 날 때 쓸 만한 방법도 많다. 스트레스를 받으면 심부체온이 올라간다. 심장이 빨리 뛰고 근육이 긴장하며 혈관이 수축하고 혈압과 체온이 올라간다. 이런 경우 체온을 낮추면 증상을 완화할 수 있다. 여기서는 손에 초점을 맞추어야 한다. 손은 이마와 목 뒤처럼 체온을 조절하는 역할을 한다. 추운 아침, 따뜻한 커피 잔을 감싸 쥐면 몸이 따뜻해진다. 체내의 온도조절기가 작동한 덕분이다. 곤란한 질문을 받았다면 병이나 물컵 등 차가운 물건을 만져보자. 긴장되는 상황에서 말해야 할 때 내가 애용하는 방법으로(고백하건대 나도 긴장할 때가 있다) 큰 도움이 된다.

끝으로 말할 때 입이 마르는 짜증스러운 현상도 해결해 보자. 긴장하면 침샘이 닫히게 마련이다. 이때 따뜻한 물을 홀짝이거나 사탕을 녹여 먹거나 껌을 씹어 침샘을 다시 활성화하자. 입에 음식을 물고 있으면 제대로 발음하기 어려우니 말하는 동안에 먹는 것은 금물이다. 하지만 내가 곧 말을 해야 할 듯싶은 상황이라면 미리 침샘을 활성화해 두는 것도 좋다.

뇌를 길들이는 법

당신이 동료와 고객 스무 명이 모이는 중요한 온라인 회의를 주최하고 있다고 치자. 동료가 15분간 발표할 차례인데 인터넷 연결 오류로 접속이 끊어지고 말았다. 팀장인 내가 나서서 빈 시간을 채워야 한다. 그런데 몸은 투쟁-도피 반응을 일으키고 머릿속에서는 어두운 목소리가 울린다. "뭐라고 말해야 좋을지 모르겠네. 다들 내가 어떻게 하는지 지켜볼 텐데. 이 일 때문에 해고당할지도 몰라."

이때 긍정적인 자기암시 문구를 외우면 심술궂은 목소리를 누그러뜨리고 다시 주도권을 잡을 수 있다. 프로 골퍼들은 종종 '진정'이나 '안정' 등의 단어를 반복해서 부정적인 자기 대화를 잠재운다. 더 깊은 목표를 일깨워주는 자기암시 문구를 외워도 좋다. 이런 상황에서 도움이 되는 몇 가지 문구를 소개한다.

"나한테도 좋은 의견이 있어."
"전에도 어려운 상황을 즉석에서 해결한 경험이 있잖아."
"내가 아니라 내가 말하는 내용이 중요해. 이건 설득력이 있어."

이렇게 자기암시를 반복하면 생각의 방향을 바꾸고 머릿속 암울한 도돌이표에서 벗어날 수 있다.[13]

머릿속이 하얘지면 앞으로 나아가기 전에 한발 물러서자. 방법은 간단하다. 방금 한 말을 되풀이해서 말하면 된다. 이렇게 하면 다시 흐름을 찾을 시간을 벌 수 있다. 많은 사람이 열쇠를 잃어버렸을 때 이러한 전략을 활용한다. 열쇠가 있을 만한 곳을 머릿속으로 하나씩 떠올려보는 것이다. 그러면 기억이 되살아나서 열쇠를 어디에 두었는지 알 수 있다.

방금 한 말을 반복하는 건 자칫 청중이 지루해하거나 산만해질 수 있으니 금기라 생각할지도 모르겠다. 같은 말을 3분 동안 50번 반복한다면 그 생각도 맞다. 하지만 대개 반복은 바람직한 전략이다. 요점 하나를 몇 번 반복해서 말하면 듣는 이가 깊은 인상을 받고 내용을 기억하는 데 도움이 된다. 같은 주제를 여러 방식으로 말하면 이해하기도 쉽고 인상이 깊게 남는다. 말은 반복해도 된다 (당신도 눈치챘을지 모르지만 방금 같은 내용을 세 번 반복해서 말해보았다. 생각보다 나쁘지 않았을 것이다).

맥락에 어울리는 만능 질문을 제시해서 시간을 벌 수도 있다. 비밀을 하나 털어놓아야겠다. 나는 강연할 때 가끔 생각의 흐름을 놓친다. 강연이 너무 많다 보니 이 강연에서 어떤 내용을 다뤘는지 정확히 기억나지 않는 것이다. 헷갈리기 시작하면 덜컥 긴장되고 바로 말을 잇지 않으면 바보처럼 보일 것 같은 압박감에 사로잡힌다. 이런 경우 나는 잠깐 멈추고 말한다. "다음으로 넘어가기 전에, 방금 다룬 내용을 어떻게 당신의 일상에 적용하면 좋을지 잠깐 생각해 보세요."

당신도 잠깐 숨을 돌리고 다음에 하려던 이야기를 반추할 만능 질문을 몇 가지 생각해 낼 수 있을 것이다. 이를테면 줌 회의에서는 이런 질문을 해볼 수 있다. "이 정보를 팀원들과 공유할 방법에 대해 생각해 볼까요?" 회의를 주관할 때는 "잠깐 시간을 갖고 우리가 논의한 내용이 전반적인 목표에 맞는지 고민해 봅시다"라고 말하는 것도 괜찮다.

간단한 질문은 사람들이 생각을 하도록 유도하고, 동시에 당신도 잠깐 시선의 중심에서 벗어나 평정을 되찾을 수 있다. 팀 회식, 콘퍼런스, 결혼식 등 즉석에서 말해야 할지도 모르는 행사에 참석할 예정이라면 혹시 모르니 이런 종류의 질문을 몇 가지 미리 준비해 두자.

실전 연습

자발적으로 말해야 할 상황에 놓일 경우를 대비해 사람들에게 던질 질문을 미리 준비해 두자.

말하다가 머리가 하얘질까 봐 생각만 해도 겁이 난다면, 객관적으로 생각하는 것도 도움이 된다. 정말 머리가 하얘질 확률이 얼마나 될지 자문해 보는 것이다. 이성적인 사람들은 대부분 일이

잘 안 풀릴 확률을 20~25퍼센트로 추정한다. 다시 말해 일이 잘될 확률이 75~80퍼센트에 이른다는 것이다. 나쁘지 않은 확률이다.

더 나아가 정말 머릿속이 하얘졌을 때 일어날 수 있는 최악의 결과는 무엇일까? 대부분의 대답은 "창피를 당하겠지" 또는 "분위기가 어색해질 거야", "바라던 대로 경력 성장은 어려울 거 같아", "사람들이 나랑 이야기하고 싶어 하지 않을 거야" 등일 것이다. 그보다 끔찍한 결과를 끝없이 주워섬길 수 있겠지만 두려움을 객관적으로 판단하고 그런 일은 거의 일어나지 않으리라는 것을 인지해야 한다. 남들도 나름의 걱정거리가 있고 자기 앞가림을 하느라 바빠서 우리에게 그다지 신경 쓰지 않는 경우도 많다. 심리학자들이 '스포트라이트 효과spotlight effect'라는 이름까지 붙일 만큼 잘 알려진 현상이다.[14] 당신도 말을 할 때 남들이 나에 대해 부정적으로 생각할 거라고 넘겨짚지는 않는지 돌아보자.

이렇게 상황을 객관적으로 판단하면 불안감이 잦아들고 주체감이 상승한다. 지금 하고 있는 이야기를 구조적으로 정리하면 머릿속이 하얘질 가능성을 줄일 수 있다. 구조가 정리되어 있으면 손에 지도를 쥔 것처럼 길을 잃고 막막해질 확률이 낮아진다. 미리 계획을 세워두지 않아도 괜찮다. 5강에서 다루겠지만 즉석에서도 효과적으로 말의 구조를 짤 수 있다.

말버릇을 가다듬는 법

말하기에 수반되는 인지적 문제 중 하나로 할 말을 생각하는 사이 입에서 튀어나오는 '음', '어', '있잖아'처럼 불필요한 말버릇을 빼놓을 수 없다. 이런 말을 완전히 없앨 필요는 없다. 영화, 드라마, 연극의 각본가들이 대사에 실제로 집어넣을 만큼 어느 정도의 말버릇은 자연스럽고 정상적이다. 문제는 말버릇이 지나칠 경우 주의를 흐트러뜨려서 일종의 언어적 '낙서'와 같은 부작용을 낳는다는 것이다. 다행히 이런 말버릇을 없애는 방법이 있다. 이번에도 호흡이 중요하다.

먼저 숨을 깊이 들이마신다. 숨을 내쉬면서 '음'이라고 말해보자. 문제없이 말할 수 있을 것이다. 이제 숨을 들이마시면서 '음'이라고 말하자. 아마 할 수 없을 것이다. 숨을 들이마시는 동시에 말하는 것은 불가능에 가깝다. 말은 오로지 숨이 밖으로 나갈 때만 가능하기 때문이다. 말하려면 공기를 밖으로 밀어내야 한다. 이 점이야말로 문장과 구절 사이에 나타나는 말버릇을 없애줄 열쇠다.

방법은 간단하다. 말을 할 때, 문장 또는 구절 끝에 완전히 숨을 내쉰 상태가 되게끔 문장과 구절을 또렷이 말하면 된다. 몇 번 연습해 보자. 그리 어렵지 않고 긴 문장이나 구절을 동원할 필요도 없다. 날숨이 문장이나 구절이 끝나는 시점과 맞아떨어지도록 시간을 조율하면 된다. 나는 이 훈련을 할 때 멋지게 착지하는 체조

선수를 떠올리곤 한다. 이런 식으로 호흡과 말을 맞추면 문장 또는 구절을 마무리할 즈음 숨을 들이마실 수밖에 없을 것이다. 그렇게 되면 입버릇처럼 쓰는 말이 자연스레 줄어든다.

이 방법은 말을 잠깐 쉬는 데에도 도움이 된다. 이야기할 때 주어진 시간을 꽉 채워야 하고 조금이라도 침묵이 이어지면 어색하게 느끼는 사람들을 종종 본다. 하지만 절대 그렇지 않다. 중간에 말을 쉬어주면 오히려 듣는 이가 당신이 방금 한 말을 이해하고 반추하는 데 도움이 된다.

실전 연습

문장 또는 구절과 호흡을 맞추는 연습을 하려면 일련의 문장을 죽 이어서 말해보는 것을 추천한다. 문장이 끝날 때마다 톤을 낮추고 숨을 다 내쉬어서 '착지'해야 한다. 일상에서 행동하는 과정을 하나 떠올려보자. 당신이 잘 아는 행동에 관해 설명할 때는 말의 내용보다 문장 끄트머리에 집중한다. 나는 땅콩버터와 잼 샌드위치를 만드는 과정으로 연습하곤 한다. "먼저, 식빵 두 쪽을 꺼낸다.", "그런 다음 식빵 한쪽에 땅콩버터를 적당히 바른다.", "남은 식빵 한 쪽에 잼을 적당히 바른다.", "잼을 바른 쪽과 땅콩버터를 바른 쪽이 맞닿도록.", "식빵 두 쪽을 겹친다.", "샌드위치를 이등분한 다음 맛있게 먹는다." 밑줄친 단어에 도달할 때마다, 구절을 착지시킬 준비를 하고 숨을 다 내쉬도록 한다.

즉석에서 말할 때 따르는 긴장을 관리하는 여러 기술을 표로 정리해 보았다. 말할 때 겪는 나의 어려움은 무엇인지, 또 어떻게 해결하면 좋을지 생각해 보자.

긴장 관리 기본 기술

기술	방법	효과
마음챙김 연습	내 감정을 인지하고 받아들인다.	내가 느끼는 긴장감은 이성적이고 정상적이다.
호흡	의식적으로 호흡하면서 아랫배에 공기를 가득 채운다. 들숨보다 두 배 느리게 날숨을 내쉰다.	심호흡은 불안감을 없애준다.
천천히 행동하기	말할 때 제스처를 천천히 해본다.	말은 종종 몸의 움직임과 속도를 맞춘다. 느리게 행동하면 말도 함께 차분해진다.
체온 내리기	손에 찬 물병이나 차가운 물건을 쥔다.	체온이 내려가면 얼굴이 붉어지거나 땀을 흘릴 확률도 함께 낮아진다.
침 분비하기	껌을 씹거나 사탕을 먹는다.	뭔가를 씹으면 침샘이 활성화된다.
긍정적 자기 대화	머릿속으로 긍정적 자기암시 문구를 되뇐다.	내면의 독설가를 잠재우고 생각의 흐름을 긍정적으로 바꾼다.
한발 물러선 다음 앞으로 나아가기	방금 한 말을 반복하고 질문을 던진다.	기억을 되살리는 데 도움이 되도록 방금 한 말을 반복하거나 듣는 사람에게 질문을 던진다.
객관적으로 생각하기	일을 망쳤을 때 찾아올 수 있는 '최악'의 결과를 상상해 보자(따져보면 최악의 상황도 그렇게 나쁘지는 않다).	사람들은 대부분 당신보다는 자기 자신에게 초점을 맞춘다. 그 점을 기억하면 객관적 시각을 유지할 수 있다.

들숨을 이용해 말버릇 줄이기	숨을 들이마셔야 하게끔 구절을 '마무리' 짓자.	말버릇("음", "어" 등)이 모두 사라지는 것을 몸소 느껴볼 수 있다.

즉석에서 말하는 데 도움이 되는 도구 키트를 만들어봐도 좋다. 차가운 물병, 사탕, 자기암시 문구가 적힌 메모지 등 눈앞의 긴장을 관리하기 위해 필요한 모든 도구를 갖춰두는 것이다. 앞에서 나온 조언 외에 내게 맞는 다른 수단을 추가한다면 어떤 것이 좋을지 고민하고, 즉석에서 말해야 하는 상황에 맞닥뜨렸을 때 바로 활용할 수 있는 키트를 휴대폰, 지갑, 가방 등에 준비해 두자.

긴장 관리 공식 세우기

불안 증상을 날려버리려면 긴장 관리 기술이 몸에 배도록 노력해야 한다. 잠깐 시간을 갖고 방금 설명한 방법을 생각해 보자. 그중 어떤 것이 가장 흥미롭고, 자연스럽고, 도움이 될까? 이미 시도해 본 방법이 있는가? 스포츠를 하거나 이성에게 작업을 걸 때처럼 말하기 외의 다른 분야에서 긴장을 완화하는 법을 사용한 적이 있는가? 그 방법은 말할 때 따르는 긴장을 해소하는 데 어떤 도움을 주었는가?

일단 이를 검토했다면 가장 마음에 드는 것을 모아 나만의 맞춤

형 '긴장 관리 계획'을 만들자. 주체감과 집중에 도움이 되는 긴장 관리 계획은 말할 때 긴장을 풀어주고 의욕을 북돋아 준다. 효과가 있을 것 같고 나를 가장 괴롭히는 불안 증상을 해결해 줄 방법 네댓 가지를 고르자(책 뒷부분에서 다루겠지만 불안의 원천을 해소할 방법을 추가해도 좋다). 그런 다음 실전에서 기억하기 쉽도록 머리글자로 정리해 두자.

긴장 관리 공식(예시)

〈여행가자〉

여기에 집중: 미래의 부정적 결과를 걱정하는 대신, 지금 여기서 일어나는 일에 집중하자.

행동 관찰: 말하는 속도를 늦출 수 있도록 행동을 의식적으로 느리게 하자.

가볍게 들숨, 길게 날숨: 들숨의 두 배 길이로 날숨을 내쉬자.

자기암시 문구: 마음을 가라앉히고 집중할 수 있는 단어나 구절을 말하자.

〈불체자〉

불안한 것은 당연하다. 나만 긴장하는 것은 아니다.

체온이 내려가도록 손에 차가운 것을 든다.

자기 객관화를 하며 완전히 망하더라도 세상이 끝나는 건 아니라고 되뇐다.

나는 모든 학생과 기업 고객에게 긴장 관리 계획을 세우길 권한다. 덕분에 수년이 지났는데도 여전히 이 방법을 쓰고 있다는 감사의 말을 계속 듣는다. 내게 맞는 긴장 관리 계획을 수립하고 실천하면 중대한 이해관계가 얽힌 돌발 상황에서 자신감 있게 대응할 수 있다. 작은 습관도 오랜 시간 유지하면 위대한 변화가 된다.

내가 가르쳤던 스테파니는 이십 대 후반 가업을 이어 사장이 되었다. 이제 그는 다양한 출신인 직원 75명과 소통하고 관리자로서의 면모를 보여주어야 했다. 팬데믹으로 회사가 타격을 입자 사장 노릇은 더욱 어려워졌다. 수십 살 더 많은 직원들은 불안에 떨었고 스테파니가 리더십을 발휘해 주길 바랐다.

회사를 안정화하기 위해 논란의 여지가 있는 결정을 내리자, 직원들은 변화에 저항하며 그를 닦달했다. 직원들과 소통하는 일은 그에게 엄청난 스트레스였다. 영어가 모국어가 아니었기에 상황은 더욱 복잡했다. 스테파니는 남의 시선을 의식한 나머지 말실수를 하고 방어적이며 유머 따위는 없는 태도를 취해서 긴장하고 있다는 사실을 여실히 드러냈다. 불안이 너무 심해져 잠도 잘 이루지 못하고 업무에 집중하지도 못했다. 사장 자리에서 내려올까도 생각했다.

스테파니와 나는 함께 미래 목표에 집착하지 않게끔 돕는 긴장 관리 계획을 세웠다. 시간이 지나면서 스테파니는 그 계획을 심화시키고 다듬어 진정한 자신만의 자산으로 만들었다.

2022년 봄, 그의 긴장 관리 계획은 자신에게 의미가 있는 세 마디, 즉 마음, 말, 정신을 중심으로 돌아가고 있었다. '마음'은 말하는 이유를 가리켰다. 말을 하는 이유가 자신이 아니라 듣는 사람에게 도움이 되고, 직원들의 니즈에 집중하기 위해서라는 것을 상기하면 긴장이 사라졌다. '말'은 듣는 사람과 연결되기 위해 기술적으로 무엇을 해야 하는가에 초점을 맞추었다. 긴장하면 말이 빨라지고 실언하는 경향이 있다는 것을 깨닫고, 천천히 행동하고 잠시 말을 쉴 수 있도록 질문을 던졌다. '정신'은 머릿속이 하얘지고 일을 망칠 실질적 확률이 스테파니가 두려워하는 것보다 훨씬 낮다는 것을 상기시켜 주는 신호였다.

스테파니는 자기만의 긴장 관리 계획을 세우고 꾸준히 실천한 덕분에 이제 긴장을 통제하는 수준이 되었다. 그 결과 직원들을 더 효과적으로 이끄는 한편 일을 즐기고 있다. 요즘은 직원들에게 자신감과 소통에 관한 조언도 해주고 있다.

긴장 관리 계획은 긴장의 일시적 해소가 아니라 더 나은 소통을 위한 지속적인 과정이다. 긴장 관리 계획을 세웠다면 실제 상황에서 시험해 보자. 다음 회사 미팅이나 저녁 모임에 가기 전에 혼자서 긴장 관리 계획을 연습해 본 다음 실전에서 이를 활용한다. 혹시 도움이 되지 않았다면 다른 방법으로 바꾼다(그리고 기억하기 쉽도록 머리글자를 꼭 기록해 두자).

말할 때 생기는 불안감을 단박에 해소할 방법은 없다. 그러나 일단 긴장감이 소통에 방해가 되지 않도록 점진적으로 관리하면 문제를 차차 해결할 수 있다.

나를 발견하자

즉석에서 생각하는 데 익숙해지면 공식 연설이나 발표를 할 때, 특히 돌발 상황에서 큰 도움이 된다. 다음에 다루겠지만 불안감을 관리하면 궁극적으로 더 자연스럽고 솔직하게 행동할 자유를 누릴 수 있다. 곤란한 질문을 받았을 때 더 대담하고, 민첩하고, 유쾌하게 긴장에서 벗어날 수 있다. 상대의 니즈를 더 잘 파악하고 적절히 대응할뿐더러 소통할 때 더 즐거워진다. 이 모든 것이 내가 하는 말의 설득력을 높여준다. 겁에 질리지 않고 말할 수 있게 되는 것이다.

CEO가 그날 면접장에서 나라는 양파의 겉껍질을 세 겹 벗겨내면 무엇이 나올지 물었을 때, 나는 투쟁-도피 반응을 일으켰다. 하지만 불안감에 휩싸이지 않았다. 긴장 관리 계획 중 일부를 실행한 덕분이었다. 우선 심호흡을 하고 자기암시 문구를 외웠다.

"내 생각은 쓸 만해." 나는 거의 즉시 평소 상태를 회복했고 긴장도 대응할 만큼 낮아졌다.

나는 양파 자체에 집중했고, 거기서부터 나머지 답변을 풀어갈 영감을 얻었다. "양파를 까면 눈물이 납니다. 양파를 썰 때마다 눈물이 그렁그렁해지죠. 저는 눈물이 많은 편입니다. 그리고 저처럼 솔직하게 자신의 감정을 드러내는 사람들로 주변을 채우려고 합니다." 이어서 이전 직장에서도 열정적이고 자신의 감정을 공유하는 사람들을 채용했다고 설명했다. 그들의 열린 태도와 에너지 덕분에 우리 팀은 끈끈하고 서로의 힘이 되었으며, 때로 의견이 엇갈리기도 했지만 각자의 입장을 인지하고, 서로의 관점을 존중했다고 말이다.

이야기의 물꼬를 트자 공감, 신뢰, 심리적 안정 등에 대한 더 깊은 이야기를 풀어갈 수 있었다. 그런 요소가 내 삶에서 차지하는 의미를 설명하고 내가 지원한 자리에 그 요소를 활용하길 희망한다고도 말했다.

양파에 집중하고 양파를 따라가는 것은 내가 그때 내린 중요한 결정이었다. 불안에 떨었다면 그런 결정을 내릴 정신도, 용기도 없었을 것이다. 답변을 이어가는 동안 CEO가 미소 짓는 것이 보였다. 예상 밖의 답이었던 것이다. 대부분의 지원자는 이렇게 답했을 것이다. "양파를 까 보면, 제가 성실한 사람이라는 것을 알게 되실 겁니다.", "제가 정직하다는 것을 발견하실 겁니다."

나는 면접장에서 마주 앉은 CEO에게 창의적인 답변으로 나의 성품을 보여주었고, 결국 그 회사에 합격했다. 멋진 시간을 보냈을 뿐만 아니라 그곳에서 일한 경험은 이후 내 커리어의 궤적을 바꿔놓았다.

당시 회사가 나를 합격시킨 요인은 많았겠지만, 결정적인 이유는 CEO가 당황스러운 질문을 던졌을 때 내가 제대로 대처했기 때문이라고 생각한다. 불안에 휩쓸리는 대신 불안을 잘 다스린다면 당신도 이런 상황에서 스스로 빛날 수 있다.

1. 즉석에서 말해야 할 상황이 오면 미리 준비된 긴장 관리 계획을 적용해 보자. 어떻게 진행되었는지, 효과가 있었던 부분과 그렇지 않았던 부분은 무엇이었는지 돌이켜보자. 다음에 더 좋은 결과를 얻으려면 어떤 부분을 바꿔야 할까?

2. 강렬한 긍정적 또는 부정적인 감정을 경험하면 그 감정을 인지하고 받아들이자. 그렇게 할 때 느낌이 어떤지 확인하고 왜 그런 감정이 드는지 생각해 보자. 지금 처한 상황을 감안했을 때 이는 적절한 감정일까? 다른 사람이 이런 감정을 겪고 있다고 털어놓았다면, 왜 그 감정이 적절하고 타당한지 이해하도록 도울 수 있을까?

3. 일주일간 매일 5분씩 심호흡해 보자. 조용한 곳을 찾아 호흡에 집중하자. 숨을 들이마시고, 천천히 내쉬자. 날숨을 들숨보다 두 배가량 길게 유지해야 한다. 5분이 끝나갈 즈음 기분이 어떻게 변했는지 체감해 보자.

제2강 **마음 열기**

최대한
평범해져야 한다

대화에는 '평타'가 최선이다

　1강에서 다룬 '긴장'은 다소 무거운 주제였다. 이제 잠깐 쉬면서 '틀린 이름 말하기' 게임을 해보자.[1] 처음 들어본다고? 재미있는 게임이니 기대해도 좋다.

　애덤 토빈Adam Tobin은 즉석 대처 분야 멘토이자 내 친구로, 함께 '임기응변과 화법'이라는 강의를 진행했다. 그 강의에서 토빈이 이 게임을 선보였을 때 나는 완전히 반하고 말았다. 규칙은 간단하다. 책상 앞이나 푹신한 의자에 앉아 있다면 일단 일어나서 방 안을 거닌다. 방향을 바꿔가며 자유롭게 돌아다니면 된다. 밖으로 나가도 좋다.

　걸으면서 무엇이든 눈에 띄는 물건을 가리키며 이름을 외친다. 단, 틀린 이름을 외쳐야 한다. 예를 들어 화분을 가리킬 경우 "말",

"분홍색", "무관", "치즈버거" 등 화분이라는 단어 말고는 뭐든 말해도 된다. 이어서 다른 물체를 가리키면서 머리에 떠오르는 틀린 이름을 외치자. 화분에 붙인 이름과 같아도 상관없다. 15~20초간 재빨리 여러 물건을 가리키면서 큰 소리로 틀린 이름을 말해본다.

'틀린 이름 말하기' 게임은 단순해 보이지만, 의외로 다들 어려워한다. 대개 천천히, 조심스레 돌아다니면서 손가락으로 물건을 가리키기는 하지만 말을 쉽게 내뱉지 못한다. 방정식을 풀 때처럼 얼굴이 자못 심각해진다. 다른 사람들과 눈을 맞추지 않고 슬슬 피한다. 게임이 끝나면 너무 어려웠다고 토로한다. "멍청이가 된 느낌이에요. 이런 게임을 시키다니, 짓궂으시네요."

심리학 연구에 따르면 뇌는 예상 가능한 패턴을 따르는 자극을 더 쉽게 처리한다. 보라, 파랑, 주황 등 색상의 이름을 해당 색깔로 쓰면 쉽게 읽는다. 반면 "보라색"이라는 단어를 주황색으로 써두면 읽을 때 뇌가 두 가지 과제를 수행해야 하므로 과제 처리 시간이 늘어난다.[2] 스트룹 효과Stroop effect로 알려진 이 현상은 틀린 이름 말하기 게임에서도 확인할 수 있다.

내가 짓궂은 사람이라서 이런 게임을 권한 것은 아니다. 당신은 방금 틀린 이름 말하기 게임을 통해 매끄럽고 자연스러운 대화를 하는 데 필수적인 기술을 연습했다. 바로 '최대한 평범해지는 기술'이다.

'평범'이라는 말은 대개 좋은 평을 듣지 못한다. 당연하다. 평범하고 싶은 사람은 없다. 그러나 자연스러운 대화를 할 때는 평범해져야만 한다. 흥미롭게도 평범해도 된다고 마음먹을수록 오히려 설득력 있고 매끄럽게 말할 수 있기 때문이다.

사람들은 일반적으로 과제를 처리할 때 '제대로' 하려고 애쓴다. 하지만 의사소통에는 제대로 된 방법, 정석, 최선의 정답 따윈 없다. 비교적 낫거나 못한 방법만 있을 뿐이다. 제대로 하려고 애쓰는 행동은 상대에게 호응하는 데 오히려 걸림돌이 된다. 생각의 날개가 꺾이고 머리가 복잡해져서 진정한 내 모습을 보여주지 못하는 것이다.

어려운 상황에서 최선의 모습을 보여주려면 완벽한 활약을 펼치는 데 목표를 두지 말고, 실수해도 괜찮다고 생각해야 한다. 그리고 무엇보다도 평범함을 추구하는 것이 중요하다. 2강에서는 완벽하지 않은 답을 포용하는 자세야말로 성공적인 대화의 열쇠라는 사실을 체감할 것이다. '정답'을 말하겠다는 목표로 대화를 하면 두 종류의 심적 처리 과정이 동시에 일어나서 오히려 효율을 떨어뜨린다. 우선, 완벽을 목표로 삼으면 소통력이 얼마나 약해지는지 자세히 살펴보자.

자동 '정답' 제조기, 휴리스틱

첫 번째 처리 과정은 '틀린 이름 말하기' 게임과 관련되어 있다. 다시 한번 게임을 해보자. 15~20초 동안 물건을 가리키며 머릿속에 떠오르는 단어를 무엇이든 말하면 된다.

게임을 한 다음, 방금 말한 이름에 대해 생각해 보자. 이 게임의 목표는 단어를 무작위로 말하는 것이지만 뇌는 과제를 수행하기 위해 의식적, 무의식적 전략을 짜내고 있다. 내가 고른 단어가 어떤 패턴을 따랐는지 살펴보자.

이 게임을 하는 학생들은 종종 같은 범주에 속하는 단어를 말한다. 재빠르게 게임을 이어가기 위해 과일, 동물, 색깔 등 비슷한 종류의 이름을 연달아 외치는 것이다. 그런가 하면 주변 사람들이 말한 이름을 그대로 따라 하거나 조금 전에 가리켰던 물건의 진짜 이름을 말하기도 한다. 여러 단어를 재빨리 생각해 두었다가 다음번에 물체를 가리킬 때 외치는 경우도 있다.

토빈은 게임을 설명하면서 뇌가 이렇게 전략을 짜내는 것은 정상적인 현상이며, 뇌가 어려운 상황을 극복할 때 보이는 반응 중하나라고 말했다. 심리학자는 이런 현상을 '인지 부하 이론'이라고 부른다. 인지 부하 이론이란 뇌가 눈앞의 과제에 할애할 수 있는 작업기억은 한정적이라는 이론이다.[3]

온갖 첨단기기로 가득한 현대사회에서 흔히 그렇듯이 지나치게 많은 정보가 한꺼번에 뇌로 쏟아져 들어오면 작업기억은 과부하를 일으켜 제대로 정보를 처리하지 못한다. 이런 불상사를 피하려고 뇌가 마련해 둔 장치가 있다. 쉽고 재빠르게 눈앞의 문제를 해결하기 위한 정신적 지름길, 휴리스틱heuristics이다. 휴리스틱은 사람들이 '정답'을 말하고 완벽을 기하기 위해 사용하는 가장 기본적인 도구다.[4]

우리는 종종 말할 때 휴리스틱에 의존한다. 성난 고객이 문제를 제기하면 뇌는 재깍 일반적인 답변을 내놓는다. "제품이 제대로 작동하지 않아 유감입니다. 혹시 제대로 설치되었나요?" 친구가 어려운 일을 겪을 때는 "항상 네 걱정을 하고 있어"라고 말하고, 친척이 나쁜 소식을 전하면 "괜찮아질 거예요"라고 틀에 박힌 말을 늘어놓는다. 친구가 동료 직원과 마찰을 겪어 어떻게 해야 할지 물으면 우리는 별생각 없이 대꾸한다. "사는 게 다 그렇지 뭐."

휴리스틱은 뇌가 짊어진 인지 부하를 가볍게 해주므로 복잡한 상황에서 단정적이고 효율적으로 호응하는 데 필수적이다. 휴리스틱 덕분에 사람들은 주어진 과제에 대해 일일이 고심하지 않고 물 흐르듯 해결한다. 만약 인간에게 휴리스틱이 없다면 도처마다 어려움과 마주칠 것이다. 장을 볼 때 모든 브랜드의 온갖 스파게티 소스의 장단점을 숙고한 뒤에야 어느 것을 살지 결정한다면 얼마나 번거로울지 상상해 보자. 하지만 사람들은 대개 단순한 규칙을 적용한다. "유기농이지만 너무 비싸지 않은 걸로 사자."

'왜냐하면'의 놀라운 힘

효율을 추구하다 보면 두 가지 기회비용이 든다. 첫째, 휴리스틱
은 즉흥성을 제한해서 현재에 집중하는 능력을 떨어뜨린다. 1981년
하버드대학교 역사상 최초로 여성 심리학과 종신 교수가 된 엘렌
랭어Ellen Langer가 진행한 유명한 실험이 있다. 실험 진행자는 복사기
를 쓰려고 줄 서서 기다리는 사람들에게 다가가 자리를 양보해 줄
수 있냐고 물었다. 진행자는 다양한 방식으로 부탁을 했는데, 일
부는 "왜냐하면"이라고 이유를 댔다. 실험 결과 진행자가 "왜냐하
면"이라고 이유를 댔을 때 자리를 양보받을 확률이 훨씬 높았다.
이유가 비교적 설득력 있든("왜냐하면 제가 너무 급해서요.") 또는 없
든("실례합니다. 복사기를 좀 먼저 써도 될까요? 왜냐하면 제가 복사를 좀 해
야 해서요.") 상관없었다. 보다시피 작은 부탁을 정당화해 주는 "왜
냐하면"이라는 짧은 단어가 눈앞의 상황에 집중해서 주의 깊게 상
대의 말을 듣는 대신, '상대방이 이유가 있다면 자리를 양보해야
지'라는 머릿속의 휴리스틱을 작동시킨 것이다.[5]

휴리스틱이 작동되면 주변 환경을 살피지 못해 미묘하거나 노
골적인 요소를 놓치게 된다. 예컨대 슈퍼마켓에서 가격과 유기농

여부를 기준으로 스파게티 소스를 고르다 보면 정작 중요한 사실을 깨닫지 못할 수도 있다. 건더기가 크다든가, 보드카를 첨가했다든가, 설탕처럼 원치 않는 재료가 첨가된 소스를 고르고 마는 것이다. 이렇게 내린 결정은 나중에 보면 기대에 못 미칠 수 있다.

사람들과 어울릴 때 역시 휴리스틱에 의존하면 상대의 니즈와 관련한 신호를 포함해 미묘한 분위기를 놓치고 만다. 동료가 갑자기 찾아와서 방금 함께 참석했던 회의에 대한 내 생각을 물었다고 치자. 나는 '회의에 대한 피드백 주기'라는 휴리스틱을 작동시켜 곧장 회의에 이어지는 다음 단계인 계획 수정, 여타 회의에서 논의한 사안과 실천 사항을 말하기 시작한다. 하지만 동료는 회의 내용이 아니라 자신의 리더십에 대한 평가, 따뜻한 위로의 말을 듣고 싶은지도 모른다. 이 경우 '회의에 대한 내 생각을 말해줘야 한다'는 고정관념에 얽매여 더 의미 있게 소통할 기회를 놓치는 셈이다.

효과적인 대화를 하려면 기존의 행동 패턴과 틀을 깨야 한다. 눈앞의 상황에 서둘러 대응하는 대신 상황을 분석하고 명확하게 파악하기 위한 질문을 던지면서 휴리스틱을 잠깐 멈춰두어야 한다. 위 예시의 경우, 휴리스틱에 의존하지 않았다면 나는 이런 질문을 던졌을 것이다. "회의에서 다룬 구체적 사안에 대한 내 의견이 궁금한 거야, 아니면 전반적인 느낌을 말해달라는 거야?" 또는 내 의견을 꺼내기 전에 동료의 생각을 먼저 물어봐도 좋다. 이렇게 질문을 이용하면 좀 더 효과적으로 대응하는 데 필요한 추가 정보를 얻을 수 있다.

자, 이것이 스파게티를 먹는 올바른 방법입니다

휴리스틱의 두 번째 문제점은 창의성을 제한한다는 것이다. 뇌는 규칙적인 방식으로 작동하기 때문에 예상할 수 있고 익숙하며 논리적인 답에 도달한다. 즉석에서 창의적이고 새롭고 틀에서 벗어난 반응을 내놓을 확률이 낮아지는 것이다. 이 문제를 설명할 때 나는 '스탠퍼드의 빌 게이츠'라 불리는 티나 실리그[Tina Seelig] 교수가 수년 전 스탠퍼드의 디자인 전공생을 대상으로 했던 강의를 예로 들곤 한다.[6] 실리그는 학생들을 여러 팀으로 나눈 다음, 가장 뛰어나고 혁신적인 사업 아이디어를 내놓도록 경쟁을 붙였다. 모든 팀은 두 시간과 5달러의 자금을 얻었다. 각 팀은 이를 활용해 가능한 한 많은 돈을 합법적으로 벌어야 하고, 이후 3분간 학생들 앞에서 결과를 발표해야 했다. 그리고 가장 많은 수익을 올린 팀이 우승하는 것이었다.

대부분의 팀은 흥미롭지만 일반적인 수준의 사업 아이디어를 내놓았다. 어떤 팀은 맛집의 대기 줄을 대신 서주고 수익을 올렸다(온라인 예약 서비스가 출시되기 전의 일이었다). 교내에 타이어 공기

압을 체크하고 공기를 넣어주는 부스를 설치해서 200달러를 번 팀도 있었다. 이 팀은 처음에는 공기를 채워주고 대가를 받았지만, 곧 서비스를 무료로 전환하고 고마워하는 학생들에게 기부를 받아 더 많은 수익을 올렸다.

한편 전혀 다른 방식으로 접근한 팀이 있었다. 자신들이 팔 수 있는 가장 값진 자원은 고객 서비스가 아니라 직원을 채용하려는 기업에게 채용 대상을 마련해 주는 것이라 생각했다. 이 팀은 자신에게 주어진 3분간의 '발표 시간'을 어느 디자인 기업에 팔았다. 그 결과 다른 어떤 팀보다 많은 금액인 650달러를 벌었다.

대부분의 팀이 휴리스틱을 따랐다. "돈을 벌려면 고객이 관심을 보일 서비스를 생각해야 해." 반면 승부에서 이긴 팀은 휴리스틱을 따르지 않았다. 마음을 열고 다른 차원의 질문을 던졌다. "우리가 가진 자원 중 가장 가치가 높은 것은 무엇일까? 그 자원을 판매할 최선의 방법은 무엇일까?"

휴리스틱에 의존하면 어려운 상황에서 재빨리 답할 수는 있지만, 상대에게 감명을 주고 흥미를 끌 새로운 길은 생각하지 못한다. 정해진 길을 따르는 대신 잠깐 멈추고 평소의 심리적 틀을 넘어 과감해질 때 마법은 일어난다.

예전에 나는 운 좋게도 2년간 고등학교에서 영어를 가르친 적이 있다. 즉석 소통 능력이 무엇보다 필요한 환경이었다. 소통 측면에서 볼 때, 매일 새롭고 예상을 뛰어넘는 난제가 나타났다. 살

얼음을 딛는 듯한 나날이었다. 내가 가르쳤던 학생 중에는 반 분위기를 흐리는 걸 즐기는 머리 좋은 친구가 있었다. 그 학생의 전략은 수업 중에 내키는 대로 아무 단어나 구절을 외치는 것이었다. 가령 《위대한 개츠비》에 대한 수업을 하고 있는데 교실 뒤편에서 난데없이 "내 티셔츠는 더러워!"라든가 "비둘기는 무서워!"라는 외침이 들렸다. 아이들은 이상한 추임새에 웃음을 터뜨렸지만, 나는 웃을 수 없었다.

남의 관심을 받고 싶어서 하는 행동이었으므로 대부분 무대응으로 일관했지만, 어느 날 더 이상 견딜 수 없는 순간이 찾아왔다. 그날은 점심을 먹고 남은 파르메산 치즈 봉지가 책상 위에 놓여 있었다. 수업 도중 그 친구가 외쳤다. "나는 스파게티가 좋아요!" 모두 낄낄거렸다. 나는 그 친구가 조용히 하고 예의 바르게 행동하길 간절히 바랐다. 무심코 치즈 봉지를 본 나는 "이거 받아"라고 외치며 그 친구에게 봉지를 던졌다. "스파게티는 이거랑 먹어야 된다고!"

즉흥적인 소통 행위였지만 효과가 있었다. 교실은 웃음바다가 되었다. 수업이 이어졌고 그 친구는 더 이상 입을 열지 않았다. 그 전까지 나는 일반적인 교육 휴리스틱을 따르고 있었다. "무시하고 계속하라" 혹은 "수업을 멈추고 방해한 학생을 질책한 다음 지시에 따르지 않으면 결과가 좋지 않을 거라고 경고하라". 하지만 그 순간, 나는 상황을 타개할 예상 밖의 방법을 떠올렸고 유머 감각을 드러냈다. 문제 학생의 돌발 행동을 멈추게 했을 뿐만 아니라 다른 아이들 역시 전과는 달리 나를 좀 더 진심으로 대하기 시작했다.

휴리스틱을 넘어

물론 소통 능력을 연마한답시고 휴리스틱을 몽땅 내버릴 필요는 없다. 내가 습관적으로 보이는 반응이 무엇인지 파악하고, 상황에 맞게 행동하도록 조율하거나 잠깐 꺼두는 방법만 배우면 된다. 무심코 기계적으로 말하기보다 의식적으로 소통하는 능력을 키우는 것이 목표다.

이때 필요한 한 가지 방법은 휴리스틱을 자주 쓰는 상황에서 정신을 똑바로 차리는 것이다. 사람은 대개 스트레스를 받을 때 휴리스틱에 의존한다. 결정을 내려야 하는데 선택지가 너무 많아서 벅차거나, 피곤하거나, 배고프거나, 시간에 쫓기거나, 불확실하거나, 모호한 상황에 처하는 등 스트레스를 받는 경우는 다양하다. 휴리스틱에 의존하지 않으려면 애초에 스트레스를 피하는 것이 바람직하다. 하지만 일단 스트레스를 받는 상황에 처했다면 효과적으로 관리하자. 그 순간 나를 다잡고, 잠시 속도를 늦추고, 객관화하는 것이다(1강을 참고한다). 긴장을 늦추면 더 개방적이고 사려 깊게 소통할 수 있다.

한편 다른 사람들이 휴리스틱을 사용하는 모습을 관찰한 뒤 같은 패턴에 빠지지 않으려고 노력하는 것도 한 방법이다. 당신이 아이를 키우고 있다면, 주변 부모들이 아이가 이것저것 졸라댈 때마다 목소리를 높이는 모습을 익히 보았을 것이다. 나도 같은 휴리스틱에 의존하고 있지는 않을까 의심된다면 아이가 조를 때마다 내가 보이는 반응을 의식적으로 조율해 보자. 잠깐 속도를 늦추고, 목소리를 낮추고, 아이의 요구사항을 귀담아듣는 것이다.

자신의 행동을 반추하는 것도 좋다. 팀장으로서 문제가 생겼을 때 더 생산적으로 소통하고 싶다면, 과거 이런 상황에 어떻게 대처했는지 복기하는 습관을 갖자. 틀에 박힌 투로 반사적으로 대응하지는 않았을까? 구체적으로 어떤 요인이 이런 반응을 이끌어냈을까? 이런 반응은 얼마나 효과적이었을까? 문제 상황에서 휴리스틱에 기대지 않으려면 어떻게 해야 할까? 등등을 떠올리는 것이다.

휴리스틱을 관리하는 마지막 방법은 생각하고 행동하는 방식에 변화를 주는 것이다. 오른손잡이 운동선수는 종종 왼손으로 플레이를 하거나 평소보다 무거운 공을 사용한다. 그러면 몸에 밴 습관이 쓸모없어져 몸을 움직이는 법을 새로이 배워야 한다. 내가 아는 작가 중에는 뿌리박힌 사고 패턴에 얽매이지 않으려고 글 쓰는 장소를 일부러 바꾸는 사람도 있다. 대개 사무실에서 작업하지만 때로는 병원 대기실, 호텔 로비, 공항, 장례식장, 텅 빈 영화관, 법정 방청석에서 글을 쓰는 것이다. 익숙한 패턴에서 벗어나 새로운 장소에서 글을 쓰면 신선한 아이디어가 샘솟는다고 한다.

크리에이티브 분야의 전문가도 휴리스틱으로 인한 편견을 줄이기 위해 적극적으로 나선다. 세계적인 디자인 컨설팅 기업 아이디오IDEO는 새로운 아이디어를 떠올릴 때 겉보기에는 연관성이 없는 상황에서 영감을 찾는 전략을 쓴다. 실제로 아이디오는 병원 응급실을 더 효율적으로 운영할 수 있게 재구성해 달라는 의뢰를 받은 적이 있다. 일반 기업이라면 대형 병원 응급실의 디자인을 살펴보고 아이디어를 차용하는 등 휴리스틱에 기반한 사고방식 안에서 문제를 처리했을 것이다.

하지만 아이디오는 응급실처럼 강도 높은 업무를 다루는 다른 환경을 찾아보고 어떻게 업무를 효율적으로 수행하는지 살폈다.[7] 그 과정에서 F1 경기의 피트 크루pit crew(자동차 경주 도중 투입되어 차량을 정비하는 엔지니어 팀-옮긴이)가 활약하는 모습을 조사했다. 아이디오가 보기에 피트 크루는 응급실에서 일하는 의료진과 비슷했다. 양쪽 모두 스트레스가 많은 상황에서 문제를 진단하고 해결하기 위해 민첩하고 효율적으로 작업해야 했던 것이다. 일반적인 병원 디자인 휴리스틱에서 벗어나 피트 크루에서 영감을 얻은 아이디오는 응급실에 적용 가능한 새로운 아이디어를 여럿 얻었다.

일례로 피트 크루는 경주 도중 흔히 발생하는 문제를 미리 파악하고, 문제별로 필요한 부품과 도구를 키트 형태로 준비해 둔다. 덕분에 문제가 생기면 허둥대지 않고 바로 수리에 착수한다. 이에 착안한 아이디오는 마약 과용과 심장마비 등 자주 발생하는 응급 상황에 대처하기 위한 키트 시스템을 도입했다. 이처럼 누구나 휴리스틱에서 잠깐 벗어나면 소통할 때 제대로 호응하고 창의력을 발휘할 여유가 생긴다.

실전 연습

'휴리스틱 탈출하기' 7일 프로그램을 소개한다. 우선 소통할 때 흔히 의존하는 휴리스틱을 떠올려보자. 이메일을 쓸 때 항상 "잘 지내시죠?"라는 말로 서두를 열거나, 질문을 받을 때마다 "좋은 질문이네요"라고 대답하지는 않는가? 일주일 동안 매일 하나씩 휴리스틱을 깨기 위한 행동을 정하고 실천해 보자. 먼저 스트레스를 유발하는 상황을 구체적으로 파악하고, 긴장을 해소할 조치를 하자. 2~3분간 내 행동을 복기해도 좋고, 틀에 박힌 패턴에서 벗어나기 위해 새로운 요소를 도입해도 된다.

완벽주의의 장벽

말을 할 때 발목을 잡는 두 번째 요인은 완벽주의다. 이번에도

'틀린 이름 외치기' 게임으로 돌아가 보자. 게임을 진행한 다음 학생들에게 소감이 어떠냐고 물으면 종종 자신을 탓하는 답이 돌아온다. "실패했어요", "창의적이지 못했습니다", "평타도 못 쳤네요", "충분히 틀린 이름을 말하지 못했어요"라고 말하는 사람도 간혹 있다. 무슨 뜻이냐고 물었더니 이런 답이 돌아왔다. "이 의자를 고양이라고 불렀거든요. 그런데 고양이랑 의자는 모두 다리가 네 개고, 고양이는 의자 위에 앉기도 하잖아요. 충분히 틀린 이름을 내놓지 못한 거죠. 의자랑 전혀 다른 타코나 갈라파고스 같은 이름을 붙일 수도 있었을 텐데."

잠깐 생각해 보자. 이 게임의 법칙은 간단하다. 틀린 이름을 외치는 것이다. '틀리다'를 어떻게 정의할지, 어떤 식의 틀린 이름이 더 좋은지 기준이 있는 것도 아니다. 경쟁하거나 남들과 대답을 비교하는 게 목표가 아니었다. 그럼에도 불구하고 학생들은 얼마나 잘 틀렸는지 평가하며 게임을 '정석대로' 하려고 애썼다.

물론 자기평가는 많은 상황에서 긍정적인 역할을 한다. 최선을 다하는 것은 인생에서 중요한 요소니까. 내가 하는 말과 행동을 스스로 심사하고 평가하지 않으면 직장에서 잘리거나 사적인 인간관계에서 실패를 맛볼 수도 있다. 하지만 어떤 상황(특히 돌발 상황)에서는 내 행동을 검토하고 평가하는 데 집착할수록 성공할 확률이 오히려 낮아진다. 인지능력에 부담을 주어 충분히 집중하고 창의력을 발휘하며 자신 있게 호응하지 못하고 만다. 심지어 아무

것도 하지 못하고 굳어버리는 경우도 있다.

'틀린 이름 말하기' 도중에 같은 물건을 반복해서 가리키며 마냥 서 있던 학생이 기억난다. 뭔가 말을 하려 했지만 아무 소리도 내지 못했다. 영문을 묻자 "제대로 된 틀린 이름이 생각나지 않아서요"라는 답이 돌아왔다. 그 학생은 머릿속에 떠오르는 모든 이름을 심사하고, 혼자서 세운 기준에 맞는지 평가했던 것이다. 결국 어떤 이름도 그 학생이 마음속으로 만든 기준을 통과하지 못했다.

사람들이 자신을 이렇게 완벽주의적인 잣대로 평가하는 까닭을 이해하기는 어렵지 않다. 우리는 대부분 성취를 강조하는 문화에서 자란다. 부모, 교사, 멘토, 상사, 코치 등 온갖 사람들이 과제를 실행하는 올바른 방법이 있으며, 무엇이든 제대로 해야 한다는 메시지를 우리 머릿속에 욱여넣는다. 과제를 올바르게 수행하면 칭찬, 트로피, 돈, 멋진 직함 등을 보상으로 받는다. 반면 일을 제대로 처리하지 못하면 꾸중, 나쁜 성적, 상대가 나를 얕보는 느낌 등 제재를 받게 된다. 실패하면 기분이 나빠지고, 제대로 하면 기분이 좋아진다. 사람들이 자신의 행동을 필요 이상으로 검토하고 비판하는 것도 당연하다.

내 행동을 성급하게 평가하는 또 하나의 이유는 마음이 진정되고 자기통제감을 다소 회복할 수 있기 때문이다. 예측할 수 없는 상황이 닥치면 스스로가 약해지고 위험에 노출된 것 같은 느낌이 들게 마련이다. 이때 완벽하게 과제를 수행하는 데 집착하면 자기

유능감을 느낄 수 있다. 나는 중요한 회의가 있으면 정확히 어떤 말을 할 것인지 준비하곤 했다. 이제 나는 이것이 내 운명에 대한 통제감을 나 자신에게 주려는 시도였다는 것을 안다.

완벽주의를 버리려면 목표를 이룰 수 있는 내 능력을 믿어야 한다. 당신도 이런 믿음을 키우길 바란다. 장담하건대 엄청난 효과가 있을 것이다. 학생에게 자기평가를 하지 말라고 조언한 뒤 '틀린 이름 말하기' 게임을 한 번 더 해보면 아까와는 전혀 다른 모습을 볼 수 있다. 얼굴에는 환한 미소가 떠오르고, 재빨리 돌아다니며 선뜻 물건을 가리킨다. 전보다 쉽게 이름을 떠올리고 더 즐거운 시간을 보낸다.

우리는 제대로 살고 있는지 걱정하느라 흐르는 대로 자유로이 살아가지 못한다. 그렇지만 이제는 놓아야 한다.

평범해질 용기

매사에 자신을 비판하는 습관은 어떻게 떨칠 수 있을까? 놀라울 만큼 간단하지만 효과적인 방법을 하나 소개한다. 더도 덜도 말고 꼭 필요한 일만 하겠다고 마음먹는 것이다. 멋지게 해내려고 발버둥 치는 대신, 내 머릿속의 정보를 상대에게 전달하는 데만 집중하자.

이 방법은 사실 연기 분야에서 중요한 원칙으로 통한다. 훌륭한 연기자들은 "이 정도면 최고야", "평범해질 용기를 내야 해"라고 되뇌면서 완벽주의 성향을 극복한다.[8] '재미없을' 용기를 낼수록 인지력을 소통에 모두 쏟아붓게 되므로 '재미있을' 확률이 오히려 커진다는 사실을 알기 때문이다. 스탠퍼드대학교에서 즉흥연기를 가르치는 댄 클라인Dan Klein은 '뻔한 말을 하자'야말로 가장 강력하고 창의적인 자기암시라고 내게 말한 적이 있다. "독창적인 말을 하려고 마음먹으면, 독창적인 말을 하려고 애쓰는 다른 모든 사람과 같은 말만 하게 됩니다. 하지만 뻔한 말을 하겠다고 다짐하면 오히려 내 본연의 모습이 될 수 있습니다. 진정성은 거기서 드러납니다."[9]

엔터테인먼트 기업을 경영하는 스티브 존스턴Steve Johnston은 전설적인 코미디언을 다수 배출한 시카고의 즉석 코미디 클럽의 회장 겸 관리 이사로 20여 년간 활약했다. 현재는 자유로운 즉흥 연기 테크닉을 활용해서 정신 건강 강화를 위한 교육기관 마인드리스 주식회사Mindless Inc를 운영하고 있다. 존스턴이 보기에 사람들은 말을 할 때 '큰 거 한 방'을 터뜨려야 한다고 생각한다. 그는 이를 대성당에 비유했는데, 이를테면 대성당과 같이 아름답고 초월적인 생각을 내놓아야 한다고 스스로 압박하는 것이다.

하지만 대화를 쌓아 올리는 재료, 즉 벽돌을 마련하는 것 또한 중요하다. 기다리고, 듣고, 때로 다른 사람들의 아이디어를 논리적으로 연결하는 것이 바로 그것이다. 매번 독창적이거나 틀을 깨는 아이디어를 선보일 필요는 없다. 대화가 이어지도록 돕고 생각의 조각을 연결하는 것도 충분히 의미 있으며, 때로는 강력한 힘을 발휘하기도 한다. 대성당이 되려고 분투하지 말고, 유용한 벽돌이 되는 데 집중해야 한다.

평범함을 기르려다 보면 처음에는 어색한 기분이 들거나 겁이 나기도 한다. 스탠퍼드대학교 학생들에게 용기를 내서 평범해져 보라고 말하면 다들 숨을 삼킨다. 평생 처음 들어보는 지시이기 때문이다. 하지만 자기비판을 잠깐 멈추고 통제감을 조금 내려놓는 것이야말로 이 학생들이 즉흥적인 커뮤니케이션 실력을 키우는 바탕이 된다. 지적 능력, 동기, 성실함을 갖추고 있는 이들에게 소통 능력을 기르는 다음 단계는 완벽을 향한 집요한 노력에 할애하던 소중한 인지 자원을 현재 눈앞의 과제에 투자하는 방향으로 전환하는 것이다. 평범해지려면 처음에는 노력이 필요하기 때문에 에너지를 절약하기 위한 훈련이라는 내 말과는 모순되는 것처럼 느껴진다. 하지만 연습을 거듭할수록 학생들은 더 부드럽고 진정성 있게 소통하게 된다.

소통에 정답이나 오답은 없다. 조금 더 매끄럽거나 그렇지 못한 소통만 있을 뿐이다. 정석대로 소통하는 데 목표를 두는 대신 자연스러운 흐름에 몸을 맡기겠다고 마음먹으면 부담감이 줄어든다. 그렇게 하면 소통이 쉬워지고, 인지적 부담이 가벼워지며, 나만의 독특한 모습이 드러난다. 자신의 행동을 비판하는 데 인지 자원을 허비하지 않고 해야 할 일에 집중할 수 있다.

실전 연습

성공적으로 소통했던 경험을 한두 가지 떠올려보자. 상황에 필요한 말만 하고, 내 행동을 깐깐하게 심사하거나 평가하지 않았던 때 말이다. 상황이 마무리된 후 어떤 느낌이 들었는지 복기하자. 나는 잘 해낼 수 있고, 그러므로 '평범해져도 괜찮다'고 스스로 믿자.

실수는 성공의 어머니

내가 제대로 하고 있는지 집착하는 대신 현재에 집중하기로 마음을 고쳐먹을 때 비로소 실수를 피해야 한다는 압박감에서 벗어난다. 실수를 포용하려면 실수에 대한 생각을 바꿔야 한다. 실수란 성공의 반대말이 아니라 성공에 이르는 열쇠다.

스탠퍼드대학교에서 마케팅을 가르치는 크리스티안 윌러 교수는 내 팟캐스트에 출연했을 당시 "실수와 실패는 학습 과정의 자연스럽고도 필수적인 구성 요소"라고 말했다. 갓 걸음마를 뗀 어린아이 시절에는 걷기, 숟가락 잡기, 신발 끈 묶기 등 단순하기 짝이 없는 과제조차 제대로 해내지 못하면서도 실수를 고민하지 않는다. 그러나 어른이 되면 실패에 대한 두려움 때문에 배우고 성장하는 것이 어려워진다. "실패는 멋진 경험이라는 사실을 깨달아야 합니다. 실패는 우리가 지금 능력을 약간 벗어난 일을 하고 있으며, 눈앞의 상황에 더 잘 대처하도록 배워나갈 부분이 있다는 뜻이니까요."[10]

실수를 포용하는 연습을 할 기회로 삼겠다고 마음먹으면 실수를 저질렀을 때 반사적으로 나오는 자기비판과 자기평가를 누그러뜨릴 수 있다. 살면서 저지르는(또는 저지를지도 모르는) 온갖 사소한 실수를 놓고 매 순간 고민하는 것은 정신적으로 피곤한 일이다. 실수란 영화 촬영의 '엔지컷'과 같다고 생각하면 도움이 된다. 영화 촬영 팀은 어떤 장면을 찍을 때 여러 버전의 컷을 찍는다. 멀리서 찍은 뒤 클로즈업을 하거나, 배우를 담는 앵글에 변화를 주고 목소리 톤을 조절하기도 한다. 어떤 컷이 정답 또는 오답이라서 여러 컷을 찍는 것이 아니다. 선택지를 넓히고 미처 생각지 못한 멋진 장면을 놓치지 않기 위해 다시 찍는 것이다. 감독과 촬영 팀이 추구하는 것은 다양함이다. 더 창의적이고, 독창적이고, 풍부한 상상력이 느껴지는 컷을 추구하는 것이다.

마찬가지로 대화에서의 실수도 여러 접근법을 시험해 볼 기회라 생각할 수 있다(뒤에서 더 자세히 다룰 예정이다). 사람들과 소통할 때 부담감을 털어내면 만남은 그저 수많은 컷 중 하나가 된다. 더 나은 소통은 어떤 모습인지 깨닫도록 이끌어줄 '컷'이 되는 것이다. 이런 각도에서 실수를 바라보면 내가 기울인 노력에 초점을 맞출 수 있다. 그러면 실수는 나를 평가절하하는 대신 힘을 보태고 더 나은 소통으로 끌어줄 길잡이가 될 것이다.

실패를 '엔지컷'으로 재정의하는 것은 소통 분야 외에서도 엄청난 효과를 발휘한다. 한때 나는 무술을 열심히 배웠는데, 더 이상 나아지지 않는 기량 때문에 벽에 부딪힌 기분을 느꼈다. 문제는 펀치를 하는 방식에 있었다. 펀치를 잘하려는 욕심이 앞선 탓에 오히려 힘이 약해지는 방향으로 몸을 움직였던 것이다. 내 펀치는 겉보기에는 괜찮았지만 힘이 부족했다.

나는 문제를 해결하기 위해 '엔지컷'에 집중했다. 옳다고 생각했던 자세에서 벗어나 여러 방식으로 몸을 움직여 보았다. 펀치를 할 때마다 느낌과 결과가 어떤지 살폈다. 어떤 시도는 별반 도움이 되지 않았다. 엉뚱한 부위가 쑤시기도 하고, 펀치의 무게가 그대로거나 오히려 줄어들기도 했다. 이런 '엔지컷'은 제쳐두고, 다른 컷을 시도했다. 시간이 흐르고 컷이 쌓이면서 나는 펀치를 할 때 무게를 실을 수 있도록 몸의 방향을 맞추는 방법을 발견했다. 전통적 기준에서 보면 내 자세는 완벽하지는 않았지만 내게는 잘 맞았다. 실수가 학습 과정을 구성하는 중요한 조각이라는 것을 깨달은 뒤, 나는 비로소 발전할 수 있었다.

어떤 기업은 공개적으로 실패를 축하하고 실수를 체계적으로 학습하는 등 다양한 방법으로 실수를 포용하고 인정한다. 내가 몸담았던 소프트웨어 기업에는 '실패의 금요일'이라는 제도가 있었다. 금요일마다 전 직원이 점심 식사를 함께하면서 각자 경험한 실패에 대해 이야기를 나눴다. 그런 다음 관리자가 '최고의 실패'를 한 직원에게 상을 주었다. 물론 남이 이미 저지른 실패가 아닌 새로운 실패여야 상을 받을 수 있었다. 요는 실패하는 게 당연하다는 생각을 심어주어 직원을 격려하고, 각 팀이 실수에서 배우는 장을 마련하는 것이었다. 실패는 그 자체로도 귀중하지만, 실패로부터 배울 시간을 투자해야만 그 진가를 발휘한다.

실전 연습

주간 회의나 온라인 현황 보고처럼 주기적으로 하는 일상적인 소통이 있을 것이다. 이런 상황을 무대 삼아 다양한 '컷'을 시도해 보자. 감정을 다양하게 표현하거나, 목소리에 실린 힘을 조절하거나, 문장을 질문으로 바꿔보거나, 남들의 의견을 먼저 구하거나, 유머를 넣거나, 자세를 바꾸는 등 여러 방법을 시험해 보길 바란다.

원맨쇼가 아닌 대화

사람들은 소통을 할 때 자기도 모르게 연설이나 공연을 하듯 행동한다. 누군가를 처음 만나거나, 잡담을 나누거나, 평소보다 많은 사람 앞에서 말해야 할 때면 무대에 올라 관중 앞에 선 것처럼 긴장한다. 압박감을 가하는 한두 사람 앞에서 말할 때도 같은 현상이 벌어진다. 눈앞의 사람들이 내 행동을 하나하나 뜯어보고, 일종의 법칙이나 기준에 따라 평가하는 것만 같다. 이런 생각을 하면 압박감이 심해지고, 청중을 만족시키려는 생각에 스스로를 검열한다.

악기를 연주하거나, 소프트볼 선수로 뛰거나, 무대에 올라 연기를 하는 등 남 앞에 서는 활동을 떠올려보자. 이런 상황에서는 모두의 눈이 나를 향한다. 또한 해야 할 행동과 하지 말아야 할 행동이 정해져 있다. 음표를 잘못 연주하고, 내야에서 공을 떨어뜨리고, 대사를 잊어버리면 모두 내가 저지른 실수를 눈치챈다. 심지어 선수가 몇 번이나 실책했는지 기록하는 스포츠도 있다.

소통을 이 같은 경기가 아닌 대화로 정의하면 마음이 편안해진다. 대화는 공연보다 가볍고 익숙하다. 미리 연습하는 일도 없다. 그저 이야기를 나눌 뿐이다. 실수에 대해서도 고민하지 않는다. 흐름을 유지하고 말을 잇는 것으로 충분하다. 때로 불편하고 상대가 나를 평가하는 듯한 느낌이 들 수도 있지만, 공연을 하는 상황에 비하면 훨씬 편안하다. 얼마든지 긴장을 풀고 자기 본연의 모습이 될 수 있다.

소통을 대화로 재정의하는 방법은 세 가지다. 첫째, 적절한 언어를 사용해야 한다. 무대에 서거나 남의 시선을 받을 때는 차갑고

공적이며 수동적인 표현을 쓰게 마련이다. 긴장한 상태인 데다 권위를 세우려 하기 때문이다. 뒤로 물러서거나 손을 앞에서 포개어 공간적 거리를 두기도 한다.

내가 의사이고 동료들 앞에 서 있다고 치자. "의사들이 이 문제를 해결하는 것이 매우 중요합니다"라는 말을 했다면 이런 표현은 나와 청중 사이에 거리감을 조성한다. "우리는 이 문제를 해결해야 합니다"라고 말하는 편이 더 간단하고 경제적이며 설득력도 높다. '우리'라는 단어는 포용적이며, 비공식적인 대화를 나누듯 친밀한 느낌을 준다. 이런 화법을 쓰면 청중도 그렇게 느낄 가능성이 커진다. 공연에 참석한 듯한 느낌이 옅어지고 심리적 거리가 좀 더 가까워진다. '우리'라는 사실을 언급하는 것만으로도 문제를 해결하는 데 한 걸음 더 가까이 갈 수 있다.

둘째, 질문을 던져야 한다. 문답은 양방향 상호 작용이다. 답이 빤한 질문이라도 마찬가지다. 질문을 하면 나와 상대는 서로 말을 주고받게 된다. 청중 앞에서 홀로 '무대에 서 있는' 것이 아니라, 대화가 시작되는 것이다. 내가 일방적으로 발언하는 경우라도 상대가 아직 묻지 않은 질문에 대답한다고 생각하자. 그렇게 하면 서로 대화를 하는 느낌이 들면서 압박감이 줄어든다.

'아직 받지 않은 질문'에 답하는 것이라는 생각은 공식 석상에서 말할 때도 긴장을 덜어준다. 지인 중에 노벨상을 받은 저명한 학자가 있는데, 보통 그는 주된 연구 질문을 바탕으로 구조를 짜고, 각 질문을 슬라이드의 제목으로 활용한다. 질문은 미리 준비한 말을 할 수 있도록 실마리 역할을 한다. 덕분에 발표는 더 짜임새 있고 대화를 나누듯 자연스러우며 긴장도 줄어든다. 우아하고 완벽한 느낌을 주게끔 미리 계획한 방식에 따라 모든 내용을 발표하는 것은 아니다. 그저 청중의 머릿속에 떠오를 법한 질문을 스스로 던지고 그에 답하면서 청중과 격의 없는 대화를 나눌 뿐이다.

셋째, '암기의 함정'을 조심해야 한다. 입사 면접과 같은 상황을 앞두고 있다면 제때 정확히 무슨 말을 해야 할지 알 수 있도록 미리 주요 멘트나 화제를 정리해 두고 싶을 것이다. 몇 가지 주제를 미리 적어두는 것은 나쁘지 않지만, 암기는 오히려 독이 될 수 있으니 주의해야 한다. 암기에 의존하면 말할 때 지나치게 연습한 것 같은 딱딱한 느낌을 주는 것은 물론이고, 외워두었던 촌철살인의 한마디를 떠올리려고 애쓰느라 신경이 잔뜩 긴장된다. 결국 외운 대로 자신이 말하고 있는지 계속 살피고, 원고에서 조금이라도 벗어나면 전전긍긍하며 실수를 저질렀다고 자책한다. 그뿐만 아니라 대사를 떠올리는 데 귀중한 정신적 에너지를 소모해서 청중과 자연스럽게 호응하는 능력이 떨어진다. 상대의 말을 듣고 적절하게 반응하는 데 필요한 인지적 역량이 부족해지는 것이다.[11] 지금 있어야 할 곳, 즉 남들과 어울리는 사회가 아니라 내 머릿속에 갇힌 셈이다.

할 말을 서둘러 암기하지 말고, 먼저 하고 싶은 말을 글로 쓴 다

틀에서 벗어나 능동적으로 말하는 기술

즉석 말하기 기술	정의	효과
휴리스틱에 유의하자	스트레스를 받으면 휴리스틱에 의존하게 된다.	내 상태를 돌아보고 잠시 쉬어가면 깊이 있게 소통할 수 있다.
평범해질 용기를 내자	'제대로' 해야 한다는 압박에서 벗어나자. 나이키의 광고 문구대로 "그냥 하자Just Do It".	완벽하게 해내려고 집착하지 않으면 더 자유롭고 창의적으로 행동할 수 있다.
실수를 포용하자	실패는 성공을 향한 여정의 한 발짝이라고 재정의하자.	더 좋은 장면을 위해 한 장면을 여러 컷으로 찍는 영화배우가 된 것 같은 경험을 할 수 있다.
대화를 나누자	사람들은 내 생각만큼 나를 자세히 뜯어보지 않는다.	비판적인 청중 앞에서 공연을 하는 게 아니라 대화를 나눈다고 생각하면 상황이 부드럽게 흘러갈 것이다.
격의 없이 말하자	'공연이 아니라 대화'라고 재정의하려면 좀 더 가벼운 언어를 사용하자.	딱딱하게 굴지 않으면 더 가깝고 친근한 느낌을 줄 수 있다.
독백이 아니라 대화다	나는 '무대 위의 현자'가 아니다. 청중과 소통하며 질문을 던지자.	인생도 소통도 양방향일 때 더 재미있고 성공적이다.
임기응변이 최선의 방책이다	할 말을 모조리 외우고픈 충동을 누르고, 대신 요점 목록을 준비하자.	정신적 소모를 줄이고, 딱딱한 인상을 주는 것을 피할 수 있다.

음 항목별로 정리해서 짧은 목록을 만들자. 그 과정에서 내용을 상세히 숙고하게 되고, 기억하기 쉬운 간단한 구조가 탄생한다. 이렇게 정리한 구조를 활용하면 즉석에서 빈 부분을 채워가며 자신 있게 말할 수 있다(자세한 내용은 다음에 나올 5강을 참고한다).

내 안의 즉석 소통 전문가

앤서니 베네치알레Anthony Veneziale는 커뮤니케이션 전문가다. 베네치알레는 2000년대 초부터 배우 린 마누엘 미란다Lin Manuel Miranda와 함께 결성한 즉석 코미디 그룹에서 활동했다. 소통 트레이닝 기업 마인드리스와 함께 즉흥 연기와 프리스타일 랩을 활용해 다양하고 창의적인 목소리를 양성하는 FLS 아카데미를 공동으로 창립하기도 했다.[12] 베네치알레만큼 사람들 앞에서 매끄럽게 즉흥적으로 말할 수 있는 사람은 없을 것이다(믿기 어렵다면 2019년 베네치알레의 테드 강연 영상을 보길 바란다).[13] 그에게 즉흥적인 말하기는 흥미로운 취미도, 커리어도 아니다. 삶의 방식 그 자체다.

베네치알레라면 남 앞에 섰을 때 절대 긴장하지 않을 것만 같다. 하지만 그에게도 말하기가 너무나 힘겹고 스트레스를 유발하는 요인이던 시기가 있었다. 언어장애를 겪은 탓에 어린 시절에는 'ㄹ'과 'ㅇ'을 제대로 발음하지 못했다. 네 명이나 되는 형들이 놀려대서 의견을 내는 것을 두려워했다. 입을 열면 다가올 실패와 사회적 시선이 두려워서 항상 말없이 지냈다.

베네치알레의 언어치료사는 수업 중에 발표하거나, 첫 순서로 자원하거나, 점원에게 도움을 청하는 등을 하라고 유도했고 성공하면 작은 사탕이나 장난감을 보상으로 주었다. 소위 '로리스크^{low} ^{risk} 노출 테라피'를 실천한 덕분에 그는 언어장애를 극복했고 중학생이 되자 학교 연극 오디션을 볼 만큼 자신감이 붙었다. "그때 생각했죠. 난 해낼 수 있어. 난 '루트 비어'라고 발음할 수 있어. 더이상 '우트 비어'라고 말하지 않아. 이제 어릴 때처럼 입안에 구슬이 가득 찬 느낌이 들지 않는다고." 이후 그는 더욱 편안하고 유쾌하게 말할 수 있게 되었으며, 대학 때는 마침내 즉석 코미디 그룹에 합류했다. 조금씩 자발적으로 말해보는 연습을 계속한 결과 엄청난 변화가 일어난 것이다.

어떤 사람들은 실패를 두려워할 수밖에 없는 입장에 서 있다. 사회적 소수집단의 일원이라면 자신이 속한 집단을 바깥세상에 대변할 때 더 큰 부담을 감수해야 할 것이다. 큰 의미가 따를수록 실패는 더욱 두렵게 느껴진다. 개인사와 과거에 따라 설 자리 없이 겉돌거나 기대치에 맞는 모습을 보여주지 못한다는 두려움을 겪는 가면증후군(노력이 아니라 운 덕분에 성공을 이뤘으니 주변 사람을 속인 것과 다름없다며 불안해하는 심리-옮긴이)에 시달리는 사람도 있다. 그렇게 느끼는 독자가 있다면 확실히 말해두고 싶다. 세상에는 분명 당신이 설 자리가 있고, 당신의 의견 또한 가치가 있다.

마인드리스 주식회사의 영업 부회장 비벡 베누고팔Vivek Venugopal은 공식 연설이건 대화건 간에 소통할 때는 언제나 나만의 관점을 투사하라고 조언한다. 온전한 나 자신이 되어야 한다는 것이다. "내가 지구 반 바퀴를 돌아 강연을 해달라는 청을 받은 이유, 이 결혼식에서 축사를 부탁받은 이유, 눈앞의 상대와 일대일로 대화를 하는 이유를 기억해야 합니다. 내 직함이 아니라 내 삶을 통틀어 쌓아온 모든 경험의 총합이야말로 내가 이곳에 있는 이유입니다. 그 경험을 포용하고 받아들이도록 하세요."[14]

나는 우리의 내면에 위대한 즉흥 연설가가 숨어 있다고 굳게 믿는다. 섣불리 나서서 훼방을 놓지만 않으면 된다. 나만의 독특한 생각과 아이디어를 형식이라는 허울로 가리는 대신, 자유롭게 풀어주고 즉흥적인 나를 다시 드러내야 한다.

일상생활은 그 자체로 즉흥적이다. 미리 마련해 둔 대본과 계획에 맞춰 일상을 살아가는 사람은 없다(꽉 짜인 일정에 따라 움직이는 정치인은 예외겠지만, 대부분의 사람은 그렇지 않다). 우리는 이미 즉흥적으로 사는 법을 알고 있다.[15] 목표는 단순하다. 두려움을 다스리고 사람들과 자연스럽게 어울릴 때 비로소 자유롭고 온전한 자신의 모습을 마주할 수 있다.

1. 회의 때 내 행동을 자세히 관찰해 보자. 어떤 휴리스틱을 사용하는가? 예컨대 동료가 무언가를 제안하면 장단을 맞추려고 "좋은 생각이에요"라고 말하는 경향이 있는가? 발표를 마치고 청중의 질문을 받을 때, 생각할 시간을 벌기 위해 매번 "좋은 질문입니다"라고 말하는가? 내가 자주 활용하는 휴리스틱 세 가지를 찾아보자. 각 휴리스틱 대신 능동적으로 사려 깊게 대응할 방법을 생각해 보고 다음 회의에서 사용해 보자.

2. 누군가와 즉석에서 대화를 나눈 뒤 몇 분간 복기해 보자. 대화를 하는 동안 내가 했던 자기비판을 모두 떠올려본다. 생각보다 나에게 가혹한 편인가? 비판과 평가에 어떤 패턴이 있는가? 내 비판이 대화를 이어가는 데 도움이 되었는가, 아니면 걸림돌이 되었는가?

3. 실패했던 소통 경험과 내게 미친 영향에 대해 생각해 보자. 쓰라린 경험이었겠지만 덕분에 무언가 소득을 얻었는가? 어떤 중요한 교훈을 배웠는가?

관점을 바꾸면
대화 주도권을 되찾을 수 있다

성장형 마인드셋이 주도적인 소통으로 이끈다

    낯선 공간에서 길을 잃는 건 별로 기분 좋은 일이 아니다. 불편하고 시간을 낭비할뿐더러 신변에 위험이 닥칠 것 같은 생각마저 든다. 그래서 사람들은 GPS를 켜고 길 안내를 따라간다. 안내를 따르는 동안에는 방향을 잃고 미지의 세계로 흘러갈까 봐 걱정하지 않아도 되니까. 이런 경우 여정이 아니라 목적지에만 관심을 두기에, 길가 풍경은 눈길도 주지 않고 지나친다.

    그러나 소통 전문가이자 내 친구인 댄 클라인은 조금 다르다. 댄은 산책이나 조깅을 나가면 길을 잃으려고 노력한다. 내가 운영하는 팟캐스트에 출연했을 때 댄은 "완전히 길을 잃으려고 애쓰지는 않는다"[1]라고 말한 적이 있다. 멋진 가능성을 품은 새로운 무언가를 발견하기 위해 조금만 길을 잃는다는 뜻이다.

언젠가 댄은 동네에서 조깅을 하다가 작은 모험을 떠나기로 마음먹은 적이 있다. 샌프란시스코 베이 에어리어 지역으로 이사를 온 지 얼마 되지 않았을 때여서, 근처 자전거 도로를 따라 달리는 데 익숙해진 정도였다. 그날 조깅을 하던 댄은 즉흥적으로 교차로에서 오른쪽으로 방향을 틀었다. 저쪽으로 가면 무엇이 나올까 궁금했던 것이다. 반 블록쯤 달렸을까, 도시 한복판에서 난데없이 산책로의 출발점이 나타났다.

산책로로 접어든 댄은 작은 도심 공원을 발견했다. 풀꽃들로 가득한 숨겨진 오아시스가 눈에 들어왔다. "근처에 자생하는 꽃을 보고 향기를 맡으니 순간 황홀해지더군요. 캘리포니아에서만 느낄 수 있는 놀라운 후각의 향연이었죠."[2] 댄은 잠깐 그곳에 머물며 주변 풍경과 자연의 아름다움을 음미했다. 작은 위험을 무릅쓰고 평소 달리던 길에서 벗어나지 않았다면 누릴 수 없었을, 삶이 풍요로워지는 인상 깊은 경험이었다. 그날 이후 댄은 그 공원에서 항상 워밍업을 한다. 심호흡하고 꽃향기를 들이마시면 "출발 준비가 끝난다."

이렇게 평소와 같은 예측과 목표를 잠시 접어두고 호기심과 모험심이 가득한 열린 마음으로 세상을 마주하면 예상 밖의 행운이 따른다. 대화할 때도 같은 원리가 적용된다. 마음가짐을 바꾸면 즉석에서 사람들과 어울리는 경험을 위협이 아니라 배움, 협동, 성장의 기회로 받아들인다. 그래서 더 나은 결과를 얻고, 나아가 소통 자체를 즐길 수 있다.

즉흥적인 말하기를 위협으로 느끼는 것은 자신을 지키고 보호해야 한다고 여기기 때문이다. 내 주장을 방어하느라 창의적이고 열정적으로 소통하는 데 쓸 에너지가 줄고 지금 상태가 좋지 않다는 감정적, 신체적 신호를 마구 내보낸다. 생각 또한 포용적이기보다는 방어적으로 흘러간다. 한 걸음 뒤로 물러서거나 몸을 숨기듯 의자 뒤에 서거나 팔짱을 끼거나 어깨를 구부정하게 한다. 호흡이 빨라지고 목소리가 날카로워지며 말투가 퉁명스럽고 거칠어진다. 전하려는 메시지는 뚝뚝 끊기고, 꽉 막힌 느낌과 거리감을 준다.

그러나 소통을 위협이 아니라 기회라고 생각하면 내 본모습을 드러내고, 심지어 즐길 수도 있다. 새롭고 다양한 가능성을 받아들이면 시야가 넓어진다. 몸을 쭉 펴면서 상대에게 다가가고, 친근하고 매력적인 느낌을 주게 된다. 어조가 정연해지고 자신감과 역량이 배어 나오며, 메시지는 더 공감하기 쉽고 친절하며 상대의 마음을 끈다. 이 모든 변화가 선순환으로 이어진다. 내 마음이 편안해지고 현재에 집중하며 상황을 즐기면, 주변 사람들도 같은 변화를 경험하게 된다. 이런 식으로 상대가 긍정적이고 개방적인 태도와 호기심을 느끼면 나도 같은 기분이 들며 선순환이 완성된다.

물론 대화의 중요도는 각기 다르다. 면접, 경쟁 프레젠테이션, 학문적 토론 등 같은 상황에서는 공격적으로 구는 사람이 제법 많다. 상황이 좋지 않을 때는 사람들이 모두 회의적, 심지어 적대적으로 느껴질 수도 있다(특히 온라인에서는 더더욱 그렇다). 하지만 이때야말로 소통 능력이 더욱 빛을 발하는 순간이다. 그뿐만 아니다. 애초에 '위협'이라는 생각을 재정의하면 여러모로 큰 도움이 된다.

상대가 나를 비판하거나 조롱할지도 모른다는 두려움에 빠져 사는 사람들이 많다. 하지만 코미디언 겸 SNS 인플루언서 트레버 월리스Trevor Wallace는 청중이 딴지를 거는 순간을 멋지게 포용한다. 월리스는 한시바삐 곤란한 상황에서 벗어나려고 애쓰는 대신 그 순간에 머물며 딴지를 거는 사람에게 질문을 던지고 상황이 어떻게 전개되는지 지켜본다. 종종 그 과정에서 생각지도 못한 우스운 이야기들을 끌어낼 때도 있다. 이런 순간은 무척 인상적이어서 월리스는 이전 영상을 SNS에 포스팅할 때마다 구독자가 늘어난다.[3]

누구나 월리스처럼 즉흥적인 소통에서 예상 밖의 소득을 거둘 수 있다. 극단적인 상황이 아닌 한, 사람은 누구나 가능성과 기회에 자신을 열어 보일 역량을 지니고 있다. 남들이 악의적으로 딴지를 걸더라도 충실하고 진정성 있게 대응하면 문제없이 상황을 헤쳐나갈 수 있다. 모두가 내 마음가짐에 달려 있다.

심리학자이자 스탠퍼드 심신연구소 소장 알리아 크럼Alia Crum은 마음가짐이란 "현실을 바라보는 방식으로 내가 무엇을 기대하고, 무엇을 이해하고, 어떤 행동을 하고 싶은지 결정 짓는다"라고 정의했다.[4] 나는 수업을 할 때 이 정의를 염두에 두고 자발적으로

말할 많은 기회를 열어주는, 마인드셋을 전환하는 네 가지 방법을
실천해 보도록 권한다. 익히 들어본 내용도 있고, 새로운 방법도
있을 것이다. 하나씩 살펴보면서 유용한 마음가짐을 삶에 뚜렷이
새기는 테크닉도 함께 익히도록 하자.

성장형 마인드셋을 택하자

베스트셀러 《마인드셋》의 저자인 심리학자 캐롤 드웩Carol Dweck은
자신의 성격과 잠재력을 이해하는 방법을 두 가지로 구분했다. 바
로 고착형 마인드셋과 성장형 마인드셋이다. 고착형 마인드셋은
지식과 능력이 근본적으로 변하지 않는다고 본다. 지식과 능력은
있든 없든 둘 중 하나라는 것이다. 반면 성장형 마인드셋은 지능
과 역량이 좀 더 유동적이라 여긴다. 기술은 배울 수 있고, 수행
능력은 발전시킬 수 있으며, 지성은 변할 수 있다고 믿는다.

고착형 마인드셋을 지닌 사람은 자신의 지적 역량을 입증하려
고 애쓴다. 어려운 상황을 회피하고, 더 나은 사람이 되려고 노력
할 동기를 느끼지 못하며, 변화를 이끌어낼 비판적 피드백은 꺼리
고, 타인의 성공을 위협으로 받아들인다. 이와 반대로 성장형 마
인드셋을 장착하면 발전하려는 욕구에 불이 붙는다. 어려운 상황
을 반기고, 교훈을 얻으리라는 기대감에 눈을 빛낸다. 비판적 피

드백을 기꺼이 수용하고 성실함과 끈기가 있으면 발전할 수 있다는 사실을 믿고 노력한다. 남이 성공하면 위협을 느끼는 대신 감탄하며 보고 배우려 한다.

드웩의 연구는 자신을 역동적이고 변화하는 존재라 믿을 때 따라오는 엄청난 이득에 주목한다. 이런 사고방식을 지닌 사람은 자아개념이 고정된 사람에 비해 성공할 확률이 높다. 소통의 경우 특히 그렇다. 한 연구에 따르면 자신이 성장하고 긍정적으로 변할 수 있다고 믿는 사람은 남 앞에서 이야기할 때 덜 긴장하고, 말솜씨가 나아지고 있다고 여겼으며, 남 앞에서 하는 말과 그 영향에 대해 더 깊이 생각했다.[5]

성장형 마인드셋 유형의 사람은 즉흥적인 커뮤니케이션이야말로 배움의 기회라 믿는다. 내가 아직 불완전하고 발전의 여지가 있는 사람이라는 생각을 바탕에 깔고 소통하면 호기심을 갖고 집중하며 개방적인 태도로 대화하게 된다. 내가 생각한 방향대로 이야기가 흘러가지 않더라도 스트레스를 받기보다는 실패를 능력을 닦고 귀중한 교훈을 얻을 기회로 생각한다. 내 능력을 입증하고 인정받아야 한다는 강박에 쫓기지 않으면 스트레스도, 사방이 포위된 듯한 압박감도 줄어든다.

드웩의 저서 외에도 성장형 마인드셋을 삶에 정착시키는 방법은 다양하다.[6] 성장형 마인드셋을 받아들이고 연마하다 보면 미래에 내가 얻을 결과보다 현재 나의 노력에 초점을 맞추게 된다. 1강에서 다룬 긴장 관리 계획을 짜는 데 시간과 에너지를 투자했다면, 잘했다고 나 자신을 칭찬해 주자. 사람들과 어울릴 때 내 의견이 가치가 있고 내가 한 노력에서 새로운 통찰을 얻으리라는 사실을 기억하자. 그러려면 자기암시를 반복하는 것이 좋다. 이런 문장은 어떨까. "여기서 내가 내놓는 의견은 의미가 있고, 중요한 교훈도 배울 수 있어."

소통이 제대로 이루어지지 않아 골치라면 드웩의 표현대로 '아직 진행 중'이라고 생각하자. 나는 분명 다양한 대화 기술을 익힐 수 있고, 지금은 그것을 이루어가는 중이라고 생각하는 것이다. 이때 현실적인 목표를 세우고 달성 과정을 단계별로 그려보자. 현재 내 능력을 가늠하고 단기, 장기적으로 어떻게 성장할 수 있을지 생각하는 것이다. 계속 노력하면 내가 원하는 발전을 이루고, 설령 발전 속도가 느리더라도 최선을 다하는 것 자체로 가치가 있다는 사실을 기억하자.

'진행 중'이라는 마음가짐을 지니면 발전의 바탕이 될 유용한 자기 질문을 떠올릴 수도 있다. 질의응답 시간에 당황스러운 느낌이 든다면 자문해 보자. 질의응답 시간에 방해가 되는 휴리스틱은 무엇일까? 질의응답은 곧 기회라고 내게 일깨워 줄 자기암시문은 어떤 것이 있을까?

어떤 소통 목표를 이뤘다면, 달성한 목표를 '과정'이나 '모험' 등의 단어로 묘사하고 길 또는 산으로 시각화하자. 지금까지 겪은 긍정적, 부정적 경험을 포함한 과정을 복기할 수 있도록 규칙적으로 내 생각과 관찰을 짤막하게 적어두자.[7] 스탠퍼드대학교 교수 쯔치 황Szu-chi Huang과 제니퍼 아커Jennifer Aaker가 진행한 연구에서 보듯, 목표를 여정에 빗대면 지금까지 해온 일을 계속할 의욕을 북돋울 수 있다.[8]

실전 연습

질문에 답하고, 건배사를 하고, 실수를 사과로 만회하는 등 앞으로 연마할 말하기 기술을 상상해 보자. 구체적으로 어떤 단계를 밟아야 할까? 어떻게 하면 목표를 작은 단위로 나누어 노력을 집중하고 원하는 기술을 익힐 수 있을까? 지금까지 나는 어떤 단계를 밟았으며 앞으로 개선해야 할 점은 무엇일까? 누구에게 도움을 청하면 좋을까?

내가 아니라 듣는 사람을 생각하자

말하기가 겁나는 까닭은 초점을 나에게 맞추기 때문이다. 남에게 포위당하고 가치를 입증해야 하는 사람이 바로 나인 것이다. 이런 위협에 대처하기 위해 우리는 눈가리개를 한 말처럼 자신의 행동과 말에만 주의를 기울인다. 내 말에 어떻게 호응하는지 살피고 집착하는 게 상대에게 기울이는 관심의 전부다.

초점을 나 자신이 아니라 상대에게 돌리면 '의사소통=위험'이라는 틀에서 벗어나 기회형 마인드셋을 장착할 수 있다. 상대는 어떤 사람일까? 무엇에 관심이 있을까? 지금 기분은 어떨까? 상대가 내게 바라는 것과 필요한 것은 무엇일까? 이런 질문을 던지다 보면 대화가 상대의 삶과 경험이 윤택해지도록 도울 기회라는 사실을 깨닫게 된다. 내가 하는 말이 상대에게 힘을 실어주거나, 준비를 하도록 돕거나, 지식을 전달하거나, 즐겁게 해주거나, 감명을 줄 수 있는 것이다.

스탠퍼드대학교 명예교수 겸 즉흥 연기 전문가 퍼트리셔 라이언 매드슨Patricia Ryan Madson이 즉흥 연기를 가르칠 때 학생들에게 가장 먼저 하는 말은 다음과 같다. "즉흥 연기에서 중요한 것은 당신이 아닙니다. 여기 있는 다른 사람들, 그들과 어떻게 협동하느냐, 어떻게 함께 무언가를 만들어가느냐입니다."[9] 매드슨 교수만의 의견은 아니다. 내가 진행하는 팟캐스트에 출연한 사람들도 상대에게 초점을 맞추는 것이 중요하다고 입을 모아 말한다. 자발적인 의사소통을 상대를 돕는 일이자 그 과정에서 나 또한 배우고 성장할 기회라 믿으면 더 나은 소통을 할 수 있다. 이렇게 마음가짐을 바꾸면 압박감이 가벼워지고 실질적으로 더 높은 목표에 집중할 수 있다.

매드슨의 조언에 따르면, 상대 중심적 태도를 기르기 위해서는 대화가 이루어지는 공간에 들어서는 순간 청중과 물리적 환경을 꼼꼼히 살펴야 한다. "내가 말하려는 주제가 아니라, 이 모임과 여기서 일어나는 일을 샅샅이 파악해야 합니다." 매드슨은 공간이 놀라울 만큼 아름답다거나 청중과 관련한 특징들을 발견하면 계획해 둔 연설 내용을 바꾸기도 한다. 미리 계획하지 않은 상황에서도 공간을 훑어보면 청중의 분위기, 활기의 정도, 호불호 등 풍부한 정보를 얻을 수 있다. 이렇게 모은 정보는 청중이 내게 무엇을 기대하는지, 어떻게 하면 가장 효과적으로 상대가 기대하는 바를 충족할 수 있는지를 알려주는 실마리다.

실전 연습

회의나 회식 등 즉석에서 말해야 하는 상황에 처하면 잠깐 시간을 갖고 주변 분위기를 눈여겨보자. 누가 누구에게 관심을 갖는지, 사람들이 어떤 위치에 자리 잡고 있는지, 가장 집중력이 높거나 활기찬 사람은 누구인지, 가장 딴청을 피우고 무기력한 사람은 누구인지, 전반적인 분위기는 어떤지 살피자. 조명, 가구, 기온 등 환경적인 요소도 확인하자. 긴장을 풀고 마음이 편안해지는 데 도움이 되는 정보를 놀랄 만큼 많이 모을 수 있을 것이다.

눈앞의 청중은 대부분 내가 성공하기를 바란다는 사실을 재차 상기하자. 겉보기에는 어떨지 몰라도 남이 어색해하는 모습을 보

고 싶어 하는 사람은 거의 없다. 사람들은 매끄럽고 성공적이며 즐거운 대화를 원한다. 매드슨이 말했듯 "매의 눈으로 털끝만큼의 실수를 찾는 올림픽 심판과는 달리 (발표, 회의, 공연을 막론하고 모든) 청중은 나를 응원하고 나에게서 무언가를 얻기 위해 이 자리에 참여한 것이다. 그런데 내 머리가 당장의 프레젠테이션에 대한 최악의 시나리오를 그리기 시작하면 그 사실을 잊고 만다."[10]

머릿속 시나리오를 뒤집어 내가 청중의 입장에, 다른 누군가가 말하는 입장에 서 있다고 생각해 보자. 당신은 그 사람이 허둥대는 모습을 보고 싶은가? 누군가를 행사에 초대하거나, 회의를 하거나, 대화를 시작했을 때 상대가 불편해하고 자기 생각을 제대로 표현하지 못하길 바라는가? 당연히 그러지 않을 것이다. 곰곰히 생각해 보자. 내가 청중이 되어 내 말을 듣고 있다면 무엇을 알고 싶을까? 어떤 경험을 하고 싶을까? 어떤 정보나 메시지가 내 삶과 중요한 연관이 있을까?

구글 임원 캐시 보나노Kathy Bonanno에 따르면 청중이 발표자에게 질문할 때 바라는 것은 하나뿐이다. 바로 발표자와 '좋은 순간'을 나누고, 깊이 통하는 느낌과 가까워진 분위기를 공유하고 싶다는 것이다. 청중이 질문을 던지면 보나노는 좋은 시간을 일구는 데 집중한다. "이 심리 테크닉은 제가 긴장을 푸는 데 큰 도움이 되었습니다. 그저 사람들과 잘 어울리는 데 집중하는 거죠."[11] 보나노에게 쏟아진 청중의 긍정적 피드백으로 미루어볼 때 분명 효과적인 전략이다.

청중의 경험에 집중한다고 해서 우리 자신을 등한시하라는 뜻이 아니다. 그저 어떻게 하면 함께 유익한 시간을 보낼지 명확히 예상하면 청중 앞에서 더 편안하게 행동할 수 있다는 뜻이다. 가령 친구가 조언이나 피드백을 청하면 어떤 말을 듣고 싶은지, 걱정거리가 무엇인지 먼저 물어본다. 상대를 이해하면 더 진정성 있게 대하고 결과적으로 상대에게 유용한 조언을 해줄 수 있다. 이런 노력이 상대의 마음을 열게 하고 더 나은 소통으로 향하게 만드는 것이다.

마지막으로, 성공에 필요한 요소가 무엇인지 생각할 때는 동시에 최적의 상황은 어떤 모습일지 상상해 보자. 누구나 남을 돌보기 전에 자신을 먼저 돌보아야 하듯, 최선의 소통을 하려면 그 순간 무엇이 필요한지 확실히 파악해야 한다. 커뮤니케이션 트레이닝 기업 마인드리스의 비벡 베누고팔은 '내면의 명가수'를 포용하라고 조언한다. "명가수는 최선의 공연을 하기 위해 무엇이 필요한지 알며, 그것을 요청할 자신감을 갖추고 있다." 즉석 건배사나 헌사를 해달라는 청을 받았는데 청중이 내게 집중하길 바란다면, 휴대폰은 잠깐 넣어달라고 정중하게 부탁하자. 한편 청중이 활발하게 참여하길 바란다면 일방적인 발표가 아니라 상호 대화를 하게 될 거라고 미리 알려주자. 빙빙 돌리지 않고 진솔하게 말하면 당신도, 상대도 더 편안해질 것이다.

상황별로 가장 인상 깊은 말을 했던 사람들을 떠올려보자. 지금까지 본 최고의 발표를 했던 사람은 누구였을까? 그 사람의 장점은 무엇일까? 내가 아는 사람 중 가장 대화하기 즐거운 사람, 최고의 회의를 이끄는 사람은 누구일까? 그 사람들의 행동 중에서 무엇이 가장 매력적이었나? 전략과 행동을 목록으로 정리하고, 그중 일부를 나의 말하기에 어떻게 활용할지 고민해 보자.

"그렇지만, 아닌 거 같아"에서 "맞아요, 게다가…"로

게임을 하나 더 해보자. 이번에는 파트너가 필요하다. 집이라면 배우자, 아이, 룸메이트에게 도움을 청하자. 회사에서 점심시간에 이 책을 읽던 중이라면 동료에게 도움을 구해도 좋다. 혼자 있다면 친구에게 영상통화를 걸어본다. 파트너를 구했다면 이제 서로 상상의 선물을 주고받을 차례다.

파트너가 먼저 내게 선물을 줄 것이다. 근사하게 포장하고 리본까지 묶은 큼직한 상자를 든 것처럼 양손을 앞으로 내밀어 보라고 한다. 당신은 선물을 받는 연기를 하면 된다. 상자를 받아서 포장을 뜯고 안을 보면서 말하자. "와, 너무 멋진데. ○○(선물의 이름)을 줘서 고마워." 무엇이든 퍼뜩 머릿속에 떠오르는 물건을 말하면 된다. 코뿔소 인형, 전구, 보디 워시, 구린 운동화 등 뭐든 좋다. 무엇이 되었든 파트너에게 선물을 줘서 고맙다고 말하자. 이제 파트너는 즉석에서 왜 그 선물을 주었는지 설명할 것이다.

이를테면 당신이 "어머나, 거북이를 선물해 주다니 너무 고마워!"라고 말하면 파트너가 "아, 그렇지? 어릴 때 닌자 거북이를 좋아했다고 하길래. 직접 거북이를 길러보면 좋잖아?"라고 대답하는 식이다. 이 게임에는 즉흥적 요소가 두 가지나 들어 있다. 첫째는 선물을 정하는 것이고, 둘째는 선물을 주는 이유를 설명하는 것이다. 이번에는 당신이 선물을 주는 역할을 하자. 상상일지언정 선물을 받는 것은 기분 좋은 일이다. 내 강연이나 워크숍에 참석한 청중과 함께 이 게임을 하면 다들 무척 즐거워한다. 웃음을 터뜨리고 고개를 끄덕이며 즐기는 사이 진정한 소통이 이루어진다.

당신에게 이 게임을 권하는 이유는 두 가지다. 첫째, 이 강의 주제를 연상시키기 때문이다. 내 실수 또는 상대가 던지는 질문을 난관과 위협이 아닌 기회와 선물로 여긴다면 어떨까? 그 경험은 정말 근사하고 즐겁지 않을까? 그리고 주변 사람들과 훨씬 더 깊이 소통하게 되지 않을까?

둘째, 이 게임은 즉흥적 말하기가 새롭고 긍정적인 경험으로 다가오는 기회이며, 구체적으로 마음가짐이 어떻게 바뀌는지 고스란히 보여준다. 살다 보면 남의 의견에 저항할 때가 많다. 대놓고 "아뇨"라고 하거나 "네, 그렇지만…" 같은 식으로 대답하는 것이다. 한

발 물러선다고 해도 "네, 좋은 생각 같군요. 하지만 이 점에 대해서도 생각해 보시죠" 또는 "응, 알았어. 하지만 네 생각은 정말 아닌 것 같아"라고 말한다. 우리는 모두 반대하고, 비판하고, 경고한다.

하지만 이 게임에서는 그런 일은 일어나지 않는다. 파트너가 하는 말을 인정하고 상대도 즉석에서 내가 떠올린 대답을 순순히 받아들인다. 선물을 받는 사람은 우스운 선물을 떠올리고, 파트너도 그 장단에 맞추어 상상력을 동원해서 자기 몫을 해낸다. "내가 선물한 건 그게 아닌데?"라며 비판적으로 대답하지 않는다. "네, 그렇지만…"이라고 말하는 대신, "맞아요. 게다가…"라고 말한다. "맞아요. 게다가…"라는 개념이야말로 즉석 대처의 핵심이다.[12] 이 게임을 하면 매 순간 비판적 태도를 버리고, 파트너의 말을 인정하고, 그 말을 바탕으로 대답하는 데 초점을 맞춘다. 이렇게 접근하면 정답이나 오답은 없다. 새로운 답, 이어지는 답만 있을 뿐이다. 매번 "네"라고 대답한 다음 내가 생각한 말을 얹을 수 있다.

"맞아요. 게다가…"는 단순하면서도 엄청난 힘을 지닌 표현이다. 일상에서 남들과 대화할 때 "맞아요. 게다가…"에 집중하면 매 순간이 놀랍고 근사한 일이 일어날 기회임을 깨닫게 된다. "맞아요. 게다가…" 식으로 생각하다 보면 나도 모르게 상대방의 말에 귀를 기울이고 제대로 호응하게 된다(4강에서 자세히 다룰 예정이다). 그뿐만 아니라 대화가 나아가는 방향을 제어할 수도 있다. 상호작용의 모든 단계를 미리 계획할 수는 없다. 우리가 할 수 있는 일은 경청하고, 호응하고, 상대의 답에 내 의견을 더하는 것뿐이다. 우리가 내는 의견은 모두 대화를 새롭고 흥미로운 방향으로 끌어갈 기회다.

즉흥적으로 말해야 할 때 "맞아요. 게다가…"의 자세를 장착하는 방법은 여러 가지다. 첫째, 상대와의 접점을 만든다. 협상 또는 갈등 중이라면 상대와 같은 공감대를 찾아야 한다. 공통점을 출발점으로 삼고 대화하는 동안 간간이 그 지점으로 돌아가자. 공통분모를 찾으려는(즉, "네"라고 말하려는) 노력을 기울이면 상대도 같은 행동을 할 가능성이 커져 긍정적 상호관계가 뿌리내릴 수 있다.

경험상 "맞아요. 게다가…"는 여러 곤란한 대화에서 든든한 동아줄이 되어주었다. 공통분모를 언급하면 논의가 새롭고 개방적인 방식으로 재구성되어 더 창의적인 답을 도출할 수 있었다. 몇 년 전, 지역 총괄 관리자 둘이서 교육 담당자를 채용할지, 아니면 고객 서비스 담당자를 뽑을지 옥신각신하는 모습을 본 적이 있다. 새로운 직원을 뽑아 각자 자기 팀에 데려가야 하는 이유를 들은 다음, 나는 우선 '신입 사원을 뽑아야 한다'는 가장 긴급한 문제에 대해서는 서로의 의견이 일치한다는 점을 강조했다. 게다가 '교육을 선제적인 고객 서비스'라고 재정의해 볼 수 있기에, 새로운 역할을 위한 신입 직원을 뽑게 되었다.

대화 도중 긴장이나 갈등이 느껴질 때는 몇 초간 말을 멈추고 서로 의견이 일치하는 부분을 머릿속으로 정리해 보자. 합의점이 몇 가지 생각나면 "맞아요. 게다가…" 전략을 개시할 수 있도록 대화를 이끌자.

"맞아요. 게다가…"는 화제에 대해 선부른 판단을 하지 않도록 제동을 걸어주기도 한다. 처음에는 어려울지 모르지만, 상대의 뉘앙스와 결론에 도달하기까지의 배경을 이해하면 타당하고 자연스럽게 "맞아요. 게다가…"라고 말할 수 있을 것이다. 특히 내 편견에 유의하자. 지나치게 빨리 판단을 내리면 상대가 의견을 내놓지 못하도록 가로막는 꼴이 된다. 마찬가지로, 남의 말에 끼어들거나 상대의 말이 떨어지자마자 대답하면 상대를 무시하거나 과소평가하는 인상을 줄 수 있다.

애덤 토빈은 '즉석 소통' 강의를 듣는 학생들에게 서둘러 판단을 내리고픈 충동을 자제하면 새롭고 다양한 아이디어와 정보를 포용할 수 있다고 일깨워주곤 한다.

지난 일에 머무르지 않고 '다음 플레이'로 넘어가자

매드슨의 명저《일상을 기적처럼》에 이런 대목이 나온다. 스탠퍼드대학교 졸업식에서, 학교는 매드슨에게 고위급 인사들을 포함한 천여 명의 청중 앞에서 글을 낭독해 달라고 청했다. 학교 오케스트라의 연주가 끝나면 연단에 올라 학교의 설립자 제인 스탠퍼드가 남긴 글을 읽게 되어 있었다.

졸업식 당일, 매드슨은 오케스트라의 연주가 끝나길 기다렸다가 자리에서 일어나 연단에 올라 입을 열었다. "지금부터 제인 스탠퍼드가 남긴 글을 낭독하겠습니다." 그런데 오케스트라가 다음 악장을 연주하기 시작했다. 한 악장이 아니라 두 악장을 연주할 예정이었던 것이다. 매드슨의 실수를 눈치챈 청중 사이로 웃음이 번졌다. 매드슨은 쥐구멍에라도 들어가고픈 심정이었다.

이런 망신을 겪으면 대부분 패닉에 빠지거나 얼어붙을 것이다. 하지만 매드슨은 달랐다. 그는 다시 자리로 돌아가 참을성 있게 기다렸다. 오케스트라가 2악장 연주를 마치자 재차 연단에 올라 첫 문장을 말했다. "이제, 제인 스탠퍼드가 남긴 글을 낭독하겠습니다."

매드슨은 실수에 대응하는 법에 대한 중요한 교훈을 알고 있었다. "실수했다면 '어쩌다 그런 짓을 저질렀지?'가 아니라 다음에 할 일에 생각을 집중해야 합니다. 영웅이란 무언가에 굴복하지 않는 사람이 아닐까요. 내가 학생들에게 하고 싶은 조언은 '중요한 것은 실수가 아니다'입니다. 이미 실수를 저질렀다면 내가 할 수 있는 부분은 실수를 만회하는 것뿐이겠죠."13

'코치 K'라는 별명으로 불리는 듀크대학교의 전설적인 농구팀 감독 마이크 시셰프스키Mike Krzyzewski는 스포츠계에서 널리 쓰이는 '다음 플레이'에 대한 금언을 남겼다. 농구 경기에서 슛을 놓치고, 야구 경기에서 헛스윙을 하고, 축구 경기에서 상대편에게 공을 빼앗기더라도 자책하거나 후회하는 대신 마음가짐을 초기화하고 계속 플레이해야 한다. 방금 일어난 일이 아니라 눈앞의 과제에 집중해야 한다. 마찬가지로 3점 슛을 넣고, 그랜드슬램을 달성하고, 터치다운 패스를 성공해도 전과 똑같이 계속 나아가야 한다. 성적은 유동적이다. 최고의 모습을 보이려면 당장의 플레이에 집중해야지 지나간 플레이에 정신을 빼앗기면 곤란하다. 아무리 쓰디쓴 실책을 저지르고, 또 눈부신 성공을 맛보았다 해도 마찬가지다. 코치 K의 말대로 "뭐가 됐든 방금 한 일보다는 지금 하는 일이 훨씬 중요하다".14 NBA에서 뛰었던 듀크대 스타 선수 셰인 배티에Shane Battier는 다음 플레이에 대한 조언이야말로 코치 K가 선수들에게 가르친 "가장 단순하면서도 설득력 있는 교훈이었다"라고 평했다.

우리에게 '다음 플레이'란 기회가 보이면 잡을 수 있도록 준비하는 것을 의미한다. 지나간 일에 집착하면 현재에 내재된 가능성을 재빨리 알아채지 못한다. 그러나 방금 일어난 일에 개의치 않고 다음 플레이로 재빨리 나아가도록 자신을 다잡으면 "다음 기회를 잡을 순간이 다가온 것이다. 에너지와 긍정적인 자세를 갖추고 몇 번이고 새로 시작해야 한다."[15]

'다음 플레이' 사고방식으로 전환하는 것이 어려울 수 있다. 과거의 결과에 감정적으로 얽매이는 데 익숙한 나머지 그 패턴을 깨기가 어렵기 때문이다. 즉흥 연기를 배우는 사람들이 즐겨 하는, 현재에 집중하고 다음 플레이로 나아가는 법을 연습할 수 있는 게임이 있다. '뉴 초이스New Choice'라는 이름의 이 게임은 사람들이 어떤 장면을 연기하고 있으면 게임 주최자가 갑자기 "새로운 선택"이라고 외친다. 그러면 방금 하던 장면이나 방금 내린 결정을 내버리고 즉석에서 떠올린 새로운 장면을 연기해야 한다. 타이머가 일정한 간격으로 울리도록 맞춰두고 혼자서 해봐도 좋고 친구에게 "새로운 선택"이라고 간간이 외쳐달라고 해도 괜찮다. 몇 분 정도만 해보면 전보다 수월하게 하던 일을 멈추고 새로운 행동을 취할 것이다.[16]

즉흥적으로 말할 때 상황이 계획대로 흘러가지 않으면 그것에 집착하지 말아야 한다. 잠깐 그 감정을 느낀 후 다음으로 나아가자. 비영리단체의 CFO로 재직하며 청소년 팀 코치로도 활약 중인 타이 킴Tie Kim은 일할 때 항상 '다음 플레이' 사고방식을 활용한다. 타이는 업무상 공식 석상에서 발표할 일이 많은데, 청중이 즉석에서 던진 질문에 제대로 답하지 못하는 경우가 간혹 있었다. 그럴 때면 어떻게든 실수를 만회하고픈 충동에 시달렸지만, '다음 플레이' 사고방식을 계속 되새긴 덕분에 일어난 일은 잊어버리고 발표를 이어나가는 습관을 익힐 수 있었다.[17] 그 결과 타이의 발표는 전반적으로 더 뛰어난 결과를 만들어냈다.

2018년 플로리다주 파크랜드에서 고등학교 총기 난사 사건이 일어난 직후, 나는 다양한 시각과 관점을 경청하는 것이 얼마나 중요한가에 관한 강연을 했다. 나는 발표 주제에 대한 확신이 있었지만 어린 희생자들의 이야기가 떠오르자 정신을 집중할 수 없었다. 강연 내용을 미리 계획해 두었는데도 하려던 말을 잊고 우두커니 서 있었다.

난관에서 벗어날 수 있었던 것은 내 목표를 한 번 더 제시한 덕분이었다. 나는 청중을 향해 말했다. "저는 삶의 상당 부분을 사람들을 돕는 데 썼습니다. 사람들이 자신 있게 자기 의견을 전달하는 과정을 도왔죠." 그리고 잠깐 말을 멈춘 것은 주제에 대한 열정이 넘쳐서 마음이 앞섰기 때문이라고 해명했다. 내 목표를 명확히 알고 있었기에, 힘겹고 내키지 않은 상황에서도 정확히 말을 이어갈 수 있었다. 그날 강연장에 있었던 사람은 모두 내가 말을 멈춘 것을 눈치챘을 것이다. 그러나 '다음 플레이' 덕분에 나는 모두의 시선을 다시 주제로 이끌었다.

사람들의 실패와 성공을 섣불리 판가름하지 말라고 일깨워주는 유명한 우화가 있다. 바로 '새옹지마塞翁之馬'를 둘러싼 이야기다. 어느 나이든 농부가 마구간에서 말이 도망쳤다는 소식을 들었다. 이웃들이 운이 나빴다며 위로하자 노인은 "그럴 수도 있지요"라고 대꾸했다. 도망쳤던 말이 야생마 몇 마리와 함께 돌아오자 이웃들은 운이 좋다며 부러워했다. 노인은 말했다. "그럴 수도 있지요." 노인의 아들이 야생마를 타려다 떨어져서 부상을 입자 이웃들이 위로의 말을 전했다. "그럴 수도 있지요." 얼마 지나지 않아 농부는 아들이 부상 때문에 징병을 피하게 되었다는 소식을 들었다. 전화위복의 소식이었지만 현명한 농부는 이번에도 똑같이 말했다. "그럴 수도 있지요."[18]

특정 발언이나 사건이 삶에 궁극적으로 어떤 영향을 미칠지는 알 수 없다. 운명의 장난이 실제로는 행운일지도 모르고, 횡재에 대가가 따를 가능성도 있다. 긍정적이든 부정적이든 결과에 얽매여 시간을 허비하는 대신, 더 큰 목표에 초점을 맞추는 것이 우리가 할 수 있는 최선이다. 나도 모르게 난관을 곱씹고 있다면 스스로에게 말해주자. "그럴 수도 있지." 그리고 다음 플레이에 임하자.

실전 연습

당황스러운 상황이 펼쳐질 곳에 들어가기 전 종이에 "그럴 수도 있지"라고 써서 주머니에 넣어두자. 글을 쓰는 행동과 주머니 안에 쪽지가 들어 있다는 위안이 내 말과 행동에 대한 자기비판을 잠시 멈추고 다음 단계로 나아가도록 이끌어줄 것이다. 예상하지 못하는 상황에 임하기 5분 전에 "그럴 수도 있지"라는 메시지가 뜨게끔 스마트폰 알림을 설정해 두어도 좋다.

난관에서 희망을

수년 전, 나는 어느 기업에서 팀을 이끌고 있었다. 그런데 상사가 직원을 열 명가량 정리해고를 해야 한다고 말했다. 팀의 4분의 1이 회사를 나가야 하는 셈이었다. 그렇게 많은 사람을 한꺼번에 내보낸 적은 없었기에 너무 충격적인 소식이었다. 불경기 때문에 회사가 어렵다는 것은 알았지만, 불과 일주일 전에 우리 팀은 정리해고 대상에서 제외되었다고 들은 터였다. 직원들과 나는 가까운 친구처럼 지낸 사이였던지라 해고 소식을 전하는 건 생각하고 싶지 않은 악몽이었다. 말 그대로 진퇴양난에 빠진 기분이었다. 친절하고 공감하고 힘이 되는 상사라고 스스로 믿고 있었는데, 그 믿음이 송두리째 흔들렸다.

하지만 내 감정을 추스르고 대상 직원들과 면담할 수밖에 없었다. 팀에서 제 역할을 하던 샌디와 첫 면담을 잡았다. 샌디가 앞장서서 회의실로 들어가는데 속이 울렁거렸다. 정리해고 소식이 그에게 어떤 충격을 줄지, 우리가 유종의 미를 거둘 수 있을지, 이런 난국에서도 따뜻하게 행동할 수 있을지 모든 것이 걱정이었다.

등 뒤로 회의실 문을 닫는데 불현듯 생각이 떠올랐다. 물론 샌디가 해고되는 일은 최악의 상황이었다. 생활도 힘들어질 테고, 자신에 대한 믿음도 흔들릴 터였다. 나는 지금 일어나는 일을 재정의할 여러 방법에 관해 궁리해 보았다. 힘겨운 이 상황에서 최소한 얼마간의 의미라도 건질 수 있다면 어떤 것들이 있을까? 퇴직 '패키지'에 삶의 다음 단계를 계획하는 데 도움이 될 법한 복지나 자원이 있지는 않을까? 내가 이끄는 직원이자 친구들이 당황스러운 상황을 극복하고 미래를 도모하도록 도울 방법은 없을까?

샌디는 맡은 업무를 잘 해냈지만, 나는 그가 진정으로 하고 싶은 일은 따로 있다는 것을 알고 있었다. 언젠가 샌디는 불우 아동을 위한 멘토와 개인 교습 프로그램을 시작하고 싶다고 했고 이미 비슷한 프로그램에서 즐겁게 자원봉사를 하고 있었다. 샌디는 멘토로서 하는 일이 보람차고 마음의 쉼터가 되었으며, 회사에서 배운 기술과 경험을 멘토 활동에도 활용하고 싶다고 입버릇처럼 말했다.

샌디와 마주 앉은 나는 명확하고 분명하게 정리해고 건에 대해 말했다. 몇 분간 시간을 준 다음, 샌디가 멘토 프로그램을 새롭게 시작하는 데 회사가 어떤 도움을 줄 수 있을지 함께 이야기를 나누었다. 대화는 한 시간가량 이어졌다. 샌디에게도 고통스럽고 내게도 슬픈 시간이었다. 하지만 대화는 내 예상보다 양호하게 흘러갔다. 샌디는 절망에 빠진 채 방을 나서지 않았다. 회사에 대한 분노와 부정적인 감정 사이에, 미래를 향한 뚜렷한 희망이 섞여 있었다. 직장을 떠나는 것은 힘들지만 커리어의 잠재적 전환점이기도 했다. 지금까지 해온 일을 바탕으로 진정 하고 싶은 일에 뛰어들 기회였던 것이다. 이후 샌디는 멘토링 프로그램을 시작했고 많은 성과를 이루었다.

샌디와의 대화에서 얻은 교훈은 다른 직원과 나눈 대화에도 도움이 되었다. 직원이 느끼는 고통을 인지하고 인정했지만 동시에 눈앞에 기회가 있다는 사실도 강조하려고 애썼다. 퇴직 패키지의 세부 사항에 대한 질문에 답할 수 있도록 미리 준비했고, 내가 모르는 부분은 어디에 문의하면 좋을지 알아봐 두었다. 대화의 상당 부분은 미래의 방향을 함께 논의하는 데 할애했다. 이후 나는 직원들에게서 해고와 퇴직 건에 대해 함께 의논해 주어 고마웠다는 편지를 받았다.

지금 와서 깨달은 사실이지만, 그때 나는 3강에서 다룬 네 가지 사고방식의 전환을 실천했다. 정리해고를 커리어의 변환점으로 삼겠다고 마음가짐을 바꾸면서, 나는 팀원들에게 성장을 향해 어디로 가야 하는지를 일러주었다(성장형 마인드셋). 대화가 얼마나 힘겨운지 곱씹는 대신, 팀원들이 원하는 바를 이야기하며 이끌어갔다(상대에게 초점 맞추기). 더불어 향후 커리어에 관해 논하고, 팀원들의 말을 경청하며 그 위에 논의를 쌓아 올렸다("맞아요. 게다가…"). 내 감정과 상사의 결정에 대한 실망감으로 수렁에 빠지는 대신, 팀원들과 더 생산적인 대화를 나누었다. 또한 팀원이 이미 일어난 일에 집착하는 대신 미래에 초점을 맞추도록 도왔다(다음 플레이).

팀원들과 나눈 대화들은 지금까지 살면서 나눈 대화 중 가장 힘겨웠다. 그 대화는 준비된 소통과 즉흥적 소통의 조합이었다. 상사는 구체적인 방식으로 해고를 통보하라고 했지만, 나는 대화가 어떻게 흘러갈지 알 수 없었고 즉석에서 대처해야 할 부분이 많으리라 예상했다. 그리고 해고라는 난관을 기회로 재정의함으로써 나는 팀원을 위해 내가 할 수 있는 최선의 모습으로 그 상황에 임할 수 있었다. 현실을 바꿀 입장은 못 되었지만, 미리 상대의 요구를 살피고 준비해 그들이 조금이나마 현실을 쉽게 받아들일 수 있게 도왔다.

누구나 이렇게 할 수 있다. 어두운 시기뿐만 아니라 즐거운 시절에도 마찬가지다. 눈앞의 기회에 초점을 맞추고, 창의적이고 즐겁고 생동감 넘치도록 나를 자유로이 풀어주고, 순간을 만끽할 수 있는 것이다.

당신도 이렇게 작지만 중요한 심리적 변화를 일궈나가길 바란다. 방어적 자세에서 벗어나 몸을 일으키자. 지난 일에 감정적으로 얽매이는 대신 약간 길을 잃어도 괜찮다고 생각하고, 모든 가능성을 음미하자. 긍정적이고 놀라운 일들이 일어나는 상황은 많지만, 어디까지나 내 몫을 다하고 적절한 마음가짐과 접근 방식을 취해야 한다. 통제하고 싶은 욕구, 방어하고 싶은 마음을 누그러뜨리고 열린 자세와 호기심, 차분한 태도를 유지하면 내 진정한 모습이 빛날 공간을 만들 수 있다.

1. 최근 했던 대화를 떠올려보자. 상대가 내게 배운 것은 무엇일까? 내가 한 말은 상대에게 어떤 도움이 되었을까? 앞으로 소통하기 전에 내가 상대에게 전할 가치에 관해 상기할 방법은 무엇일까?

2. 앞으로 대화를 할 때는 나와 상대가 의견을 같이할 만한 지점이 어디일지 자문해 보자. 그런 다음 상대의 의견에 동의하고 싶지 않은 이유는 무엇인지 생각해 본다. 그러고 나면 좀 더 마음을 열고 "맞아요. 게다가…"의 태도를 취할 수 있다.

3. 즉흥적으로 말해야 하는 상황을 앞두고 있다면, 그 자리가 가져다줄 중요한 기회들을 목록으로 정리해 보자. 그중 어떤 기회가 당신의 흥미를 끄는가? 이제 그 상황이 부담스러운 까닭을 목록으로 만들어보자. 기회와 견주어보면 부담감이 다소 누그러들 것이다.

제4강 **경청**

아무 말도 하지 않는 것이
최고의 소통이다

아무것도 하지 말고, 귀를 기울여라

소통이라고 하면 사람들은 대개 말하는 것만 떠올린다. 하지만 실전에서 제대로 소통하려면 말하는 동시에 들어야 한다. 경청을 통해 상대의 정신적, 감정적 상태를 면밀히 살피고 그렇게 얻은 정보를 바탕으로 대화에 나서야 하기 때문이다.

《대화하기Making conversation》의 저자이자 디자인컨설팅 기업 아이디오의 글로벌 상무이사를 역임한 프레드 더스트Fred Dust는 경청의 위력을 몸소 경험했다.[1] 2010년, 더스트가 그리스 정부의 자문단으로 활동하던 때였다. 당시 경제 위기에 봉착한 그리스는 현금을 긴급 조달할 방법을 찾고 있었다. 그리스가 만지작거리던 카드는 예전에 공항으로 썼던 해안가 대규모 부지를 카타르 정부에 매각하는 것이었다. 수상과 각료 등 그리스 정부 인사는 계약에 관한 조언을 구하기 위해 더스트를 비롯한 자문단을 초빙해 공청회를 열었다.

자문단은 대부분 부지를 매각하는 것이 당연한 결정이라고 생각했다. 그렇게 되면 그리스는 쉽게 파산 위기를 벗어날 수 있었으니까. 게다가 카타르 정부는 쓰레기만 굴러다니던 그 부지를 생산적인 방식으로 개발해서 그리스 경제에 이바지할 터였다. 그리스 정부도 분석에 동의했는지 부지 매각을 진행하는 쪽으로 의견이 기울어졌다. 주최 측은 공청회를 미리 짠 각본대로 진행되는 요식 행위로 생각했다. 계약에 대해 터놓고 토론하는 것이 아니라, 여론의 지지를 얻기 쉽도록 자문단이 그리스 정부 측에 부지 매각을 권고하는 그림을 만드는 자리였던 것이다.

더스트는 부지 매각에 찬성하고, 나아가 매각이 합리적인 이유를 설명할 준비를 갖춘 다음 회의에 참석했다. 그런데 대화가 진행되면서 흥미로운 부분이 눈에 띄었다. 그리스 정부 측은 계약을 긍정적으로 평가했지만 일부 인사는 애매한 태도를 보였다. 그리스 정부는 아테네 시민에게 바다와 맞닿은 땅이 얼마나 중요한지 알고 있었다. 카타르에 매각 예정인 그 땅은 아테네 근교에 남아 있는 거의 마지막 해안 부지였다. 게다가 아테네의 다른 구역에서 진행 중이던 부동산 개발 사업은 대중이 해안에 접근하기 어려운 방향으로 진행되고 있었다. 그 부지를 매각하면 아테네는 문화적, 정신적으로 중요한 무언가를 잃어버릴 터였다. "아테네에 남겨진 마지막 해안 부지의 매각을 앞두고 그리스 측이 심란해하는 모습이 눈에 훤히 보이더군요."[2]

발언할 차례가 되자 더스트는 준비해 온 내용을 그냥 넣어두기로 마음먹었다. 방금 본 그리스 측의 불편감을 논리정연하게 표현해야겠다고 즉석에서 결정한 것이다. 더스트는 대놓고 매각에 반대하지는 않았지만, 계약이 성사되었을 때 그리스 측이 희생해야할 부분과 그들의 양가감정에 대해 지적했다. 위험한 시도였다. 카메라가 돌아가고 있었고, 공청회를 주최한 그리스 정부에 폐를 끼칠 생각은 없었으니까. 발언하는 동안 무척 불편하고 속이 울렁거렸다고 더스트는 회상했다. 하지만 결국 자신의 직관을 따라 그리스 정부가 들어야 할 말, 듣고 싶었던 말을 했다.

회의가 끝나자 우람한 경호원들이 그를 에워쌌다. 더스트는 순간 일을 그르쳤구나 싶었고, 정부 측에서 출국 절차를 밟아 자신을 쫓아낼 거라고 생각했다. 그런데 뜻밖에 수상이 다가와 말을 건넸다. "자신들이 느낀 부분을 정확히 짚어주었다면서 함께 저녁 식사를 하자더군요." 결국 부지 매각 건은 무산되었다. 해결해야 하는 재정난은 남아 있었지만, 그리스 정부는 적어도 이 순간 자국 수도의 전통을 저버리지는 않았다는 안도감을 느꼈다. 그날 공청회에서 더스트는 그리스 정치인들의 진정한 목소리를 면밀히 들었다. 덕분에 즉석에서 진정성 있게 상황에 대처하고 청중에게 지대한 (나아가 상당히 긍정적인) 영향을 미칠 수 있었다.

경청에 걸림돌이 되는 세 가지는 다음과 같다.

1. 물리적 소음
2. 생리적 소음(피로, 허기, 불안 등)
3. 심리적 소음(평가, 할 말을 미리 떠올리는 습관, 편견 등)

즉석에서 소통할 때는 주변 사람들의 생각, 감정, 니즈를 보여주는 신호를 알아차리지 못하고 넘어가기 쉽다. 물리적, 생리적, 심리적 소음 때문에 기회를 놓치기도 한다. 주변 환경이 시끄럽거나 주의를 흐트러뜨려서 타인의 생각과 감정은 고사하고 내 마음속 목소리조차 제대로 듣지 못하는 것이다. 신체 컨디션도 주의를 흐트러뜨리는 요인이다. 불안, 피로, 허기 등에 시달리면 주의를 집중하기가 어렵다. 끝으로 심리적 요인도 문제가 된다. 상대의 말을 평가하거나 다음에 할 말을 떠올리거나 편견에 사로잡히거나 체면을 유지하려다 상대가 보내는 신호를 간과하는 것이다.

경청의 힘

지금까지 살펴보았듯이 진정한 의미에서 상대와 소통하려면 정신을 흐트러뜨리는 요인을 물리치고 청중을 향해 나아가야 한다.

그뿐만 아니라 상대가 말하는 방식과 내용을 잘 살피고 가장 효과적으로 소통할 단서도 찾아야 한다. 주변 환경을 살피면 말의 내용뿐만 아니라 상대의 깊은 감정을 보여주는 비언어적 신호도 파악할 수 있다. 청중은 내 말과 행동에 어떤 반응을 보이는가? 현재 사회적 상황은 청중과의 상호작용에 어떤 영향을 미치는가? 상대와 공명하는 부분과 그렇지 못한 부분은 어디인가? 지금 상대의 감정을 나타내는 신호는 무엇인가?

이런 질문에 대한 답을 찾다 보면 내 말이 타당하고 사려 깊으며 설득력 있다고 상대가 느끼게끔 소통할 수 있다. 나아가 자기 자신을 위한 새로운 기회를 만들어낸다. 신뢰를 쌓고, 새로운 인간관계를 싹틔우고, 실전에서 더 강렬하게 소통하고, 타인의 관점을 더 잘 이해하고, 더 효과적으로 행동할 수 있는 것이다.

경청하는 법을 배우면 전에는 몰랐던 정보와 지혜가 눈에 들어온다. 게다가 패턴을 더 빨리, 전과는 다른 방식으로 인지할 수 있다. 조지 W. 부시 정부에서 백악관 공보 비서관을 지냈던 애리 플라이셔Ari Fleischer는 이를 두고 '삼투'를 통한 경청이라 표현했다. 단순히 정보를 들이미는 대신 민감하게 정보를 의식하고 흡수하면 공보 업무를 더 잘 해낼 수 있다는 것이다. 종일 다양한 주제와 정책을 접해야 하는 만큼, 플라이셔는 참석하는 모든 회의에서 전문가 노릇을 할 수 없다는 사실을 일찌감치 깨달았다. 그는 준비를 갖추지 못했다며 자책하는 대신, 현장에서 언어적, 비언어적 정보를 흡수하는 데 집중했다. 사회보장과 국방 관련 정책에 대한 새로운 정보를 접하면 머릿속에 메모하듯 내용을 저장했다. 그런 다음 질문을 추가하거나 의견을 논리정연하게 정리하는 등 필요할 때마다 저장해 둔 정보를 활용했다. 동시에 전에 봤던 정보를 지금 보고 듣는 정보와 연결 지으면서 패턴을 파악했다. "삼투는 정말 효과가 있었습니다. 놀라울 만큼 많은 정보를 흡수할 수 있죠. 공보 담당관은 온갖 이슈를 접합니다. 그러니 정보를 모두 흡수할 수밖에 없습니다. 그러면 기자회견실에서 해당 내용이 화제에 오를 때 적절히 대처할 수 있답니다."[3]

내 '즉석 대처' 멘토인 애덤 토빈은 신규 프로그램 편성 건으로 방송사 부회장을 설득했던 적이 있다. 토빈의 발표를 들은 부회장은 그 프로그램이 공상과학 스토리가 아닌 이유는 뭐냐고 물었다. 생뚱맞은 질문이었다. 토빈은 자기가 기획한 프로그램이 공상과학 분야에 속한다고 생각해 본 적도 없었으니까. 하지만 토빈은 부사장의 질문을 허투루 넘기지 않았다. 경청과 즉석 대처 전문가로서의 기량을 살려, 토빈은 몸을 앞으로 내밀고 부회장에게 그 질문을 던진 까닭을 물었다.

부회장은 대답했다. "이 프로그램은 왠지 공상과학 분위기가 나는데, 회장님은 지금 공상과학 관련 프로그램을 편성하실 생각이 없는 것 같네. 공상과학 프로그램 세 개가 모조리 실패했거든." 토빈은 그때를 회상하며 말했다. "부회장은 회장을 설득하는 데 필요한 정보를 원했던 거야. 나는 미처 존재하는 줄도 몰랐던 문제를 해결하려 했던 거지."[4] 시간을 들여 상대의 말을 제대로 듣고 눈앞의 순간에 집중한 덕분에 토빈은 그날의 발표뿐만 아니라 그 이후에도 도움이 될 정보를 얻을 수 있었다. 주의 깊은 경청을 통해 기회의 문을 넓혔던 것이다.

경청이 가져다주는 기회의 효과를 보여주는 한 연구가 있다. 연구진은 참가자들을 두 명씩 짝지은 다음 한쪽은 말하고 다른 한쪽은 듣도록 했다. 그리고 듣는 사람 중 일부에게 상대가 말을 하는 동안 주의를 집중하지 못하도록 문자 메시지를 보냈다. 듣는 사람이 메시지를 보느라 시각적으로 산만해지면, 말하는 사람은 더 긴장했으며 자신의 생각을 열성적으로 전하지 못했다. 직장인을 대상으로 한 후속 연구에서 연구진은 "경청은 직원이 긴장하지 않고 자신의 장점과 단점을 더 잘 인지하도록 이끌며, 방어적이지 않은 방식으로 자신을 성찰하게 했다"라는 사실을 발견했다.[5] 이처럼 더 많은 정보가 오고가고 쉽게 협력하면 상대와 소통하고 의사를 성공적으로 전달할 확률을 높일 수 있다.

반면 제대로 듣지 않으면 분위기를 읽지 못하고 청중을 불쾌하게 해 기회를 잡기는커녕 새로운 문제가 생기기도 한다. 20대 초반에 나는 유명한 영화감독 겸 프로듀서 밑에서 인턴으로 일한 적이 있다. 어느 날 감독과 일본의 중요한 영화 투자자들이 만나는 자리에 배석하게 되었다. 나는 일본식 예절에 익숙했으므로, 일본

사람들은 미국과 달리 명함을 매우 공손하게 건넨다는 것을 알고 있었다. 일본에서는 사업상 관계자를 처음 만나면 양손으로 자신의 명함을 들고 한 번 내려다본 다음 상대에게 건넨다. 명함을 받은 쪽도 아주 조심스럽게 양손으로 명함을 받고 잘 살펴본 다음 테이블 위에 놓는다.[6]

감독은 그런 예절을 전혀 모르고 있었다. 일본 투자자들이 명함을 건네자 대부분의 미국인이 그러듯 한데 포개서 지갑에 끼워 넣고 바로 회의를 시작했다. 사실 사업을 하다 보면 이런 실수는 밥 먹듯 자주 일어난다. 하지만 상대의 반응에 주의를 기울이면 상황을 만회할 수 있다. 안타깝게도 감독은 자신이 실수를 저질렀다는 미묘한, 또 노골적인 신호를 감지하지 못했다. 투자자의 자세가 굳어지고, 불안한 미소가 감돌고, 어색한 침묵이 이어졌다. 감독에게서 채 50센티미터도 떨어지지 않은 곳에 앉아 있던 두 일본인 투자자 사이에는 혼란과 불만이 담긴 눈짓이 오갔다. 나 같은 신참도 방금 무언가 부적절한 일이 일어났다는 것을 느낄 정도였다. 회의는 한 시간 정도 이어졌지만 긴장된 분위기는 끝까지 해소되지 않았다.

누구나 즉석 상황에서 제대로 경청하지 않아 대가를 치른 경험이 있을 것이다. 팀원의 의중을 채 파악하기도 전에 어떤 의견을 열렬히 지지하거나, (하소연을 들어주길 바랐을 뿐인데) 배우자가 제기한 문제에 성급히 해결책을 내놓거나, (그냥 친절하게 대한 것뿐인

데) 상대가 나를 좋아한다고 넘겨짚고 데이트를 청하기도 한다. 그러나 상대가 보내는 진정한 신호에 좀 더 주의를 기울이면 일상에서 생기는 크고 작은 실수를 피할 수 있다.

더 세심하고 주의 깊게

즉흥적인 말하기 상황에서 제대로 경청하는 방법은 무엇일까? 스탠퍼드대학교에서 강사 겸 컨설턴트로 활동하는 콜린스 돕스 Collins Dobbs는 대학 시절 농구선수로 뛴 경험을 바탕으로 어려운 만남에 효과적으로 대처하는 3단계 구조를 만들어냈다. 바로 '속도-여유-감정'이다.[7] 이 구조를 이용하면 외부 환경에 상관없이 제대로 경청할 수 있다. 본질적으로 이 구조는 잠깐 속도를 늦추고, 주변 사람들이 무슨 생각을 할지 고찰하고, 눈앞의 상황에 대한 내 직관에 의지하도록 해준다. 그러면 더 공감하고 경청하며, 더 많은 정보를 바탕으로 소통할 수 있다. 보고, 파악하고, 듣자.

1단계 - 속도를 늦춘다

삶은 빠르게 다가온다. 그래서 많은 사람들은 빨리 생각하고, 빨리 말하고, 빨리 듣는다. 그러나 속도를 늦추고 현재에 집중하고 주의를 기울이는 것만으로도 평소라면 놓쳤을 상대의 메시지를 제대로 파악할 수 있다.

미국 공영 라디오에서 활동하던 기자 데브라 시프린Debra Schifrin에게는 인터뷰를 성공적으로 진행하는 비밀무기가 있다. 바로 '마지막 킬링 질문'이다. 인터뷰가 끝나갈 즈음, 시프린은 인터뷰 상대에게 혹시 자기가 놓친 중요한 질문이 있는지 묻는다. 곧장 대답이 돌아올 때도 있지만, 그렇지 않으면 그는 극단적인 행동을 한다. 바로 잠자코 기다리는 것이다. 사람들은 대부분 중요한 질문은 다 받은 것 같다고 대답하지만, 시프린은 그래도 조금 더 기다리면서 초침이 째깍거리도록 둔다. "그러고 나면 사람들은 그날 인터뷰를 통틀어 가장 흥미로운 말을 한답니다."[8]

이렇게 시간을 흘려 보내야만 사람들은 비로소 나서서 대화 주도권을 쥔다는 게 시프린의 생각이다. "상대가 무언가 말하고 싶어지는 상황을 만드는 거죠. 인터뷰가 진행되는 동안 많은 이야기가 오간 끝이라 그런지, 이렇게 시간이 비면 스스로 자문하고 만족스러운 답을 내기도 하더군요."

시프린의 마지막 킬링 질문은 첫 번째 경청 전략과 맥이 닿아 있다. 이 사례가 보여주듯 속도를 늦추고 차분한 태도를 취하면 내가 상대에게 흥미가 있고 상대를 존중한다는 사실을 보여줄 수 있다.

대화 말미뿐만 아니라 언제든 속도를 늦출 방법은 많다. 상대와 함께 식탁에 앉아 있을 때는 휴대폰을 치워두는 것도 한 방법이다. 심호흡을 하는 것도 마찬가지다. "나는 저 사람을 위해 여기 있는 거야"라든가 "중요한 일이니 집중하자" 등의 자기암시문을 떠올리는 것도 좋다. 상대의 말을 제대로 듣는 것이 얼마나 중요한지 스스로 일깨우는 것이다.

대화할 때 잠깐 말을 멈추는 연습을 해보자. 이 전략을 몸에 익히려면 먼저 일상적인 대화에서 시험해 본다.

속도를 늦추는 것은 단순히 시간만 더 내면 되는 문제가 아니다. 그 시간에 무엇을 할 것인가도 중요하다. 내가 집중하고 있다는 것을 보여주고 상대의 말을 잘 파악할 수 있게끔, 머릿속의 소음과 섣부른 판단을 잠재우고 능동적으로 경청해야 한다. 학계에서는 경청을 '근육'에 비유했다. "훈련, 끈기, 노력, 무엇보다도 제대로 경청하려는 의지"가 필요하다는 의미다.[9] 집중해서 경청하려면 눈을 맞추고, 표정을 바꾸거나 고개를 끄덕여 내가 잘 듣고 있다는 것을 알리고, 들은 내용을 숙고해 열린 질문을 던지는 등의 방법을 활용하면 된다.[10] 정신이 산란할 때는 대화를 피하고, 집중할 수 있을 때 다시 대화할 계획을 잡는 것도 좋다.

경청 능력을 기른다는 것은 나와 상대 사이에 오가는 비언어적 소통의 뉘앙스를 파악한다는 뜻이다. 이스라엘 하이파대학교 교

PART 1 이론편 스탠퍼드식 커뮤니케이션 6가지 기술　**127**

수이자 유명한 경청 전문가인 구이 이츠하코브^{Guy Itzchakov}가 예전에 어떤 부부 상담사에 대한 이야기를 해준 적이 있다. 그 부부 상담 사는 상담 중 오가는 미묘한 신호를 바탕으로 내담자 간의 역학 관계를 파악한다고 했다. 마음이 불편하면 내담자(남성인 경우가 많 다)는 방에서 나가고 싶다는 듯 발끝을 문 쪽으로 향한다. 그런데 이렇게 대놓고 불편한 마음을 드러내지 않아도 상대는 그 신호를 의식적 또는 무의식적으로 알아차리고 방어적 태도를 취한다. 자 세가 딱딱해지고, 팔짱을 끼고, 한 발 물러서고, 몸이 작아 보이게 끔 어깨를 움츠리는 것이다. 이처럼 감정을 드러내는 상대의 행동 신호에 민감해져야 한다. 또한 내가 모종의 신호를 보내서 상대의 말을 막는 것은 아닌지 주의를 기울여야 한다.[11]

이츠하코브의 말대로 사람들은 비언어적 소통 신호를 감지하 면 거의 반사적으로 반응한다. 개인차가 있을 텐데도 상대의 제 스처가 띠는 의미를 무조건 안다고 생각하는 것이다. "상대가 말 할 시간을 좀 더 주세요. 고요를 두려워하지 마세요. 사람들은 깊이 생각할 시간이 필요하니까요." 시간을 들여 경청하면 비언 어적 소통의 뉘앙스를 이해할 수 있다. 그러다 보면 상대의 진정 한 감정이 처음에 추측했던 바와 다르다는 사실을 깨달을지도 모른다.

경청할 때의 마음가짐도 중요하다. 당신이 나와 비슷한 유형이 라면 대화를 하다가 대두되는 문제를 해결하려고 나설 것이다. 반면 이츠하코브는 "경청하는 마음가짐을 갖춘 사람은 '말하는 사람의 문제를 해결하는 법은 그 사람 안에 있다'고 믿는다"라고 말한다. 제대로 경청할 줄 아는 사람은 서둘러 해결책을 제시하는 대신 질문을 던지고, 그 답을 면밀히 듣고, 이어지는 질문을 해서 상대가 스스로 해결책을 이끌어내도록 유도한다. "전에도 이런 문제가 생긴 적이 있었나요?", "그때는 문제를 해결하기 위해 어떤 방법을 썼나요?" 등의 질문을 이용하는 것이다. 의도적으로 경청하는 마음가짐을 유지하면 상대방은 내가 경청을 잘한다고 믿는다. 대부분 그리 틀린 생각은 아닐 것이다.

능동적으로 경청하기 위해 속도를 늦추면 다양한 즉석 상황에 효과적으로 대응할 수 있다. 업무상 식사를 하는데 상사가 출장 온 직장 동료를 소개해 달라고 청한 까닭이 무엇인지 알 수 있다. 복도에서 동료 직원과 수다를 떠는데 동료가 조언을 구할 경우, 숨겨진 동기를 파악할 수 있다. 파티에서 매력적인 사람에게 작업을 걸 경우, 상대가 무엇을 좋아하는지, 어떤 관계를 추구하는지 가늠할 수 있다. 이처럼 즉흥적인 상황에서 속도를 늦추면 내가 상대의 말에 진짜 흥미를 갖고 있다는 것이 드러나므로 관계를 다지고 소통을 진척해 가는 데 도움이 된다. 그뿐만 아니라 눈앞의 상황에 적절히 대처하는 데 필요한 정보를 파악할 수 있다.

누군가가 말하는 영상을 틀되, 소리를 낮추자. 그런 다음 그 사람의 비언어적 행동을 눈여겨보자. 시선은 어떻게 처리하는가? 제스처가 큰 편인가, 아니면 몸이 경직되어 있는가? 몸은 어느 방향을 향하고 있는가? 모든 신호와 실마리는 말하는 사람의 메시지를 강화 또는 약화시킨다.

2단계 – 숙고할 여유를 갖는다

실리콘밸리에서 디지털 스크랩북과 콘텐츠 검색 서비스 기업 핀터레스트의 잔뼈 굵은 총괄 디자이너 밥 백슬리 Bob Baxley는 다른 중역 앞에서 프로젝트를 발표할 때 시간을 꽉 채워 말하지 않는다. 그보다는 경청을 중시한다. "저는 절대 회의에서 받은 피드백에 바로 대답하고 프로젝트를 실시간으로 재설계하지 않습니다. 저희 팀에게도 마찬가지로 조언합니다. 피드백을 받으면, 그냥 듣고 내용을 메모해 두라고요. 나중에 피드백을 종합하고 이해하면 됩니다."[12] 프레드 더스트도 비슷한 생각이다. 새로운 방향을 제시하는 피드백을 들으면 더스트는 바로 대응하고픈 충동을 누르고 생각할 시간을 번다. "곧장 대답해야 한다는 압박을 떨쳐내야 합니다."

대화할 때 잠시 속도를 늦추는 한편, 들은 내용을 숙고할 여유를 마련해 두면 더 잘 경청할 수 있다. 지금까지 우리는 시간을 들여 마음을 열고 상대의 생각을 들었다. 이제 어떻게 대응하고 상대의 니즈를 충족할지 생각해 보아야 한다.

시간을 벌고 상대의 신호를 해석하는 데 필요한 여유를 확보하는 방법 중 하나는 '확인 질문'을 던지는 것이다. "이렇게 생각하는 이유가 뭔가요?", "이건 어떤 면에서 도움이 됩니까?", "더 말해 줄 부분이 있나요?" 시프린이 말했듯 질문을 하려면 나도 얼마간 용기를 내야 한다. 상대의 대답을 유도하면서 주도권을 상대에게 넘기기 때문에 대화가 어떤 방향으로 흐를까 긴장하게 된다. 그럼에도 불구하고 확인 질문을 던지면 내가 들은 말을 소화할 여유가 생긴다. 더불어 내가 집중하고 있다는 신호를 보내서 더 많은 정보와 통찰을 얻을 수 있다.

실전 연습

사람들과 이야기할 때 확인 질문 몇 가지를 의도적으로 던져보자. 상대가 해결하려는 문제, 나누고 싶은 감정, 필요한 정보에 대해 직접 설명하도록 유도하면 된다. 더 자세한 정보를 얻는 한편 곧장 대답해야 한다는 부담감이 가벼워지는 것을 직접 느낄 수 있을 것이다. 세 번가량 시도해 보자.

나 또한 확인 질문을 던지기가 얼마나 어려운지(하지만 얼마나 유용한지) 익히 알고 있다. 얼마 전 나는 스타트업 대표와 임원 75명

을 대상으로 소통 기법을 가르쳤다. 그런데 쉬는 시간에 누군가가 강연에 대해 쓴소리를 건넸다. 내가 준비한 자료와 발표 방식이 마음에 들지 않는다는 것이었다. 그 사람은 내 방법이 "틀렸고", "따분해지는 법을 가르치는 거냐"며 따졌다.

처음에는 그냥 예의 있게 무시할까 생각했다. 하지만 그 사람이 말하는 내용을 정확히 이해할 여유를 갖기로 마음먹었다. 그래서 "어떤 부분에서 내가 따분해지는 법을 가르치고 있다고 느꼈는지 내가 이해할 수 있도록 도와달라"고 했다.

그의 이야기를 끝까지 듣는 건 유쾌하지 않은 일이었지만, 나는 해냈다. 찬찬히 들어보니 내게 화풀이를 하거나 못되게 굴려는 의도는 아니었다. 그저 순수하게 내가 좋은 강연을 하길 바라는 마음이었던 것이다. 그 점을 깨닫자 그의 말뜻이 다르게 다가왔고, 의견을 더 진지하게 받아들이게 되었다. 그 사람은 자료의 순서가 문제라고 했다. 내 나름대로 지식을 논리적인 방식으로 구성했는데, 듣는 입장에서는 다소 느리고 따분하게 느껴졌던 것이다. 첫 피드백을 들었을 때 여유 있게 숙고하지 않았다면 얻지 못했을 유용한 조언이었다. 게다가 상대가 내 질문에 대답하는 동안 시간을 벌었으므로 더 적절하게 상황에 대응할 수 있었다. 요즘 나는 그때 지적받았던 부분을 가르칠 때 호기심을 자극하는 질문을 던지며 말을 시작한다.

생각할 여유를 만들어내는 두 번째 방법은 방금 상대가 한 말을 환언, 즉 바꾸어 말하는 것이다. 환언은 상대가 한 말을 앵무새처럼 반복하는 것이 아니라("그러니까 방금 하신 말씀은…"이 한 예다), 그 말의 본질을 추출하는 것에 가깝다. 환언을 이용하면 대화 맥락에 따라 다양한 목표를 달성할 수 있다. 상대의 말뜻을 제대로 이해하고, 상대가 느끼는 감정을 인지하고, 생각들을 연결하고, 내가 경청하고 있다는 것을 상대에게 보여주는 것이다. 게다가 한 발짝 물러나서 방금 들은 말에 대해 숙고하는 것도 가능하다.

애덤 토빈은 환언을 하면 눈앞의 순간이 약간 늘어나는 효과가 있다고 한다. "상대가 방금 한 말을 내가 어떻게 이해했는지 분명히 표현함으로써 그 순간에 잠깐 머물 수 있다. '그 건에 대해 서둘러 생각하거나 무슨 의미일까 고민하기 전, 잠깐 시간을 갖고 그 순간에 집중해 보자'라고 생각하는 것이다."[13] 얼마간 여유를 가지면 바삐 흘러가는 대화에 휩쓸리지 않고 방향을 제대로 잡을 수 있다.

몇 년 전, 내가 몸담았던 전문대학에서 전략계획 프로젝트를 도와달라는 부탁을 받은 적이 있다. 시간이 관건이었고 대화는 때로 치열했다. 나는 간간이 "비용이 중요하겠군요"라든가 "시행에 걸리는 시간도 고려해야겠습니다" 등 짧은 문장으로 개인 발표나 그룹 토의를 환언했다. 그러자 논의 중인 주제에 초점을 맞출 뿐만 아니라 나와 동료들 모두 다음 행동을 고려할 약간의 여유가 생겼다.

질문과 환언은 모두 상대가 한 말에 초점을 맞춘다. 반면 여유를 챙기는 세 번째 방법은 상대가 입 밖에 내지 않은 말에 주목하는 것이다. 상대의 말에 대해 짧은 소견을 피력한 다음 말하지 않고 건너뛴 내용에 대해 질문하면 상대의 뜻을 명료하게 파악할 수 있다. 이 방법은 상대가 제안이나 비판적인 피드백을 내놓을 때 특히 유용하다. 당신에게 찾아온 기회 또는 당신이 저지른 실수에 대한 피드백을 줄 때, 상대는 자신이 이끄는 팀에 미칠 영향을 설명하기도 한다. 예를 들어 "비용과 시기를 함께 고려해야 한다는 말씀은 잘 알겠습니다. 두 요인의 상호작용에 대해서는 고려해 보지 않았네요. 그 부분은 그쪽 팀에 어떤 영향을 미치나요?" 이런 식으로 자세히 설명해 달라고 하면 상대는 자신의 감정을 반추하게 된다. 이렇게 상대의 감정을 파악하면 유용하고 생산적으로 대응할 방법을 더 명확히 파악할 수 있다.

'말하지 않은 내용'에 대해 질문해서 대화를 진전시키는 방법이 하나 더 있다. 내가 가르치는 사람들 중 일부는 말할 때 극심한 긴장에 시달린다. 그리고 자신이 겪는 어려움, 두려움, 문제점을 털어놓는다. 그 입장도 충분히 이해가 가지만, 대부분의 경우 내가 가장 먼저 하는 말은 다음과 같다. "말을 해야 하는 자리에서 긴장하는 건 충분히 이해합니다. 그런데 별로 긴장하지 않고 성공적으로 소통했던 경험에 대해서도 말해주세요." 이렇게 말하면 상대는 자신이 말할 때 항상 긴장하는 것만은 아니라는 사실을 깨닫는다. 사람들이 경험을 돌이켜보는 동안 나는 그들의 말에 적절히 반응하고 대응할 여유를 얻는다.

3단계 – 내면의 목소리를 듣는다

몇 년 전, 친구 존의 할머니가 돌아가셨다. 할머니는 존의 삶에 많은 부분을 차지했었고, 존은 할머니를 기리고 슬픔을 표하기 위해 뭔가 하고 싶었다. 할머니를 잘 알지 못하는 신임 교구 신부님이 장례식에서 추도사를 할 예정이라는 소식을 어머니에게 전해 들은 존은 자기가 추도사를 해도 되는지 물었다. 생판 남이 아니라 할머니를 사랑했던 사람이 할머니의 삶에 대해 말하는 것이 맞다고 생각했기 때문이다.

장례식을 이틀 앞두고 존은 추도사를 쓰고, 고치고, 말을 다듬으며 완벽을 기했다. 마침내 적절한 일화, 어조, 구조, 길이로 마음속의 감정과 사람들이 공감할 만한 내용을 정확히 표현했다는 생각이 들었다. 존은 추도사를 메모지에 그대로 옮겨 적었다. 고등학교 시절 학생들 앞에서 미리 준비한 연설문을 읽은 경험이 몇 번 있었고, 평소 소통 실력도 괜찮은 편이니 잘 해내리라는 자신도 있었다. 하지만 슬픔을 이기고 성당이라는 환경에서 신부님과 마을 사람들이 지켜보는 가운데 제대로 말할 수 있을지 걱정스러웠다.

할머니 장례식에서 신부님이 추도사를 청하자 존은 잔뜩 긴장했다. 신자석에는 초면인 이들을 포함, 100여 명이 넘는 사람들이 앉아 있었다. 제대 쪽으로 걸어가면서 존은 긴장에 무너지지 않으려고 최선을 다했다. 하지만 제대 앞 성가대석에 이를 즈음 더 큰 문제가 나타났다. 양복 주머니에 넣어둔 메모지가 온데간데없이 사라진 것이다. 존은 쿵쿵대는 가슴을 진정시키고 숨을 삼키며 다시 뒤져보았다. 그러나 아무것도 없었다.

100여 개의 얼굴이 그를 바라보며 추도사가 시작되길 기다리고 있었다. "순간 제단에서 도망치고 싶더라고." 하지만 존은 버텼다. 슬픔과 비탄으로 가득한 일가친척의 얼굴이 눈에 들어오자 존은 그 자리에 선 이유를 기억해 냈다. 존은 할머니의 삶을 찬사하고 기리기 위해 그곳에 서 있었다. '어쨌든, 메모지에 써둔 내용은 원래 내 마음에 새겨져 있었던 거잖아.' 존은 하려던 말의 핵심을 어느 정도 전할 수 있을 거라 믿었다.

존은 최선을 다해 추도사를 이어갔다. 메모지에 써두었던 추억 사이에 즉석에서 되살아난 기억을 끼워 넣고, 청중의 반응을 가늠하는 사이 떠오른 생각들을 추가했다. 청중이 자리에서 엉덩이를 들썩이는 모습을 보고는 말이 주제에서 벗어났다는 것을 깨닫고 잠깐 멈춘 다음 새로운 방향으로 나아가기도 했다. 어느덧 가족의 얼굴에 눈물이 흘러내리는 것을 보고 존도 목이 메었다. 자리가 자리니만큼 당연한 일이라고 스스로 되뇌었다. 존은 매번 다시 제 방향을 되찾았고, 추도사는 무사히 끝났다. "내가 한 말이 완벽하지는 않았겠지만 내가 드러낸 감정은 백 퍼센트 진심이었어. 메모지를 들여다보며 말하는 대신 눈물과 미소로 가득한 가족들의 얼굴을 볼 수 있었지."

예상치 못하게 즉석에서 말을 해야 하는 상황에 처한 존은 경청을 통해 난관을 극복했다. 함께 자리한 이들의 감정을 파악하고, 도망치지 말고 자신을 믿고, 즉석에서 나아가라는 자기 내면의 목소리에 귀를 기울였다. 그리고 말하는 내내 주변 사람들의 반응을 살피고, 내면의 목소리를 따라 행동했다.

존은 제단에서 내려오면서 사람들이 추도사를 잘 경청했다는 것을 느꼈다. 친지들이 감사의 눈짓을 보냈다. 어머니와 형제들이 다가와 존을 얼싸안고 손을 부여잡았다. 계획한 게 아니라 즉석에서 한 말이었기에, 그리고 말할 때 내면의 목소리뿐만 아니라 듣는 이의 감정에도 주의를 기울였기에 존의 추도사는 완벽하지 않았음에도(사실 완벽하지 않아서 더욱) 진심 어리고 의미 있었다.

즉흥적인 소통에서 경청은 역설적인 면이 있다. 경청은 상대에게 주의를 기울이는 데서 그치지 않는다. 내 머릿속의 작은 목소리, 상대와 소통하는 내내 이어지는 내면의 대화를 듣는 것도 경청에 포함된다. 대인관계 전문가 데이비드 브래드퍼드David Bradford와 캐럴 로빈Carole Robin은 남들과 잘 소통하려면 "내부와 외부에 있는 두 개의 안테나가 보내는 각각의 신호를 포착해야 한다"라고 주장한다.[14] 상대와 이야기를 나눌 때는 항상 두 가지 대화가 일어나는데, 첫째는 상대방과 나누는 대화, 둘째는 나 자신과 나누는 대화다. 두 대화를 모두 존중하는 것이 중요하다.

상대의 말을 들을 때는 상대에게만 집중해야 하며, 그러지 못하면 내 경청 능력이 부족한 거라 생각하는 사람들이 많다. 내 감정과 판단은 당장 없애거나 누그러뜨려야 하며, 아예 존재하지도 않는 것처럼 굴어야 한다고 믿는다. 그러나 내면의 목소리를 함께 들으면 나 자신에게도 도움이 된다. 물론 상대의 말보다 내 감정과 판단에만 휩쓸리는 것은 금물이지만, 그렇다고 해서 내 감정과 판단을 아예 경시하는 것도 좋지 않다.

과거 경험을 바탕으로 우리는 자신의 감정을 확인해야 한다. 혹 그 감정이 특별히 자랑스럽지 않을 때도 말이다. 가능한 한 감정을 면밀히 살피고, 패턴을 알아차리고, 왜 이렇게 느끼고 생각하는지 숙고해야 한다. 종종 대화를 하다 보면 마음속의 목소리가 '뭔가 이상한데'라든가 '문제가 있는 거 같아'라고 말할 때가 있다. 그러면 더 많은 질문을 던지고, 내 느낌이 맞는지 다시 생각해보고, 대화를 끝내는 등으로 대처해 보자. 자신을 성찰할 여유를 갖고, 매 순간 그 성찰을 바탕으로 행동해야 한다.

상대와 소통하는 동안 내가 느끼는 감정을 드러낼 기회를 의도적으로 찾는 것도 좋다. 진지한 대화를 세 번 나눈다면 최소한 한두 번은 내가 느끼는 감정을 간간이 표현하자. "그 말을 들으니 흥미로운데…" 같은 말을 한 다음 최대한 구체적으로 설명하면 된다. 감정을 겉으로 표현하면 내면의 목소리를 더 강하게 새기고 귀담아 듣는 습관이 생긴다. 그러면 더 많은 것을 느끼고 또 나누게 될 것이다.

내면의 목소리에 귀 기울이고 행동으로 옮기자

2008년 테드 콘퍼런스에서 있었던 일이다. BBC가 패널 토의를 촬영하던 중 기술적 문제로 진행이 중단되었다. 주최 측인 BBC의 담당자는 당황해 시간을 메우려 애썼다. 그러는 사이 방청석에서 갑자기 누군가의 목소리가 들렸다. 딱 봐도 딴지를 거는 사람이었다. 그 자리에 있었던 사람은 이렇게 말했다. "마치 뉴스 생방송을 진행하듯 큰 소리로 말하더군요. 테드를 생방송으로 중계하고 있는데 '도무지 하나도 못 알아듣겠다'면서 '기술 관련 콘퍼런스인데 왜 모든 게 거지같이 굴러가는지 궁금하다'고 하더군요. 그 말을 듣고 모두 웃음이 터졌습니다."[15]

목소리 주인공은 다름 아닌 전설적인 코미디언 로빈 윌리엄스Robin Williams였다. 그가 행사 분위기를 살리려고 나서준 덕분에 주최 측은 안도의 한숨을 쉬었을 것이다.

윌리엄스는 무대에 올라 즉석에서 우스갯소리를 하기 시작했다. 물리학자 스티븐 호킹, 구글, 이스라엘, 영국 왕가에 이르는 다양한 주제에 관해 폭풍처럼 농담을 날렸다. 어찌나 재미있었는지 주최 측에서 다음 날 행사에서도 몇 마디 해달라고 부탁할 정도였다.

예상 밖의 상황이 닥쳤을 때, 윌리엄스는 즉석에서 개입해 시간을 메우고 청중을 즐겁게 해주었다. 어떻게 그런 일이 가능했을까? 물론 윌리엄스는 남 앞에서 자신의 진면목을 드러내길 두려워하지 않는 코미디계의 천재다. 하지만 그는 동시에 누구나 쓸 수 있는 방법을 활용했다. 바로 문제가 발생했을 때, 눈앞의 순간에 집중하고 주의를 기울였던 것이다. 자신이 나설 기회가 있음을 알아채고, 청중의 감정과 생각을 이해하고 그에 기반한 농담으로 사람들의 마음을 사로잡았다. 주변 사람들이 무엇을 원하는지 정확히 파악했던 것이다.

누구나 그렇게 할 수 있다. 지금까지 다룬 내용을 가슴에 새겨서 긴장을 잘 다스리고, 완벽을 추구하고픈 충동을 자제하고, 즉흥적인 순간을 위협이 아니라 기회로 받아들인다면 말이다. 속도, 여유, 내면의 목소리를 고려해 경청한다면 누구나 윌리엄스가 그날 보여준 대로 완벽한 소통을 경험하고 또 설계할 것이다.

1. 경청할 여유를 확보하기 위해 확인 질문을 던지는 연습을 마쳤다면, 이번에는 다음과 같은 질문을 몇 개 준비해 보자. "좀 더 자세히 설명해 주실 수 있을까요?", "이와 관련해서 어떤 경험을 하셨는지 말씀해 주시겠어요?", "이 부분은 지금 하시는 일에 어떻게 적용될까요?", "이건 자네와 주변 사람들에게 어떤 도움이 되나?" 이렇게 질문을 준비해 두면 그 순간 찾아오는 긴장을 누그러뜨릴 수 있다.

2. 환언을 연습하려면 (실시간, 팟캐스트 또는 다른 인터뷰 등에서) 남이 말하는 것을 듣고 혼자서 요점을 정리해 보는 것이 좋다. 반복 연습을 통해 요점을 뽑아내는 습관을 들이자. 가능하면 상대에게 내 환언이 정확했는지 물어봐도 좋다.

3. 신뢰 가는 사람에게 평소 내가 경청하는 태도에 관해 물어보자. "남들이 보기에 나는 경청을 잘하는 사람인가?", "특정 시기나 환경에 따라 경청 능력이 높아지거나 떨어지는가?", "특정 화제가 나오면 주의력이 떨어지거나 너무 빨리 내 의견을 내지는 않는가?", "상대가 한 말과 내가 알아들은 말 사이에 자주 괴리가 일어나는가?" 실제로 인간관계에서 경청이 문제가 된다면, 주기적으로 상대에게 추가 피드백을 청하자.

제5강 **구조화**

대화에도
공식이 필요하다

대화라는 '여정'을 자유롭게 만끽할 수 있게 '로드맵'을 짜자

누구나 나름의 재주가 있다. 혀를 말 수 있는 사람도, 외발자전거를 잘 타는 사람도 있다. 나는 즐겁게 대화를 나누면서 똑바로 뒷걸음질할 수 있다. 대학교 캠퍼스 투어 가이드를 하면서 갈고닦은 재주다. 돈이 궁했던 시절, 캠퍼스 투어 가이드는 꽤 수입이 짭짤한 일이었다. 나는 매일같이 학부모와 미래의 대학생 무리를 이끌고 스탠퍼드대학교 캠퍼스를 돌아다니며 중요한 볼거리를 설명했다. 덕분에 어디 부딪치거나 넘어지지 않고 뒤로 걷는 재주를 갖게 되었다.

솔직히 뒷걸음질을 치며 말하는 재주는 별로 쓸 데가 없다. 하지만 캠퍼스 투어 가이드를 하며 쌓은 경험은 다른 면에서 큰 도움이 되었다. 그중에서도 특히 유용한 교훈은 소통할 때는 구조가

무엇보다 중요하다는 것이었다. 3개월간 교육을 받으면서 선배들이 내 머릿속에 박아 넣어준 제1법칙은 '절대 방문객이 길을 잃지 않도록 해야 한다'는 것이었다. 그러려면 앞으로 이어질 일을 설명하고 방문객들에게 경로나 방향을 뚜렷이 알려줘야 한다고 했다. 다시 말해, 구조적인 방식으로 투어를 진행하라는 것이었다.

노련한 투어 가이드로 거듭나는 비결은 이후 즉석에서의 말하기를 준비할 때도 도움이 되었다. 지금까지 이 책에서는 즉석에서 편안하게 말하고 눈앞의 순간에 집중해서 청중에게 반응하는 법을 다루었다. 하지만 즉석 소통은 얼마든지 사전에 준비할 수 있다. 대본을 미리 써두거나 할 말을 외우라는 게 아니다. 즉석에서 제대로 소통할 수 있도록 메시지의 범위를 정하고 유용한 습관을 익히라는 뜻이다. 그중에서도 가장 중요한 습관은 구조를 고려하고 메시지를 어떻게 설계할지 미리 생각해 두는 것이다.

투어를 시작할 때 나는 "안녕하세요, 저는 맷이라고 합니다. 자, 가시죠"라고 인사한 다음 오늘 어디를 둘러볼 예정이고, 투어에 포함되지 않는 곳은 어디인지 간단하게 소개했다. 소요 시간이 얼마나 되는지, 중간에 휴식 시간이 있는지 등 방문객이 자주 묻는 질문에 대한 정보도 미리 제시했다.

처음에 기본적인 로드맵을 제시하고 계획대로 실행하자 방문객들은 길을 잃지 않고, 편안하게 투어를 즐기며 내가 하는 말에 귀 기울였다. 투어가 어떤 방향으로 진행되는지 미리 소개하지 않았다면 방문객의 머릿속에서는 '이제 어디로 가는 거지?'라고 속삭이는 목소리가 맴돌았을 것이다. 투어를 시작할 때 전체적인 윤곽을 그려준 덕분에 투어가 진행되는 동안에는 나와 방문객 모두 세세한 부분에 집중할 수 있었다.

어떤 환경에서든 초반에 계획을 설명하고 로드맵과 구조를 따라가면 상대에게 내 생각을 훨씬 효과적으로 전할 수 있다. 캠퍼스 투어와 마찬가지로 청중이 이어질 내용을 예상할 수 있기 때문이다. 두서없는 말을 듣거나 정처 없이 흐르는 글을 읽었던 때를 떠올려보자. 어떤 느낌이 들었는가? 집중할 수 있었던가? 말하는 사람의 메시지가 명확하게 전달되었던가? 곧 인내심을 잃고 산만해지거나 정신이 딴 데로 흘러가지는 않았던가?

사람들은 대부분 공식적인 발표를 할 때는 미리 말의 구조를 세우는 편이 바람직하다는 사실을 잘 알고 있다. 할 말을 계획할 시간이 있으니 아이디어를 논리적으로 펼칠 수 있도록 사전에 준비하는 것이 이치에 맞다. '하지만 즉흥적인 대화는 경우가 다르잖아'라고 생각할지도 모르겠다. 누가 갑자기 내 의견을 구하면, 최대한 당황하지 않고 그 사람의 감정, 심리 상태를 파악한 다음에 뭔가 그럴싸한 말을 생각해 내는 게 최선이잖아. 즉석에서 대처해야 하는데 어떻게 구조를 세우고 주변 사람들이 따라올 로드맵을 보여줄 수 있지? 애초에 굳이 그렇게 할 필요가 있을까? 구조를 세우려다 보면 눈앞의 상황에 집중할 수 없고, 상대에게도 유연하고 효과적으로 대처할 수 없을 텐데라고 생각하는 것이다.

하지만 구조는 즉흥적인 소통을 방해하는 게 아니라 오히려 도움을 준다. 실력 있는 재즈 뮤지션은 즉흥 연주를 할 때 머릿속에 떠오르는 음표를 무작정 연주하지 않는다. 미리 정해진 구조의 범주 안에서 즉흥 연주를 하는 것이다. 재즈 뮤지션은 대개 스탠더드 곡의 규범을 배우는데, 멜로디와 코드 진행은 즉흥 연주의 뼈대 역할을 한다. 곡의 기본 코드를 미리 알고 있으면 즉흥 연주를 할 때 어떤 음을 얹어야 근사한 소리가 날지 알고, 나아가 멜로디를 응용할 수 있다. 이처럼 기본 구조가 있기 때문에 재즈 뮤지션은 쉽게 즉석에서 새로운 곡을 탄생시킬 수 있다. 그뿐만 아니라 곡의 구조는 청중이 따라갈 흐름을 보여주고 곡이 매끄럽게 들리도록 해준다.

아이들이 놀 때도 비슷한 논리가 적용된다. 놀이터 디자이너 메건 탈라로프스키Meghan Talarowski의 말처럼, 아이들이 놀 때는 기본 구조가 어느 정도 필요하다. "단순히 빈 공간만 있으면 아이들은 더 거칠게 놀아요. 상상력을 자극하고 변주할 거리가 없기 때문에 서로를 장난감으로 취급하는 경향이 있답니다." 놀이터를 설계할 때 메건은 아이들이 즉흥적으로 발명하고 탐색할 여지가 있으면서도 잘 놀 수 있는 기본 구조 또는 무대를 마련해 주기 위해 고심한다. 아이들이 민첩하게 건너다닐 수 있는 그물과 다양한 방식으로 탈 수 있는 미끄럼틀 등이 그 예다.[1] 아이들이 놀이터를 돌아다니며 새로운 것을 발견하고 놀라움을 경험하게끔 해주는 놀이 기구의 배치 또한 구조에 해당한다.

구조를 쉽게 활용하려면 일상에서 다양하게 응용할 수 있는 간단한 로드맵을 미리 준비해 두는 게 좋다. 그러면 즉흥적으로 소통해야 할 때 편안하고 효과적으로 대응할 수 있다.

목록은 구조가 아니다

강연을 하다 보면 구조란 정보를 목록으로 정리하는 거라 오해하는 이들이 종종 보인다. 할 말을 항목이나 슬라이드로 정리하면 자동적으로 구조가 완성된다고 여기는 것이다. 물론 장을 볼 때나 산타클로스가 착하고 나쁜 아이를 구분할 때는 목록이 필요할 것이다. 하지만 즉흥적인 소통에서 목록은 효과적으로 대응하고 설득력 있게 메시지를 전달하는 데 도움을 주지 못한다. 구조가 아닌 그저 목록일 뿐이니까.

내가 말하는 '구조'란 생각을 기승전결에 따라 논리적으로 연결하는 서사 또는 이야기다. 즉석에서 말을 할 때 구조가 아니라 목록에 의존한다면 좋은 결과를 기대하기 어렵다. 글로벌 비영리 교육단체 토스트마스터스 인터내셔널Toastmasters International의 수석 수업 설계전문가 수 스탠리Sue Stanley도 같은 생각이다. "구조는 즉흥적이든 계획적이든 간에 모든 성공적인 소통의 중요한 규범입니다. 기승전결이 있어야 해요. 어디서 시작하고 어디서 끝낼지 알아야 하는 겁니다."[2]

구조란 여러 요소의 논리적이고 서사적인 진행이라는 것을 깨닫고 나면 어디서나 구조가 눈에 띌 것이다. 인기 있는 음악은 대부분 몇몇 일반적인 구성 방식에 따라 전개된다. 이를테면 ABABCB 구성은 A(인트로)-B(코러스)-A(벌스)-B(코러스) 순으로 전개한 다음 C(브리지 또는 간주)에 이어 B(코러스 겸 엔딩)로 끝을 맺는다. 티나 터너, 라디오헤드, 케이티 페리 등 유명 뮤지션이 선보이는 모든 히트곡은 이처럼 논리적이고 분명한 기승전결이 있는 구조를 따르고 있다.[3]

영화, 소설, 여타 문학작품도 일반적인 구조를 따른다. 서구 문학의 일반적 공식은 '행위-배경-발전-절정-결말'이다. 행위를 묘사하면서 글을 시작하고 배경을 제시한 다음, 인물 간의 긴장을 고조시키고 절정에 다다를 때까지 긴장도를 높이다가 마지막에 갈등을 해소하는 것이다. 이런 구조를 바탕으로 구성된 이야기를 읽으면 사건의 전개가 생뚱맞지 않고 논리적 개연성이 느껴진다.[4]

한편 법적 논쟁은 IRAC이라는 구조를 따라 진행되는 경우가 많다. 먼저 주어진 '쟁점Issue'에 대해 논한다. 그리고 쟁점에 적용되는 '법률Rule'을 제시한다. 다음으로 쟁점에 그 법률을 '적용Application'하는 이유를 분석한다. 끝으로 '결론Conclusion'을 도출한다.

제품 영업을 할 때는 '문제-해결책-혜택'의 구조를 따른다. 먼저 현재 상대가 겪는 문제나 불만 요소를 지적한다. 다음으로 문제를 해결해 줄 제품이나 서비스를 소개한다. 끝으로 해당 제품과 서비스를 구매했을 때 고객이 누릴 더 큰 혜택을 설명한다. TV에서 광고가 나오면 아이디어의 흐름을 눈여겨보자. 십중팔구 문제-해결책-혜택의 구조를 따르고 있을 것이다. 이 구조에 대한 내용은 PART 2에서 좀 더 자세히 다루기로 한다.

종교적 차원의 구조도 있다. 예전에 어느 신학생이 해준 말에 따르면 설교는 대개 '나, 우리, 주님, 우리, 나'의 구조를 따른다고 한다. 첫째, 내가 겪는 문제를 소개한다(나). 둘째, 이 문제가 우리 모두에게 해당된다는 것을 보여주며 일반화한다(우리). 셋째, 신이나 성서를 통해 찾을 수 있는 답을 제시한다(주님). 넷째, 모두에게 신의 가르침을 따라 행동하도록 권한다(우리). 끝으로 각 개인이 어떻게 가르침을 적용해 처음의 문제나 난관을 해결했는지 설명한다(나).

실전 연습

좋아하는 책이나 노래의 흐름이 어떻게 진행되는지 생각해 보자. 기저의 구조를 파악할 수 있을까? 또는 테드 강연을 한두 편 보고 출연자가 어떤 로드맵을 활용하는지 알아보자.

구조의 힘 1: 집중력이 높아진다

사람들과 소통할 때 서사가 이렇게 가공할 위력을 발휘하는 까닭은 무엇일까? 강사 겸 말하기 코치로 활동하면서, 나는 발표를 구조화하면 네 가지 장점이 있다는 사실을 발견했다.

먼저, 앞서 말했듯 정보를 논리적 서사로 배열하면 청중의 주의와 흥미를 붙잡아 둘 수 있다. 이야기 구조는 단순히 내용이 흘러가는 방향을 미리 보여주는 것을 넘어, 아이디어를 연결하고 또 바꿀 수 있다. "이야기에는 동력이 있습니다. 논리적 주장을 단순히 따라가는 건 힘겨운 일이에요. 하지만 이야기의 느낌이 나도록 내용을 엮으면 사람들이 흥미를 가질 가능성이 높아집니다." 교육사학자이자 스탠퍼드대학교 명예교수 데이비드 라바리David Labaree가 한 말이다.[5]

나는 투어 가이드를 하면서 방금 들른 곳과 앞으로 갈 곳을 연결해 주지 않으면 방문객들이 방향을 잃는다는 것을 깨달았다. 흥미로운 것을 보고 계속 그 자리에 머무르고 싶어 하거나, 관람 중인 곳이 어디인지 몰라서 집중력을 잃거나, 다음에 어디를 갈까 생각하느라 산만해졌다. 즉흥적인 대화 역시 마찬가지다. 생각을 연결하는 다리가 없으면 청중은 휴대폰을 들여다보고 옆 사람과 속닥이고 꾸벅꾸벅 졸게 된다.

다음 주제로 옮겨갈 때 '다음에는'이나 '그래서' 같은 단어를 쓴다면 정보를 논리적으로 엮을 뚜렷한 서사를 구성하지 못했을 가능성이 높다. 구조를 따르다 보면 생각 간의 연관 관계가 뚜렷이, 종종 하나의 문장으로 드러난다. 예컨대 '문제-해결책-혜택' 구조를 따르면 "당면한 문제에 대해 잘 이해하고 있으니, 이제 간단한 투자로 문제를 해결할 방법을 설명드리겠습니다"라거나 "이 솔루션에 투자하고 결과를 쌓아 나가면, 비용과 시간을 절약할 수 있습니다"라고 말할 수 있다.

대화를 전환하는 최선의 방법은 처음에 확립한 논리적 흐름 안에서 방금 한 말을 복기하고 다음에 올 말을 예고하는 것이다. 즉석에서 대화를 할 때 항상 구조 전반을 완벽하게 보여줄 필요는 없다. 넌지시 설명해도 구조의 효과를 충분히 누릴 수 있다. 즉석에서 했다고 전해지는 마틴 루터 킹 목사의 유명한 연설 "내겐 꿈이 있습니다"는 '문제-해결책-혜택'의 공식을 따른다. 그러나 킹목사는 청중에게 구조를 대놓고 설명하지 않았다. 대신 비유 등의 수사적 장치를 활용해 한 요소에서 다음 요소로 능숙하게 옮겨감으로써 실로 우아하게 논리적 흐름을 만들어냈다.

구조의 힘 2: 기억에 각인된다

구조가 있으면 즉흥적으로 말할 때 화자와 청중 모두 중요한 메시지를 쉽게 기억할 수 있다. 사람은 한 번에 숫자 일곱 개 이상을 기억하기 어렵다. 복잡한 개념이라면 더욱 머릿속에 넣기 힘겨울 것이다. 뇌는 중요한 내용만 걸러서 기억하고, 대부분의 경험을 잊도록 만들어졌다. 어떤 기자는 "잊어버리는 것이 뇌의 기본 모드인지도 모른다"라고 썼다.[6] 사람들은 사건의 핵심이나 요지만 기억하고 사소한 일은 잊어버린다. 과학자들은 이를 두고 '요지만 남기고 흐려진다'는 표현을 쓴다.[7]

그러나 뇌는 무언가를 찾고, 즐기고, 창작하며, 구조적인 서사나 이야기는 기억하도록 되어 있다. 학계에서는 옛날에 일어났던 사건을 기억하는 능력을 '에피소드형 기억'이라 한다. 정보를 에피소드나 이야기 형태로 저장하기 때문에 붙은 이름이다. 신경과학자 데이비드 이글먼David Eagleman이 한 말처럼 "뇌가 보기에 이야기는 중요한 정보에 접속하기 위해 생겨났다". 이글먼은 이야기가 지닌 힘을 설명하면서 영화 〈스타워즈〉의 마지막 장면을 예로 든다. 루크 스카이워커가 거대한 데스스타 안의 작은 구멍에 폭탄을 떨어뜨려 전체를 날려버렸던 바로 그 순간이다. "스토리는 우리를 완전히 지배하고, 경탄하게 하고, 웃기고, 울리고, 타인의 관점을 납득하도록 돕거나 최소한 그런 방향으로 나아가도록 하는 장치입니다. 사람이 어떻게 소통하고 남의 관심을 끄는가에 대해 신경과학 연구가 밝혀낸 결과의 핵심이 바로 이거죠."[8]

소통을 시작, 중간, 끝으로 이어지는 논리 과정으로 구조화하면 나 자신과 상대 모두 쉽게 메시지를 이해하고 또 기억할 수 있다. 연구에 따르면 학생들은 통계를 활용한 발표보다 이야기가 들어간 발표를 훨씬 더 잘 기억했다. 발표가 끝난 뒤 질문한 결과, 발표 중의 이야기를 떠올린 학생은 63퍼센트인 반면 데이터를 떠올린 학생은 5퍼센트에 불과했다.[9]

이야기는 추상적 이유와 논리를 넘어 감정적 수준에서도 청중과 공감하도록 해준다. 덕분에 청중은 정보를 효과적으로 기억한다. 스탠퍼드대학교 신경과학과장 프랭크 롱고Frank Longo는 이야기가 지닌 힘의 신경학적 바탕에 대해 다음과 같이 말했다. "내 이야기가 상대의 감정을 자극하면 상대는 이야기를 잘 기억할 뿐만 아니라 더 흥미롭게 느낄 것입니다. 감정은 주의집중에 관여하는 뇌 회로에 시동을 겁니다. 이야기를 잘하는 사람은 상대의 주의 회로와 기억 회로를 자극하는 법을 알고 있는 셈입니다."[10]

단순한 목록과는 달리, 스토리텔링은 감정적 연결경로를 만들어 청중을 변화시킬 수 있다. 생각을 바꾸고, 마음을 진정시키거나 활기를 불어넣고, 행동을 개시하도록 영감을 주는 것이다.[11] 행동과학자 제니퍼 아커가 말한 대로, "최고의 이야기꾼은 최고의 리더가 된다". 청중의 이성과 감정을 관장하는 뇌 영역을 모두 활성화하기 때문이다.[12]

구조는 기억력을 활성화해서 메시지가 폭넓게 전달되도록 돕는다. 유명 IT기업을 고객으로 거느린 베테랑 소통 컨설턴트 레이먼드 나스르Raymond Nasr는 종종 창업인이 회사에 자금을 지원할 벤처투자자와 만나기 전에 준비를 갖추도록 돕는다. 이런 자리에서 창업인은 개인사와 스타트업 이야기를 풀어놓아야 하는 경우가 많다. 나스르는 창업 배경을 설명할 때 뚝뚝 끊어진 정보가 아니라 뚜렷한 기승전결이 있는 이야기 형태로 제시하도록 조언한다. 이야기는 상황의 진전에 따른 강렬한 긴장감을 강조하고, 마지막에는 후련한 카타르시스를 주어야 한다.

나스르는 이야기 구조가 지닌 최고의 장점은 '반복 가능성'이라고 생각한다. 창업인이 만나는 벤처투자자는 최종 결정권자가 아닐 수도 있다. 이 경우 벤처투자자는 회사에 돌아가 상사에게 문제의 스타트업에 대해 다시 홍보해야 한다. 창업인이 기억하기 쉽게 잘 다듬은 이야기를 들려주면 상대는 머릿속에 각인된 내용을 효과적으로 다른 사람에게 전달할 수 있다. 그는 이처럼 입에서 입으로 이어지는 이야기의 특성은 "한낱 이야기를 수 세대에 걸쳐 반복, 전달해서 신화로 탈바꿈시킨다"라고 말한다.[13]

최고의 이야기는 단순히 정보를 전달하는 것이 아니라 정보에 의미, 의의, 활기를 불어넣는다. 단순한 말은 그 과정을 거치면서 스스로 살아 숨 쉬게 된다. 누구나 소통을 할 때 바라는 결과다.

실전 연습

상대가 어떤 행동이나 생각을 하도록 설득해야 한다면 나스르의 조언에 따라 메시지를 서론, 본론, 결론을 갖춘 서사로 구조화하자. 회사에서 상사와 동료가 어떤 행동을 취하도록 설득하거나, 집에서 말을 듣지 않는 십 대 아이의 행동을 교정하는 데 활용할 수도 있다. 뚜렷한 문제 제기로 이야기를 시작하고, 본론에서는 긴장감을 주며 분위기를 고조시킨 다음, 결론에서는 기억에 남는 마무리와 함께 문제를 해결하자. 상대가 내 메시지를 쉽게 무시하거나 잊어버리는 일은 없을 것이다.

구조의 힘 3: 이해하기 쉽다

구조를 이용하면 청중은 소통에 집중하고 내용을 잘 기억할 뿐만 아니라, 비교적 쉽게 정보를 소화한다. 메시지를 전할 때 구조를 뚜렷이 보여줌으로써 상대가 정보를 받아들이는 동안 방향을 잃지 않도록 돕기 때문이다. 이 책의 집필 과정에서 조사를 할 때 나는 《더미를 위한 뉴욕New York City for Dummies》의 저자이면서 시리즈 《더미를 위한for Dummies》의 책임 편집자인 마이카 캐롤Myka Carroll과 이야기를 나눴다.[14] 선풍적인 인기를 끈 더미 시리즈는 독자를 위한 신호와 이정표를 곁들인 명료한 구성을 자랑한다. "시리즈의 목표는 독자의 '길 찾기'를 돕는 것이다. '길 찾기'는 하이킹이나 탐험에서 따온 말로 정보 추구 활동에도 적용할 수 있다. 정보를 얻기 위해서도 우리는 아는 것과 모르는 것 사이에서 '길을 찾아야' 하기 때문이다."[15] 즉석에서 말을 듣는 상대도 마찬가지로 길을 찾는다. 내가 말하는 내내 상대가 쉽게 길을 찾을 수 있도록 배려하자. 그러면 상대는 맥락을 고려해서 내용을 효과적으로 소화할 테니까.

인지 신경과학 분야의 연구 결과도 소통할 때 청중에게 방향을 제시하는 것이 중요하다는 사실을 뒷받침해 준다. 학계에서는 정보가 뇌에서 얼마나 쉽고 매끄럽게 입력되는지 보여주는 '처리 유창성processing fluency'에 관한 논의가 자주 이루어진다. 뇌가 임의의 정보 모둠을 소화하려면 일정량의 노력이 필요하다. 여기서 구조를 이용하면 각각의 정보 조각을 이해하느라 지나치게 노력할 필요가 없기 때문에 처리 유창성이 높아진다. 신경학자 요제프 파르비지Josef Parvizi가 한 말처럼, 스토리텔링은 머릿속에 심리적 이미지를 그려줌으로써 뇌가 더 빠르게 이해하도록 돕는다. "자전거가 아니라 포르셰를 타는 것과 같죠." 당신은 메시지를 전할 때 어느 쪽을 택할 것인가?[16]

실전 연습

친구에게 최근 참석했던 두 행사에 대해 설명해 보자. 각 행사의 특징을 나열하는 데서부터 시작하자. 그런 다음 비교-대조-결론 로드맵을 이용해 메시지에 힘을 싣자(두 행사의 유사점과 차이점을 떠올려보고, 그 분석을 바탕으로 결론을 내면 된다). 구조화하지 않은 메시지와 비교했을 때, 어느 쪽이 더 명확하게 전달될까?

구조의 힘 4: 말하기 쉽다

구조화의 네 번째 장점은 구조가 청중뿐만 아니라 말하는 사람의 사고에도 영향을 미친다는 것이다. 어떤 구조를 택하느냐에 따라 메시지에 대한 내 생각도 달라진다. 문학 강의를 듣는데 교수가 지난주 과제로 내준 셰익스피어의 희곡《폭풍우》에 대한 의견을 묻는다고 치자. 나는 그전 주에 읽었던 셰익스피어의 다른 희곡과《폭풍우》를 비교하기로 하고, 대답할 때 구조를 활용한다. 바로 '비교-대조-결론'의 구조다.

'비교-대조-결론' 구조를 적용하지 않았다면 두 작품의 유사점과 차이점에 주목하지 않았을지도 모른다. 그저《폭풍우》에 대한 의견만 내는 데 그쳤을 수도 있다. 두 희곡의 유사점을 논할 생각은 했더라도 차이점을 철저히 분석하는 데까지 생각이 미치지 못했을 가능성도 있다. 이처럼 구조를 활용하는 것은 사고를 정돈하는 훌륭한 방법이다. 구조를 이용하면 이리저리 헤매지 않고 일관된 논지를 견지할 수 있다. 어떤 생각과 말을 할지, 또는 하지 않을지 결정하는 데 도움을 주는 것이다.

이런 생각을 하는 독자도 있을 것이다. '구조에 따라 메시지를 정리하면 듣고 이해하기는 쉬워도 말하기는 더 어렵지 않을까?' 하지만 사실은 정반대다. 즉석에서 대화할 때는 '무엇을 말할까'와 '어떻게 말할까'라는 두 가지 문제를 해결해야 한다. 구조화는 '어떻게 말할까' 부분을 해결해 주며, '무엇을 말할까'에도 긍정적인 영향을 미친다. 논리적으로 구성된 이야기를 할 때는 언제나 지나온 지점과 나아갈 지점을 파악한 상태에서 말을 이어갈 수 있다. 중간에 방향을 찾느라 에너지를 낭비하지 않으므로 내용 전달에 더 집중하게 된다. 게다가 (특히 즉석 상황에서) 자신감을 북돋아주는 효과도 있다. 지금 머릿속에 떠오른 생각을 말한 다음에 이어갈 말이 떠오르지 않을까 봐 긴장할 필요가 없기 때문이다. 로드맵이 있으니 안심해도 되는 것이다.

'어떻게 말할까' 부분이 해결되면 즉흥적으로 말하기가 얼마나 쉬워지는지 실감할 수 있도록 수업 도중 시연을 할 때가 있다. 학생들이 자유롭게 떠올린 주제 중 하나를 골라, 구조를 생각할 시간을 15초가량 준 뒤 5분 동안 즉석에서 말을 하는 것이다. 주제와 청중을 고려해서 '문제-해결책-혜택'의 설득 구조, '과거-현재-미래'의 시간순 구조, '비교-대조-결론'의 비교 구조를 비롯한 다양한 구조 중에서 어떤 것을 쓸지 결정한다. 이런 방식으로 짧은 시간에 명쾌하고 흥미로운 연설이 완성되는 모습을 보면 학생들은 깜짝 놀란다. 물론 지금까지 오랫동안 쌓은 내 의사소통 경험도 도움이 되겠지만, 즉석에서 재빨리 생각을 정돈하는 데 구조가 큰 도움이 된다는 사실은 변함없다.

구조를 유동적으로 다룰 수 있게 되면 창의력과 표현력을 발휘할 기회가 생긴다. 적절한 지점에서 (삼천포로 빠질 걱정 없이) 자세한 설명, 실험적 발언, 탐험적인 생각을 추가할 수 있기 때문이다. 즉흥 연기 강사 제임스 위팅턴James Whittington의 말처럼, 전체 흐름을 망치지 않으면서도 자유롭게 새로운 아이디어, 일화, 농담을 끼워 넣을 수 있다.

물론 창의적인 탈선도 지나치면 문제가 된다. 위팅턴의 기억에는 즉흥 연기를 배우던 시절 선생님이 해준 말이 남아 있다. "즉흥 연기는 고속도로에서 운전하는 것과 같습니다. 빠질 만한 출구가 많지만 목적지는 아니죠. 장거리 운전을 하다 보면 주변의 작은 마을을 잠깐 돌아볼 수도 있겠지만, 다시 고속도로에 올라야 한다는 걸 잊지 마세요. 마을에 눌러앉으면 안 됩니다."17 구조를 정해두면 탈선할 위험이 없다. 머릿속에 떠오르는 말을 아무거나 쏟아낼 걱정도 없다. 그러면서도 구조는 실전 상황에서 잠깐 노닐고, 새로운 시도를 해보고, 청중의 반응을 가늠하는 데 필요한 여유를 충분히 보장해 준다.

만능 구조를 기억하자

동료에게 일이 생기는 바람에 당장 회의에서 내가 발표를 진행하게 된다면 어떻게 해야 할까? 제조 분야 대기업의 마케팅 부장 자라 차이틀러는 이처럼 곤란한 상황에 처한 적이 있다. 당시 회사는 대규모 온라인 콘퍼런스를 개최했다. 신제품을 소개하고 진행 중인 프로젝트를 설명하며 여러 신규 인수 건에 관해 논하는 자리였다. 자라의 업무는 행사를 준비하고(여러 발표자가 잇달아 짧은 발표를 할 예정이었다) 매끄러운 진행을 돕는 것이었다. 영업 담당자, 자회사 관계자, 디자이너, 관리자, 고위 임원 등 200명이 넘는 인원이 행사 사이트에 접속했다.

행사 전, 발표를 맡은 직원들은 자라에게 발표 내용이 담긴 파워포인트 슬라이드를 보냈다. 그중 한 사람이 개인 용무로 몇 분 늦게 접속할 예정이라고 했다. 자라는 그 직원의 발표를 행사 말미로 옮겨두었다. 하지만 행사 당일, 그 직원은 나타나지 않았다. 자라는 초조하게 시계를 쳐다보면서 메일을 보내고 전화를 걸었지만 답이 없었다.

자라는 직원이 준비한 슬라이드를 열어보았다. 신제품 출시를 비롯해 프로젝트의 진행 상황에 대한 내용이었다. 슬라이드는 대부분 신제품의 특장점을 소개하는 화려한 시각 자료와 약간의 텍스트로 되어 있었다. 자라는 해당 제품에 대해 잘 알지도 못했고 그 직원이 어떤 특장점을 소개하려 했는지도 몰랐지만 그 순간 결정을 내렸다. '내가 대신 발표하는 수밖에.'

발표 시간이 되자 자라는 직원이 집안 사정으로 참석하지 못하게 되었다고 청중에게 양해를 구했다. 그리고 즉석에서 발표를 시작했다. "일단 심호흡을 하고, 자신 있게 말했어요. 그리고 슬라이드에 담긴 프로젝트의 개요를 소개했습니다." 즉석에서 한 대처였지만 여러 내용을 뒤죽박죽 설명한 것은 아니었다. 내가 전에 가르쳐주었던 '주제-설명-확장' 구조를 활용한 덕분이었다.

나는 '주제-설명-확장' 구조를 무척 좋아한다. 단순하면서도 폭넓게 활용할 수 있기 때문이다. 우선 아이디어, 제품, 서비스, 주장 등을 논하면서 말문을 연다(주제). 그런 다음 주제가 왜 중요하고, 도움이 되고, 유용한지 밝힌다(설명). 끝으로 청중이 그 지식을 어떻게 활용하고 또 어떤 행동을 취하면 좋을지 알린다(확장).

'주제-설명-확장' 구조는 입사 면접이나 동료에게 조언을 주는 등 온갖 말하기에서 마법 같은 효과를 낸다. 5강을 다시 읽어보면 내가 바로 이 구조를 이용해서 글을 정리했다는 사실을 깨닫게 될 것이다. 짧은 소개말에 이어, 나는 우선 구조를 정의했다(주제). 그런 다음 구조의 장점에 대해 부연했다(설명). 이제 우리는 현재 관심 있는 주제, 즉 즉석 커뮤니케이션에 구조를 활용하는 단계에 있다(확장). '주제-설명-확장' 구조는 만능에 가깝다. 시간 여유가 없어서 딱 하나의 구조만 배워야 한다면, '주제-설명-확장'이 답

구조	설명
주제-설명-확장	주제와 주제가 중요한 이유, 실질적인 영향을 설명한다.
요점-근거-사례-요점	요점을 제시하고, 기저의 논지를 소개하고, 이해를 돕는 사례를 든 다음 다시 요점으로 돌아오며 마무리한다.
문제-해결책-이익	문제를 환기하고, 해결책을 내놓고, 끝으로 해결책이 가져다줄 이익을 소개한다.
비교-대조-결론	먼저 유사점을 소개하고 차이점을 설명한 다음 결론으로 말을 맺는다.
상황-과제-행동-성과	상황의 원인이 되는 사건을 소개하고, 당면한 과제를 설명하고, 해결 과정을 제시하고, 성과에 관해 논하며 마무리한다.

이다.

다시 앞의 이야기로 돌아가보자. '주제-설명-확장' 구조를 바탕으로 자라는 우선 동료가 준비한 슬라이드에 등장하는 신제품에 대한 기본 정보와 주요 특장점을 소개했다. 그런 다음 특장점이 어째서 중요한지 부연했다. 끝으로 신제품을 성공적으로 출시하기 위해 앞으로 필요한 요소를 설명하며 말을 맺었다. 구조에 의지한 덕분에 자라는 초점을 놓치지 않고 자신 있게 말할 수 있었다. 심호흡을 하고, 말을 더듬거나 불필요한 추임새를 넣지 않으려고 말끝에 힘을 주었다. "발표할 때 자신 있고 겸허한 태도로 임하려고 노력해 둔 덕분이었죠. 듣는 사람들도 제가 그 프로젝트의 전문가가 아니라는 것을 알고 있었지만, 그럼에도 불구하고 진행 소식을 전해준 데 고마워하더군요." 행사가 끝나고 임원들은 자라의 발표가 매끄러웠을 뿐만 아니라 큰 도움이 되었다고 말했다. 뒤늦게 돌아온 직원도 슬라이드 준비가 잘 되었다는 호평을 들었다.

구조 연습하기

자라가 돌발 상황에서 구원투수로 나설 수 있었던 것은 '주제-설명-확장' 소통 구조에 익숙했기 때문이다. 그래서 동료가 만든 발표 자료를 '주제-설명-확장'의 구조에 따라 파악할 수 있었다. 이어 자라는 슬라이드를 보며 '삼투' 방식으로 흡수한 정보를 구조에 맞추어 자신 있게 소개했다. 여러 사람이 모인 환경에서 특정 주제에 관해 이야기할 일이 있다면 현장에서 편안하게 적용할 수 있도록 주요 구조 몇 가지를 익혀두자.

피드백을 하고, 질의응답을 진행하고, 사과를 하고, 즉석에서 건배사를 하는 등 구체적인 상황에서 도움이 되는 다양한 구조와 적용법은 PART 2에서 살펴볼 것이다. 여기서는 일단 어떻게 하면 구조를 편안하게 활용할 수 있는지에 관해 설명하고자 한다. 구조를 활용하는 것은 그리 어렵지 않다. 반복, 고찰, 피드백으로 이루어진 연습 과정을 밟으면 된다. 악기에 관한 책을 읽는다고 악기를 연주하는 법을 배울 수는 없다. 직접 연주를 해야 하는 것이다. 이와 마찬가지로 구조를 적용하는 법을 배우려면 직접 해봐야 한다. 다시, 다시, 또다시 반복하는 것이 최선이다.

기업 대표들은 언론 행사를 준비할 때 조금씩 변형시킨 엇비슷한 질문을 반복적으로 접하며 답변을 구조화하는 연습을 한다. 온라인 프로그램을 활용해서 즉석 스피치를 짜는 연습을 해도 좋다. 토스트마스터스는 질문 생성 프로그램을 갖추고 있으며, 구글도 면접 대비용 질문을 제공하는 툴이 있다.[19] 챗GPT처럼 생성형 AI가 질문을 던지면 '주제-설명-확장' 공식을 이용해서 나만의 답변을 만들어보는 것도 좋다.

즉석 상황에서 구조화를 연습하는 것과 더불어, 일지를 써서 내 성과를 복기하면 효과는 배가된다. 연습과 실전 대화에서 구조화를 시도해 본 다음 효과적인 요소와 그렇지 않은 것을 나누고 발전 방안을 기록하자. 효과를 보지 못한 부분에만 초점을 맞추는 사람들이 많은데, 성공한 부분도 함께 되새기는 것이 중요하다.

매일 규칙적으로 복기하자. 아침에 일어난 직후나 퇴근길에 해도 좋고, 자기 전에 침대에 누워 생각해도 좋다. 그날 또는 전날 나눈 대화 한두 가지를 떠올리면서 어떻게 대처했는지 분석하자. 누구와 이야기할 때 가장 쉬웠는가? 대화가 왜 쉽고 매끄럽게 흘러갔다고 생각하는가? 어떤 구조를 사용했고, 그 구조는 어떤 면에서 적절했는가? 생각을 더 명확하게 구조화하지 못해 아쉬웠던 경험이 있었는가? 그때는 어떤 구조를 이용했는가? 그 상황에 더 적절한 구조는 무엇이었는가? 상대의 메시지나 목표가 정확히 무엇인지 혼란스러웠던 경우가 있는가? 상대는 어떻게 효과적으로 구조를 사용했는가?

주말에는 일지를 참고해서 패턴을 찾아보자. 특정 시간대, 특정 상황에서 특정 상대와 함께할 때 말을 효과적으로 구조화하는 경향이 있다는 것을 깨달을 수도 있다. 이러한 상황에서 대화를 쉽게 구조화할 수 있었던 이유를 떠올려보고, 다음에 중요한 대화를 할 때 최적의 상황을 마련할 방법을 생각해 보자.

실전 연습

> 뉴스, 책, 인쇄물 등을 읽을 때 '주제-설명-확장' 공식을 이용해서 머릿속으로 발표를 짜보자. 글의 주제는 무엇인가? 글에 담긴 정보는 어떤 면에서 내게 의미 있고 중요한가? 그 정보를 사용해서 어떻게 소통을 진전시킬 것인가? 이 훈련은 생각하는 방식을 구조화하는 데 도움이 된다. 생각을 구조화할 수 있으면 다음 단계, 즉 말을 구조화하는 실력도 부쩍 늘 것이다.

스스로 복기하는 한편 상대가 받을 인상도 고려해야 한다. 솔직한 의견을 말해줄 믿음직한 주변 사람에게 피드백을 요청하자. 내가 구조화한 커뮤니케이션의 장점과 단점에 대한 의견을 구하면 된다. 솔직한 피드백이 나오기 어려우니 무턱대고 "어땠어?"라고 물어보는 것은 좋지 않다. 대신 "어떻게 하면 좀 더 나아질까?"라고 의견을 구하자.

여기서는 '주제-설명-확장' 구조를 강조했지만 이 책에 담긴 다른 구조를 이용해서 대화의 흐름을 짜도 무방하다. 모든 구조를 배우고 익혀야 한다는 부담감에 시달릴 필요는 없다. '주제-설명-확장' 구조를 비롯해 만능 구조 한두 가지를 익혀두면 다양한 상황에서 활용할 수 있다.

임기응변에 대비하라

지난 10여 년 사이 정치 토론에 관심을 가졌다면 아마도 캐런 던Karen Dunn을 본 적이 있을 것이다. 유명한 변호사이자 정치 커뮤니케이션 분야에서 장기간 전문가로 활동한 던은 여러 대선 후보가 대선 토론을 준비하는 과정을 도왔다. 이 책을 쓰면서 나는 던을 만나 대선 토론처럼 압박이 심한 상황에서 임기응변을 발휘하려면 무엇이 필요한지 물었다. 던의 대답은 명료했다. 바로 준비였다.

던이 말한 대로 토론은 즉흥적이고 대본이 없다. 하지만 예측 가능성은 매우 크다. 즉 미리 준비하면 큰 효과를 볼 수 있다는 뜻이다. "어떤 주제를 다룰지, 상대 후보가 어떤 공격을 할지 대부분 미리 예측할 수 있습니다. 사회자가 제기할 법한 질문을 예측하면 상대 후보의 행동을 예상할 수 있고, 효과적인 대처를 연습할 수 있답니다."[20] 할 말을 대본으로 적거나 암기하라는 말이 아니다. 주요 상황별 임기응변을 준비해 두라는 것이다. 내가 짚고 넘어갈 요점, 예로 들 일화, 상대의 공격에 받아칠 만한 말을 몇 가지 준비하면 된다.

대선 후보 토론에서 깊은 인상을 남기는 촌철살인의 말도 준비된 결과물인 경우가 종종 있다. 1988년 부통령 후보 토론에서 백전노장이던 로이드 벤슨Lloyd Bentsen이 당시 자신을 케네디에 비견하며 홍보하던 젊은 후보 댄 퀘일Dan Quayle에게 던진 유명한 말이 좋은 예다. "의원님은 케네디가 아닙니다." 토론장에서 이런 순간이 정확히 어떻게 찾아올지 예측할 수는 없지만, 가능성이 높은 시나리오 몇 가지를 상상하고 멋지게 받아치는 말이나 시의적절한 농담을 준비하는 것은 충분히 가능하다. 그렇기 때문에 대통령과 부통령 후보는 장기간에 걸쳐 토론을 준비한다. 실제처럼 꾸민 세트장에서 상대 후보를 연기하는 전문가와 토론을 벌이기도 한다. 상대가 던질 만한 모든 질문에 대한 답변을 글로 써서 연습하지는 않지만, 나올 가능성이 높은 주제에 대해서는 미리 생각하고 자신이 전하고픈 중요 아이디어와 메시지를 확실히 정리해 둔다.

던 외에도 즉석 커뮤니케이션에서 준비를 강조하는 소통 전문가는 많다. 레이먼드 나스르도 고객에게 특정 상황에서 활용할 수 있는 인상적인 일화를 모아두도록 조언한다. 스토리를 토씨 하나까지 틀리지 않고 외우라는 뜻이 아니라, 압박이 심한 상황에서 꺼내 쓸 수 있는 '유용한 일화의 카탈로그'를 준비해 두라는 것이다.[21] 한편 타고난 말재주꾼은 아니지만 훈련을 통해 실력을 닦은 유명한 지도자도 있다. 그 인사는 자신의 삶과 유명한 위인에 관한 일화를 차곡차곡 모아두었다. "덕분에 되감기를 눌러 그 이야기를 재생하는 것으로 충분했습니다. 결과가 좋으리라는 것을 알고 있었기에 마음도 편안해졌고요."

앞서 보았듯이 즉석에서 말할 때 지나치게 꼼꼼히 준비하고 완벽을 지향하면 자칫 길을 잃기 쉽다. 그러나 대본 없이 말한다고 해서 준비를 하지 말라는 뜻은 아니다. 즉석 소통의 달인은 오히려 준비를 갖추고, 엄청난 노력과 집중력으로 긴장을 극복하는 테크닉을 연습하고, 실전에서 침착한 태도를 유지하도록 돕는 방안을 마련한다. 경청과 자기 성찰 등의 스킬을 연습하는 것은 물론이다. 더불어 방금 이야기했듯이 특정 상황에서 꺼내 쓸 수 있는 간단하지만 유용한 일화를 준비한다. 특정 상황에서 명확하고, 일관되고, 흥미롭고, '가슴에 깊이 남게끔' 말하는 데 도움을 줄 것이다.

일상적으로 즉석에서 말하는 상황에서는 대본이 없지만, 완전히 예측 불가능하게 흘러가지는 않는다. 사람들은 종종 내 기분이 어떨지, 어떤 다양한 맥락과 상황이 닥칠지, 청중이 어떤 말을 듣고 싶어 할지, 가장 설득력 있게 그 내용을 전달할 방법이 무엇인지 예측할 수 있다. 구조에 익숙해지고, 구조를 적용하는 연습을 하고, 이 책에서 소개하는 여타 선제적 대비를 해두면 실전에서 빛을 발할 수 있다. 그러면 지금까지 꿈도 꾸지 못한 멋진 변화가 일어날지도 모른다. 바로 이러한 상황을 즐기는 것이다.

1. 내가 사는 도시를 방문하는 관광객에게 어디를 돌아보면 좋을지 조언을 해준다고 가정한 뒤, 먼저 들를 만한 관광 명소 서너 곳을 나열해보자. 그런 다음 내 경험에 바탕을 둔 스토리를 활용해서 같은 관광 명소에 대해 다시 설명해 보자. 상대가 느끼기에 어떤 방법이 더 설득력 있고 인상 깊으며 유용할지, 그 이유는 무엇인지 생각해 본다.

2. '이야기의 뼈대'는 즉흥 연기에서 하는 훈련으로, 정보를 이야기로 구조화하는 데 도움이 된다.[22] 아래 보기의 빈칸을 채워 등장인물, 시간, 공간적 배경을 갖춘 시나리오를 짜보자.

- 인물과 장소를 넣는다 : "옛날 옛적에 (   )"
- 일상을 설명한다 : "매일 (   )"
- 사건을 넣는다 : "그러던 어느 날 (   )"
- 다른 사건을 넣는다 : "그 일 때문에 (   )"
- 또 다른 사건을 추가한다 : "그래서 (   )"
- 마지막 행동을 넣는다 : "그러다, 결국 (   )"
- 일어난 변화를 넣는다 : "그리고, 그 뒤로 (   )"

이 형식을 사용해서 스토리 두세 개를 만들어보자. 스토리텔링의 감이 잡히는가? 연습을 거듭할수록 더 쉽게 서사를 만들 수 있을 것이다.

3. 앞에서 소개한 질문 생성 프로그램을 활용해서 구조를 형성하는 연습을 해보자. 만능 구조 다섯 가지 중 하나를 이용하면 된다.

제6강 초점
청중의
시선을 잡아라

청중들이 당신의 의도를 쉽게 파악하도록 해야 한다

공적 연설이든 대화든 강렬하고 효과적인 커뮤니케이션은 명확하고 명료하다. 상대가 메시지를 이해하는 데 필요한 정보가 모두 담겨 있고, 그 밖의 군더더기는 없다. 모호하고, 복잡하고, 약어가 가득하고, 장황한 용어가 난무해서 듣는 사람을 산만하고 지루하게 하거나 청중의 시간을 낭비하지 않는다.

엄청난 준비 끝에 완벽하게 이목을 끈, 소통의 전설적인 예를 살펴보자. 바로 스티브 잡스가 아이팟을 세상에 처음 소개했을 때다. 2001년 애플 본사 강당에서 언론 브리핑이 열렸다. 무대에 선 잡스는 세련된 디자인, 무게, 스크린의 크기, 저장 용량 등 아이팟의 여러 장점에 관해 길게 설명하지 않았다. 그저 인상적인 신제품에 관해 소비자가 궁금해하는 정보, 또 알아야 할 정보를 단 세

마디의 강렬하고 핵심적인 메시지로 전했다. "주머니에 1000곡을 담으세요."[1]

당시 음악을 즐겨 듣는 사람들은 들고 다니기 성가신 CD에 곡을 저장했다. 타사의 MP3 플레이어는 저장 용량이 적었다. 애플 광고의 캐치프레이즈가 된 "주머니에 1000곡을"이라는 말은 여러 목표를 단번에 달성했다. 당시 소비자가 음악을 감상할 때 겪던 문제를 지적했고, 아이팟을 경쟁 제품과 차별화했으며, 아이팟의 실용적 가치를 소비자에게 보여주었다. 단 세 마디로. 아이팟은 어마어마한 인기를 끌었다. 음악 감상에 혁명을 일으켰고 팟캐스트라는 새로운 매체의 토대를 마련했다.

잡스가 마케팅의 마법을 부렸을 때처럼 일상 속 커뮤니케이션이 더 명확하고 의미 있으면 얼마나 좋겠는가. 한 모임에서 복잡한 배경을 설명해야 하는 이야기를 풀어놓다가, 애초에 그 이야기를 왜 꺼냈는지 잊어버린 경험이 있을 것이다. 상사의 중요한 질문에 모호하고 두서없이 답했던 적도 있을 것이다. 동료, 고객서비스 담당자, 친구, 그밖에 삶에서 만나는 사람들이 어떤 문제를 놓고 답을 회피한 적은 또 얼마나 많은가? 책임을 피하려고 교묘한 핑계를 대고, 권위를 세우려고 배경지식을 과도하게 늘어놓고, 그냥 말하는 걸 좋아해서 말을 멈추지 않는 사람도 부지기수다. 나는 내 말이 초점을 잃었다는 것을 깨닫지 못해도, 상대는 안다.

일전에 게임 회사 대표가 회사의 신제품 출시를 앞두고 프레젠테이션을 하고 질의응답을 하는 것을 도운 적이 있다. 청중 중에서 누군가가 신제품이 놓친 부분에 대한 기술적 질문을 던졌다. 대표는 회사 엔지니어들이 문제를 해결할 기술적 방안에 관해 장장 20여 분간 설명을 이어갔다.

그가 내놓은 답은 진정성 있고 포괄적이며 명확한 구조를 따르고 있었다. 그러나 그 내용은 주요 타깃 청중과 관련된 문제가 아니었고, 관심 있는 사람은 소수에 불과했다. 그 결과 청중 대부분은 몇 분 만에 집중력을 잃었다. 당시 대표는 몰랐지만, 올바른 선택은 청중 대다수와 관련된 정보에 집중하는 것이었다. 그 점을 깨달았더라면 "네, 그 부분은 다음 출시 때 포함될 예정입니다"처럼 간단한 답변을 하고 다음으로 넘어갔을 것이다.

우리는 스티브 잡스처럼 소통의 천재가 될 필요도, 모든 것이 '딱 맞아떨어지도록' 구절 하나하나를 완벽하게 짜둘 필요도 없다. 몇 가지 연습만 하면 즉석에서 명확한 메시지를 전달할 수 있다. 고객과 학생들을 대상으로 수업을 진행하면서 나는 초점을 잘 맞춘 메시지의 네 가지 특성을 파악했다. 바로 정확성, 관계성, 이해성, 간결성이다. 이 같은 특성을 끌어올리는 연습을 하면 청중의 관심을 오래 붙들어 두고 머릿속에 잘 각인되는 메시지를 전할 수 있다.

초점 맞추기 1 – 정확성: "음, 정확히 무슨 말을 하려는 거지?"
핵심 : 분명한 목표를 설정하고 행동에 옮기자

초점을 맞춘 메시지는 구체적인 효과를 내도록 정확하게 다듬어져 있다. 정확도를 높인다는 것은 달성하고 싶은 목표를 파악하고, 목표에 가닿기 위해 말을 조율한다는 뜻이다. 그러면 의문이 떠오른다. '내 목표는 뭐지?' 의외로 목표를 잘 알지 못하거나 모호하게 설정하는 경우가 꽤 많다. 이런 경우 할 말과 삼갈 말을 가리기조차 어렵다. 청중은 집중력이 흐트러지고, 혼란스럽고, 지루하게 있을 뿐이다.

소통의 목표라고 하면 전달하고 싶은 정보나 의견, 즉 내가 말할 내용을 떠올리는 사람들이 많다. 하지만 청중이 메시지를 '이해'하는 것만으로는 부족하다. 어떤 '감정'을 불어넣을지, 어떤 '행동'을 이끌어내고 싶은지도 계산에 넣어야 한다. 따라서 즉석 말하기의 목표를 세울 때는 단순히 내가 말하려는 내용이 아니라 내 메시지가 미칠 전반적인 영향도 함께 고려해야 한다.

'이해', '감정', '행동'이라는 목표의 세 가지 측면을 명확히 정리해 두면 엄청난 효과가 있다. 목표가 정확하면 청중이 메시지를 쉽게 받아들이고, 실패로 이어질 상황에서도 유연하게 대처한다.

목표를 세울 때 청중에게서 이끌어내려는 감정과 행동을 명확하게 설정하지 않는 경우가 많다. 우선 감정에 대해 생각해 보자.

5강에서 보았듯 이야기는 통계나 요점이 할 수 없는 방식으로 감정을 자극하기에 뇌에 빨리 각인되고 기억에 잘 남는다. 마케팅 전문가는 감정의 힘을 잘 안다. 감정이 소비자와 결속되면 소비자는 더 많은 제품을 구매하고 브랜드에 강한 애착을 품게 된다. 의사 결정과 관련된 신경과학을 연구하는 스탠퍼드 경영대학원 교수 바바 시브Baba Shiv는 노벨상을 받은 대니얼 카너먼Daniel Kahneman의 행동경제학 논문을 바탕으로 다음과 같이 말했다. "사람들의 결정과 행동의 90~95퍼센트는 감정적 뇌 체계에 의해 끊임없이, 무의식적으로 형성된다."[2] 어떤 연구에 따르면 감정적 차원에서 '기업에 완전히 동화된 소비자'는 '제품에 매우 만족한 소비자'보다 경제적 측면에서 50퍼센트나 가치가 높은 고객이라고 한다.[3]

위 문단에서 나는 소통 목표를 세울 때 감정에 주목하라는 내 조언을 따르지 않았다. 과학 연구, 데이터, 논리를 바탕으로 접근한 것이다. 자, 이번에는 감정에 초점을 맞추고 접근해 보자.

금요일 오후 다섯 시, 회의실에 앉아 있다. 머릿속은 퇴근 생각으로 가득하다. 오늘의 마지막 회의만 남았고, 상사가 발표를 하기로 되어 있다. 발표의 요지는 간단하다. 팀에 중요한 기회가 찾아왔다는 것이다. 그런데 상사의 발표에 각종 차트와 표가 난무한다면 어떨까? 끝없이 슬라이드가 넘어가는 동안 얼마나 좀이 쑤실지 상상해 보자. 누가 질문을 하면 상사는 켜켜이 쌓은 데이터와 이성적 논거를 동원해서 답한다. 졸음을 참고 몸을 꼼지락거리지 않으려고 필사적인데 배 속마저 뒤틀리기 시작한다. 대체 이런 정보로 뭘 어쩌란 거지? 상사는 목표의 범위를 분명히 밝히지 않았고, 팀원들이 앞으로 어떤 행동을 하길 바라는지도 불명확하다.

데이터와 전문가의 의견을 가득 채운 앞 문단과, 감정과 스토리를 활용한 두 번째 문단 중 어느 쪽이 더 설득력 있게 다가오는가?

목표를 세울 때는 정보와 감정뿐만 아니라 행동도 고려해야 한다. 내 메시지를 듣고 청중이 어떤 행동을 하길 바라는지 구체적으로 전달하지 않고 막연하게 남겨두는 경우가 많다. 기업인이 질의응답을 준비하는 과정을 코칭할 때 이런 경우를 항상 본다. (회사 업무에 대한 데이터, 과거의 혁혁한 성과, 미래의 기회 등) 전달하고 싶은 정보와 (회사에 대한 호기심 자극 등) 감정적 목표에 대해서는 대부분 파악하고 있다. 그런데 청중이 정확히 어떤 행동을 하길 바라는지 뚜렷이 제시하는 사람은 많지 않다. 대개 새로운 사업에 대해 '많은 응원'을 바란다고들 한다. '응원'이라니, 정확히 무슨 뜻일까? 재정적 지원? SNS에서 '좋아요' 누르기? 기업의 열렬한 팬이 되는 것? 이 점에 대해 충분히 숙고하지 않으면 말을 미세하게 조율해서 청중을 원하는 방향으로 이끌 수 없다.

즉석에서 말하기 실력을 쌓으려면 우선 내 머릿속에서 목표를 명확히 설정해야 한다. 이와 같은 상황을 앞두고 있다면, 잠시 시간을 내어 아래 세 가지 질문에 대한 답을 적어보자.

- 상대가 무엇을 알아야 하는가?
- 상대가 어떤 감정을 품어야 하는가?
- 상대가 어떤 행동을 해야 하는가?

　나의 말하기가 성공적인지 판단하는 척도는 다음과 같다. 청중이 내 메시지를 이해하는가? 청중의 감정을 드러내는 구체적 신호가 보이는가? 청중은 내게 돈을 지불하거나 특정 행동을 필요한 만큼 반복해서 실행에 옮기는가?

　즉석에서 말을 한 다음, 잠깐 시간을 갖고 내가 성공적으로 말했는지 복기하자. 내가 미친 영향과 세워둔 목표를 비교해 보는 것이다. 세 가지 목표를 달성했는가? 성공한 이유, 성공하지 못한 이유는 무엇인가? 다음에 개선할 부분은 무엇일까? 몇 번 복기해 보면 뚜렷한 목표를 세운 다음 즉석 소통을 시작하고, 소통이 끝난 뒤에는 철저히 행동을 분석하는 습관이 잡힐 것이다.

초점 맞추기 2 - 관계성 : "왜 내가 관심을 가져야 하지?"
핵심 : 상대 입장에서 중요한 일에 초점을 맞추자

　새뮤얼 애덤스 보스턴 라거를 탄생시킨 전설적인 기업인이자 수제 맥주의 선구자 짐 코흐Jim Koch는 영업에 일가견이 있다. 사업 초반 코흐와 동업자는 근처 술집을 돌며 제품을 홍보해서 회사를 키워나갔다. 성공할 때도 있고 실패를 맛볼 때도 있었다. 지난 커리어를 돌아보면서, 코흐는 자신의 신념과 '판매의 황금률'을 연관 지었다. "고객의 장기적 이익에 도움이 되지 않는 행동을 고객에게 요구하지 말라."[4]

그의 신념에는 극도의 고객 중심적 사고가 깔려 있다. "사업은 거의 불교적 수준의 이타심을 고수해야 합니다. 우리는 사업 초창기부터 그런 자세를 견지했는데, 그렇게 하면 일이 훨씬 쉬워집니다. 고객과 신뢰 있고 충직한 관계를 맺게 되죠. 자연스럽게 금전적 수익도 올라갑니다. 무엇보다도 남의 성공을 돕기 때문에 제품을 판매할 때 더욱 보람을 느끼죠."

이타적인 방식으로 제품을 판매하려면 우선 고객과 고객의 관심사를 이해하려고 해야 한다. "고객이 무엇이 필요한지 말해줄 때, 시간을 들여 주의 깊게 들으세요. 사람들이 지금과 같은 행동을 하는 이유를 이해해야만 상대의 신념과 행동을 바꿀 수 있습니다. 그전에는 그냥 입씨름할 뿐, 절대 상대를 설득할 수 없답니다."

코흐는 영업을 하러 술집에 들어설 때마다 목표를 되새겼다. 30초 안에 업장, 업무, 사업 상대를 파악해야 한다는 것이었다. 그런 다음에야 어떻게 제품을 홍보할지 결정했다. 자사 맥주가 그 술집의 성공에 보탬이 될 방법을 찾지 못하면 지나치게 밀어붙이지 않고 다음 술집으로 넘어갔다.

'( )에게 ( ) 팔기'라는 유명한 게임에서는 특정 제품 또는 서비스를 특정 인물에게 팔아야 한다. 제품은 뚫어뻥에서 피아노까지 무엇이든 가능하고, 인물 또한 경찰관, 서커스 어릿광대, 유치원 교사 등 누구든 상관없다. 게임은 경찰관에게 1분간 뚫어뻥을 팔거나, 서커스 어릿광대에게 1분간 피아노를 파는 식으로 진행된다. 이 게임은 타인의 입장을 생각하고 상대의 요구에 맞춰 말하는 연습을 하는 데 도움이 된다. 나만의 제품이나 서비스 세 가지를 골라보자. 각 제품 또는 서비스별로 제품을 팔 인물 유형을 선택해 보자. 어떻게 하면 설득의 틀을 잘 짤 수 있을까?

공통분모 만들기

가장 강력하고 핵심적인 메시지는 상대가 자신의 상황과 맞아떨어진다고 느낄 때 형성된다. 그런 메시지는 상대의 정체성, 욕구, 니즈에 직접 호소한다. 남의 말을 듣는 동안 사람들의 머릿속에 떠오르는 바로 그 질문, "이 얘기가 나랑 무슨 상관이지?"에 답하는 메시지가 여기에 해당한다.

청중을 염두에 두고 메시지를 다듬지 않으면 즉석에서 대화할 때 방향을 잃어버리기 십상이다. 내가 관심 있는 주제니까 남들도 얼마간 흥미를 보일 거라 믿는다. 상대가 듣고 싶은 말, 상대에게 필요한 말을 고려해서 메시지를 짤 방법은 무엇일까 고민하는 대신 자기가 하고 싶은 말만 한다. 어떤 의견을 옹호할 때는 내 입장에서 중요하고 강렬하게 느껴졌던 근거를 동원한다. 특히 개인적으로 관심이 많은 주제에 관해 말할 때면 상대도 자신처럼 그 문제를 중요시할 거라 넘겨짚고, 공감과 강렬한 영향을 불러일으킬 방법을 고민하는 단계를 건너뛰어 버린다. 제품과 서비스를 판매할 때도 마찬가지다. 이 제품이 고객이 느끼는 중요한 문제나 고민을 어떻게 해결해 주는지 설명하는 대신, 무턱대고 제품의 기능과 특장점을 늘어놓는 데 그친다.

대화의 공감대를 높이려면 상대와 상대의 니즈를 먼저 파악하는 습관을 들여야 한다. 누군가 곤란한 질문을 던지면 1초만 시간을 갖고 생각하자. "이 사람은 무얼 하는 사람일까? 이 사람한테 필요한 말은 무엇일까? 어떻게 하면 이 사람이 더 공감하고, 흥미를 갖고, 시급하다고 느끼게끔 메시지 틀을 짤 수 있을까?"

즉흥적으로 말해야 할 상황이라면 미리 시간을 갖고 기본적인 질문에 대한 답을 준비하자. 가능하면 잠깐 인터넷 검색을 통해 더 철저한 분석을 하는 것도 좋다. 아래 질문을 참고하자.

– 청중에게 내 핵심 메시지를 가장 효과적으로 전달할 방법은 무엇일까?

- 청중은 내가 말할 주제에 대해 얼마나 알고 있을까?
- 나와 내가 말할 주제에 대해 청중은 어떤 인상을 갖고 있을까?
- 청중이 저항감이나 우려를 느끼고 주저할 듯한 부분이 있을까?
- 청중에게 동기를 부여해 줄 요소는 무엇일까?

먼 곳에 사는 절친한 친구의 결혼식에 참석했다고 가정해 보자. 친구의 가족도 잘 모르고, 배우자가 될 사람의 가족은 아예 초면이다. 친구가 사는 지역에서는 전통적인 종교적 신념을 지키며 웃어른을 공경한다는 것은 익히 알고 있다. 웨딩 파티 행사가 며칠 이어질 예정이어서 누군가 내게 건배사를 청할 가능성이 크다.

이제 위 질문을 염두에 두고 건배사를 준비해 보자. 하객들은 내가 누구인지 모를 테니 간단한 자기소개와 결혼하는 친구가 내 인생에 갖는 의미에 대해 한마디 해야 할 것이다. 하객에 대해서도 잠깐 고려해야 한다. 친구가 사는 지역에서는 웃어른을 공경하는 문화가 있으므로, 친구의 부모님을 만나뵙게 되어 뜻깊었다고 덧붙여도 좋을 것이다. 연령대와 친밀도가 다양한 청중 앞에서 건배사에 농담을 활용할 때는 불편을 초래할 수 있기 때문에 잘 생각해 보아야 한다. 조금이라도 부적절하게 느껴질 만한 부분이 있다면 청중이 어떻게 반응할지 냉정하게 판단하자. 끝으로 하객이 건배사를 듣고 싶은 이유는 친구를 향한 애정 때문일 테니 서로의 우정이 드러나는 따뜻한 일화를 한두 가지 생각해 두자.

이렇게 몇 분만 시간을 들여 준비하면 사람들 앞에 섰을 때 큰 효과를 거둘 수 있다. 완벽하지는 않더라도, 다듬은 메시지는 더 의미 있고 적절하며 사전에 청중의 성향을 고려하지 않았을 때보다 청중의 기분을 거스를 위험이 적다. 위 질문에 대한 답을 잘 알 수 없다면 친구와 잠깐 이야기하며 가족들의 성향을 묻는 등, 청중에 대해 좀 더 많은 정보를 파악하는 것도 좋은 방법이다.

청중과 공통분모를 찾고 내 메시지가 중요하다는 것을 보여줄 또 다른 방법은 의도적으로 호기심이나 긴장을 불러일으키는 것이다. 온라인 회의 도중 상사가 묻는다고 치자. "그쪽 팀은 현 제품을 어떻게 개선할 계획인가?" 불편한 상황이다. 특히 일부 고객이 부정적 평을 내놓았다면 더욱 곤란하다. 그러나 현실에서 도피하는 대신 이 상황을 기회로 받아들이자. 상사의 질문에 답하는 과정에서 예상 밖의 고객 평을 서너 개 제시하면 상사와 회의에 참석한 사람들의 호기심을 돋울 수 있다. 상품평을 들은 사람들의 머릿속에는 의문이 떠오를 것이다. 부정적 상품평을 받은 원인이 무엇일까? 문제를 어떻게 해결하면 좋을까? 상황을 개선할 여지가 있을까? 고객의 부정적 평가를 직접 제시하면 회의에 긴장감이 감돌겠지만, '어떻게 문제를 해결할까'라는 공동 목표를 확립하면 긴장을 호기심으로 바꿀 수 있다. 이 질문을 던지면 시급한 느낌을 주기 때문에 청중은 '현 제품을 어떻게 개선할 계획인가'라는 질문에 대한 내 답변을 한층 중요하고 흥미롭게 느끼게 된다.

우연히 누군가를 만나면 상대가 화제를 시급하고 중요하다고 느끼게끔 호기심을 자극해 보자. 즉석에서 답해야 하는 질문을 받으면 내 답변과 관련된 잠재적 문제나 과제를 먼저 밝혀서 긴장된 분위기를 조성한 다음에 답을 내놓자.

질문을 받지 않았지만 의견을 제시해야 하는 입장이라면 직접 질문을 던지고 답하면서 호기심을 자극하면 된다. 예컨대 신제품에 대한 정보를 즉석에서 공유해야 한다면, "정말 시장에 두 제품을 동시에 내놓는 게 맞을까요?" 등의 질문을 던질 수 있다.

반감을 호기심으로

위 사례는 연관성을 높이려면 상대가 반감을 느낄 만한 부분에도 대응해야 한다는 것을 보여준다. 반감을 낮추는 방법 중 하나는 청중의 심기를 건드리지 않도록 표현을 순화해서 분위기를 부드럽게 만드는 것이다. "반감이란 사실 방어적인 태도입니다"라고 사회심리학자 겸 스탠퍼드대학교 경영대학원 교수 재커리 토말라Zakary Tormala가 말했다. 목표는 상대의 방어적인 태도를 누그러뜨리는 것이다. "개방적이고, 호감을 주고, 포용적이고, 협력적인 사람이라는 이미지를 보여주면 대개 반감이 누그러듭니다. 그때 기회가 열리죠. 운신의 폭이 어느 정도 생기는 셈입니다." 개방성과 포용성을 보여주려면 질문을 던진 다음 공통분모를 제시하는 것이 좋다. "이 목표를 달성할 방법을 찾는 과정에서 당신이 X에 대해 어떻게 생각하는지 궁금하군요."

연관성에 노력을 투자하면 상대가 내 메시지에 집중할 확률이 높아진다. 주의력과 초점에 관한 한 청중은 이기적인 존재다. 내 말에 귀 기울여야 하는 상황일지라도 마찬가지다. 면접관은 내 대답에 흥미를 갖고 있으며, 피드백을 구하는 동료는 내 의견을 궁금해하고, 축하 행사의 청중은 내 건배사를 경청한다. 그럼에도 불구하고 곧 산만해져서 시선을 고정하지 못한다. 내 메시지가 청중과 연관되어 있고 청중이 필요로 하는 부분을 채워준다면 집중할 확률이 높아진다. 말하는 동안 청중의 머릿속에 떠오를 질문, '저 메시지가 나랑 무슨 상관이지?'에 대한 답을 내놓자. 청중은 눈에 띄게 내 메시지에 주목하고 관심을 보일 것이다.

초점 맞추기 3 - 이해성: "뭐가 이렇게 복잡해?"
핵심: 이해하기 쉽도록 전문용어나 약어를 줄여라

즉석에서 말하다 보면 과유불급의 실수를 흔히 저지르곤 한다. 소통을 성공적으로 해내려면 청중의 분위기에 귀 기울이고, 청중이 어떤 소통을 기대하는지 미리 생각하고, 전달하고자 하는 메시지를 이해하기 쉽게 만들어야 한다. 복잡성은 인생에서 가장 중요한 대화에서 내 발목을 잡을 수도 있다.

대화가 복잡해지는 이유 중 하나는 전문가다운 분위기를 내야한다는 믿음 때문이다. 소위 '지식의 저주(자기가 알고 있는 지식을 다른 사람도 당연히 알 것이라는 인식 왜곡-옮긴이)'도 큰 몫을 차지한다. 웬만한 일반인은 이해할 수 없는 용어를 남발한다.[5] 그뿐만 아니라 '열정의 저주'에 걸리면 불필요하게 많은 말을 늘어놓는다. 주제에 대해 내가 아는 모든 지식을 주워섬긴다. 나는 그 주제에 큰 관심이 있고, 상대도 그럴 거라 속단하기 때문이다. 그러나 복잡성에는 대가가 따른다. 즉석에서 말할 때는 더욱 그렇다. 복잡성은 메시지를 혼란스럽고 산만하게 만든다. 나는 전문가고 상대는 무지한 청중이라는 불필요한 거리감을 조성해 흥미를 떨어뜨리기도 한다. 청중이 집중하지 않아 소통 시간이 필요 이상으로 길어진다.

너무 만연해서 실감하지 못했을 뿐, 평소 복잡한 용어를 얼마나 많이 쓰는지 깨닫게 되면 웃음이 날 것이다. 몇 년 전 미군을 대상으로 워크숍을 진행했을 때 일이다. 복잡한 용어, 은어, 약어가 소통을 얼마나 저해하는지 설명하던 참이었다. 어느 군인이 손을 들더니 자신과 동료들은 지나친 전문용어 때문에 문제를 겪은 일이 전혀 없다고 말했다. 나는 아연실색했다. 워크숍을 진행했던 짧은 시간 동안에도 뜻 모를 약어를 여럿 들었기 때문이다. 그는 이렇게 말했다. "저희는 약사가 있으니까 말입니다."

대체 무슨 소린가 싶었다. "약사요? 약을 써서 모두 약자를 알아듣게 한다고요? 약어를 익히게 하는 약이라도 있다는 건가요?"

알고 보니 '약사'는 '약어 및 용어 사전'의 줄임말이었다. 팀에 새로 합류한 사람들은 서로 말뜻을 알아들을 수 있게끔 '약사'를 하나씩 받았다. 약어, 전문용어, 복잡한 용어가 너무 만연해서 용어 설명이 담긴 핸드북을 제작할 정도였던 것이다. 심지어 그 핸드북의 이름마저 약어로 되어 있었다. 이해하기 쉽도록 복잡한 용어를 줄일 생각은 미처 하지 못한 것이다.

테드 강연은 보통 18분간 진행된다. 큐레이터 크리스 앤더슨Chris Anderson이 말했듯, 18분은 "(온라인 환경을 포함) 사람들의 주의를 유지할 만큼 짧고, 시간제한을 의식할 만큼 적확하다. 그리고 동시에 중요한 메시지를 전하기에 충분히 긴 시간이다."[6] 그런데 18분 내내 말할 필요가 없는 경우도 있었다. 《팩트풀니스》의 공동 저자이자 유명한 테드 강연으로 잘 알려진 스웨덴의 의사 겸 통계학자 한스 로슬링Hans Rosling은 2012년 테드 강연에서 1분 안에 상대의 집중을 유지하고 '중요한 메시지를 전할 수 있다'는 사실을 몸소 보여주었다. 놀랍게도 강연 대부분은 즉석에서 진행되었다.

'사상 최단 테드 강연'으로 꼽히는 그 강연에서 로슬링은 인구 증가에 따른 경제 불평등이 어떤 문제를 야기할지에 대해 이야기했다. 로슬링은 돌 일곱 개를 들고 말했다. "이 돌을 각각 지구에 살고 있는 인구 10억 명을 상징합니다." 그리고 돌 하나를 바닥에 내려놓았다. "10억 명은 해외여행을 할 만큼 부유합니다." 그리고 또 하나의 돌을 내려놓았다. "10억 명은 자동차를 안정적으로 이용할 만큼 부유합니다." 그리고 돌 세 개를 내려놓았다. "30억 명은 돈을 모아 자전거나 오토바이를 살 수 있습니다." 그리고 남은 돌 두 개를 내려놓았다. "20억 명은 돈을 모아서 신발 한 켤레를 살 수 있습니다."

돌을 내려놓은 다음 로슬링은 앞으로 세계 인구는 더 부유해질 거라 설명했다. 돌의 위치를 바꾸면서, 저소득층의 소득이 늘어날 거라 말했다. 항공료를 감당할 수 있는 인구 10억, 자동차를 이용할 수 있는 인구는 30억, 자전거를 살 수 있는 인구도 30억이 될 것이며, 신발 한 켤레만 살 수 있을 만큼 빈곤한 인구는 줄어들 거라 예측했다. 마지막으로 로슬링은 돌 세 개를 더 내려놓으면서 세계 인구는 곧 100억 명에 달할 것이라 말했다. 모든 인구가 경제력 사다리 맨 위쪽의 두 단으로 올라가리라는 것이었다.

발표가 대단원에 이르자 로슬링은 말했다. "문제는 인구가 100억 명에 달한 세계에서 부유한 이들이 전에는 빈곤했던 이들과 어우러질 준비가 되어 있느냐는 것입니다." 고작 몇 초 만에 중요한 문제의식이 효과적으로 전달되었다. "사상 최단 시간에 이루어진 테드 강연이죠." 로슬링은 웃으며 말했다.

로슬링은 온갖 자료와 통계를 늘어놓거나 유명 경제학자의 이름을 들먹일 수도 있었다. 인구 성장에 관한 석학의 이론을 언급할수도 있었다. 조출생률이나 인구 배가 시간 등 추상적이고 기술적인 용어를 읊을 수도 있었다.[7] 하지만 해당 분야의 전문 지식이 없는 일반 청중을 상대로 말할 때는 이 모든 정보가 주의를 흐트러뜨리고 요점을 비껴갈 터였다. 로슬링은 내용을 최대한 분명하고이해하기 쉽게 말함으로써 확고한 초점을 유지했다.

모두가 명확하고 이해하기 쉬운 말만 하는 소통의 천재가 되어야 하는 것은 아니다. 다만 간결하게 말하는 능력을 키워간다면소통의 본질에 가까워질 수 있다. 유명한 문학 학습서를 펴내고현재 클리프 노츠CliffsNotes를 이끄는 저스틴 케스틀러Justin Kestler는 이축약본의 목표가 길고 복잡한 문학 작품의 뼈대만 남기는 것이 아니라 폭넓은 대중이 쉽게 작품을 이해하고 감상하도록 주제를 분석하고 설명하는 것이라 본다. 우리도 누구나 이해할 수 있게끔복잡한 아이디어를 비교적 간단한 용어로 표현하면 된다.[8] 말을바꾸는 약간의 노력만으로도 즉석에서 훨씬 중심 잡힌 메시지를전할 수 있다.

청중이 어느 정도의 이해력을 갖추고 있는지 확실치 않다면 잠깐 조사해 보자. 장난감 제조기업 레고는 전 세계 아이들(아직 글자를 배우지 않은 아이들도 포함한다)이 원하는 모델을 만들 수 있게 조립 설명서를 단순하고 이해하기 쉽게 만든다. 레고 디자이너 앤서니 돌비[Anthony Dalby]는 "우리 회사는 모든 연령대 아이들의 이해력에 대한 매우 깊은 지식과 이해를 지니고 있다"라고 언급했다.[9] 레고는 그 지식을 바탕으로 설명서 한 쪽당 레고 블록을 몇 개나 넣을지, 블록 색을 무엇으로 정할지 등의 결정을 내린다. 그리고 이 지식을 공들여 직원들에게 전달한다. 조립 설명서를 디자인하기 전에 일 년 동안 교육을 받아야 할 정도다.

즉석에서 소통할 때는 청중에 대해 이처럼 깊이 이해할 기회가 없다. 하지만 청중이 특정 단어나 개념에 익숙한지, 얼마나 오랫동안 집중할 수 있는지, 어떻게 정보를 습득하는 것을 좋아하는지 등을 알아두면 도움이 된다. 일과 관련된 자리에서 말할 경우, 주최 측이나 회사 직원과 잠깐 이야기를 나누는 것만으로도 필요한 정보를 상당 부분 얻을 수 있다. 가능하면 인터넷으로 공식 웹사이트에서 어떤 어조를 쓰는지 살피거나, CEO와 경영진이 등장하는 영상을 보고 어떤 말을 했는지 체크해도 좋다.

최근 콘퍼런스나 모임 등 소통해야 하는 행사에 참석했다면 머릿속으로 대화를 재생해 보자. 특수용어를 쓰지는 않았나? 메시지를 전하는 과정에서 내 생각을 찬찬히 잘게 쪼개어 설명했는가?

실전 연습

자주 사용하는 약어, 전문용어, 업계 용어를 떠올려보자. 앞으로 며칠 동안 언제 그 단어가 튀어나오는지 주시하고, 즉석에서 말할 때

> 쓸 수 있게끔 이해하기 쉬운 동의어를 생각해 두자. '하루 동안 전
> 문용어 쓰지 않기'라는 목표를 세우고 실천하는 것도 좋다.

내가 하는 일이나 취미의 특성상 상대에게 복잡한 개념이나 비법을 설명할 수밖에 없다고 반론을 제기할지도 모르겠다. 그럴 때는 어떻게 해야 할까? 즉석에서 말하는 상황을 위해 미리 일련의 이야기를 준비하듯, 현장에서 청중이 아이디어의 본질을 곧장 이해하도록 전략을 마련해 두면 어떨까. 재치 있고 다채로운 비유를 들거나, 화이트보드가 준비되어 있다면 간단한 그림으로 아이디어의 핵심을 묘사해도 좋다.[10] 아이디어를 이해하기 쉬운 기본 개념이나 단계로 쪼갤 수도 있다.

이렇게 메시지를 작은 단위로 나누면 청중이 내용을 잘 이해하는 데 큰 도움이 된다. 메시지를 받아들일 생각이 별로 없는 사람들은 첫머리에 등장하는 정보만 기억하는 경향이 있다. 메시지를 작은 단위로 나누면 시작점도 여러 개가 되므로 더 집중해서 메시지 전반을 기억할 가능성이 커진다.[11]

미리 고려하면 좋을 유용한 전략은 가장 중요한 정보를 맨 처음에 말하는 것이다. 기자들은 이 같은 두괄식 전략을 두고 "실마리를 파묻지 않는다"라고 한다. 핵심 내용을 간결하게 기사 첫머리에 쓰고, 점차 세부적인 내용으로 넘어가라는 것이다. 정보를 이

렇게 정리하면 청중이 주된 메시지에 빨리 집중할 수 있고, 중심 생각을 찾아 세부적인 내용을 뒤지지 않아도 된다(이 장에서 네 개의 규칙을 설명하는 동안 줄곧 두괄식 전략을 썼다는 것을 눈치챈 독자가 있을지도 모르겠다). 회의와 콘퍼런스가 열리기 전에 아이디어를 두괄식으로 전달하는 연습을 해두면 실전에서도 초점을 놓치지 않을 것이다. 참고로 현장에서 '내가 진짜 하고 싶은 말은 무엇일까?'라고 자문하면 생각의 우선순위를 정하는 데 도움이 된다.

초점 맞추기 4 – 간결성 : "왜 저렇게 말이 길어?"
핵심: 짧게 끝내자

아내가 육아서 여러 권을 읽고 나서 세운 신조가 있다. 아이들과 갈등을 빚을 때 아내는 내게 그 신조를 상기시켜 준다. "말은 최소한으로 하라." 아이가 싫어하는 일을 시킬 때, 나는 이유를 설명하고 또 설명한다. 반면 아내는 아이들에게 "7시에 저녁 먹으러 와", "방 청소해" 등 짧은 지시를 내린다. 설명은 거의 하지 않는다. 말을 줄임으로써 아내는 아이가 반론을 제기하고 끝없는 입씨름을 이어갈 틈을 주지 않는다. 갈등 상황은 더 빨리, 효과적으로 해결되고, 집안도 한층 화목해진다.

아내의 방식은 옳았다. 신경과학자 요제프 파비치 또한 메시지를 간결하게 정리하면 상대가 쉽게 받아들인다고 말한다. 뇌의 처리 체계가 일부만 활성화되기 때문이다.[12] 말을 줄이면 상대와 더 잘 소통하고 상대의 주의력을 유지하기 쉽다. 주의력이 급속히 짧아지는 오늘날, 청중은 구구절절한 메시지를 참고 들어줄 인내심이 없다. 그러니 꼭 자문해 보자. 내가 하는 말, 생각, 문장, 단어가 모두 꼭 필요한 내용일까? 명확성과 중요성을 희생하지 않고 더욱 빨리, 효율적으로 전달할 방법이 없을까?

사실 우리가 소통하는 맥락을 활용하면 단어 수를 더욱 줄일 수 있다. 친구와 도서관이나 박물관에 들어가면 친구에게 "목소리를 낮춰야 해"라고 말할 필요가 없다. 당연한 예절이기 때문이다. 마찬가지로 장례식에 갈 때도 말을 가려 하고 정중하게 행동하라고 일행에게 주의를 줄 필요가 없다. 분위기 자체가 이런 사회적 기대를 드러내는 것이다.

일일 만화 〈라임스 위드 오렌지Rhymes with Orange〉를 그린 작가 힐러리 프라이스Hilary Price는 그림의 맥락을 활용해서 대여섯 단어만으로 이야기 전체를 완성한다. 만화에 들어 있는 모든 물체(구름, 수풀, 가구 등)는 메시지를 전하는 데 도움이 되도록 세심하게 구성된다. 단어 하나하나에 의미가 있다. "대사는 최소한만 쓰고, 그림으로 이야기를 전하는 게 목표입니다. 사과를 보여줄 수 있으면 '사과'라고 말할 필요가 없죠."

프라이스는 작업 과정에서 먼저 만화에 긴 글을 써넣고 계속 다듬으면서 군더더기를 덜어나간다. 독자가 직접 내용을 연결 짓도록 최소한의 정보만 전하려고 애쓴다. 프라이스의 만화를 볼 때는 의미 조각을 맞추면서(그의 표현을 빌리면 "모르는 것에서 아는 것으로 옮겨가는 것"이다) 큰 즐거움을 느낄 수 있다. 물론 지나치게 적은 정보를 주는 것은 금물이다. 요는 간결함과 명확성의 최적점에 가닿는 것이다. 프라이스는 정보의 49퍼센트만 전달하고, 독자가 맥락을 바탕으로 나머지를 유추하도록 둔다고 한다. 어떤 사건이 일어나기 직전의 상황을 그려서 간략하게 메시지를 전하기도 한다. 무슨 일이 일어날지 독자가 논리적 결론을 내리도록 두는 것이다. "뭐가 더 우스울까요? 내가 상대에게 물컵을 던지는 순간을 보는 것, 아니면 던지기 직전의 순간을 보는 것?" 답은 당연히 후자다. 직접 물컵을 던지는 모습이나 물컵을 맞은 상대의 반응을 보여줄 필요는 없다. 프라이스의 작품 세계에서 간결성은 유머와 즐거움의 정수다. 맥락을 활용하고 내 의사를 또렷이 전달할 최소한의 정보가 무엇인지 생각해 보고, 더 이상의 말은 아끼자.

어려운 질문을 받았을 때 내가 어떻게 답변하는지 의식하면 장황한 말투를 고칠 수 있다. 《뉴욕타임스》 기자 글렌 크레이먼Glenn Kramon은 글을 소리 내어 읽으면 간략하게 다듬을 부분이 눈에 띈다고 조언한다. 말할 때는 그와 반대로 하면 된다. 회의실이나 줌 미팅에서 누군가 내 말을 녹음하고 있다면, 나중에 녹취록을 분석해 보자(녹음본 자체를 들어도 된다). 목적은 불필요하게 장황한 내 말투의 패턴(문장의 반복, 지나치게 자세한 설명 등)을 파악하는 것이다. 상대에게 질문을 던져달라고 부탁하고 내 즉석 답변을 녹음한 다음 나중에 패턴을 분석해도 좋다. 즉석에서 말할 때, 같은 패턴을 반복하지 않겠다고 다짐하자.

자기분석을 하는 더욱 간단한 방법은 내가 지난주에 보낸 문자 메시지를 읽어보는 것이다. 문자 메시지는 말이 아니라 글의 형태 지만, 자신의 소통 패턴을 보여주는 경우가 많다. 메시지가 필요 이상으로 길거나 장황한가? 상대보다 내 말이 더 길었는가? 눈에 띄는 장황한 패턴은 무엇인가? 다음 주에는 메시지를 더 짧고 적게, 단 더 의미 있게 보내자. 그리고 그런 변화가 남들과의 관계에 어떤 영향을 미치는지 살피자.

'요약 연습'을 하는 것도 도움이 된다. 즉석 토크를 하기 전 내가 전하려는 기본 메시지에 대해 생각하고 140자 한도 내에서 X(구 트위터)에 올리려면 어떻게 할지 고민해 보자. 주기적으로 연습하면 메시지의 초점을 잃지 않고 간결하게 전달하는 능력을 키울 수 있다. 아주 짧은 글을 쓰는 연습을 해도 좋다(믿거나 말거나지만, 고작 여섯 단어로 온전한 이야기를 완성하는 사람도 있다). 또는 총 스무 장의 슬라이드를 장당 20초씩 발표해 보는 것도 좋은 방법이다.[13]

1조 5천억 달러 가치의 기업을 12단어로 표현하기

2023년 말, 구글(현재 사명은 '알파벳'이다)은 세계에서 가장 기업 가치가 높은 기업으로 손꼽히며 시가총액은 1조 5천억 달러에 이른다.[14] 구글은 인터넷 검색, 클라우드 컴퓨팅, 가전, 인공지능, 심지어 양자 컴퓨터에 이르는 수많은 사업을 운영 중이며, 전 세계 수십 국가에 지사를 두고 있다. 엄청난 규모와 복잡한 사업에도 불구하고 구글은 회사의 방향을 단 열두 단어로 요약했다. "구글의 목표는 전 세계의 정보를 체계화해 모두가 편리하게 이용하도록 하는 것입니다.To organize the world's information and make it universally accessible and useful."

이 강령은 누구나 손쉽게 이해할 수 있는 단순한 문장이다. 그러나 이렇게 빈틈없이 핵심만 담긴 문장에 도달하는 과정은 쉽지 않았다. 레이먼드 나스르는 구글의 커뮤니케이션 부장으로 재직하던 2000년대 초반 회사 강령을 다듬는 작업을 맡았다. 매달 한 번씩, 세 시간 동안 회의를 하면서 구글 사업 의도를 정확히 나타낼 방법을 모색했다. 어려운 과제였다. 기업의 정체성을 드러내는 동시에 간략하고 긍정적이고 열정에 바탕을 둔 문장이 필요했다.

"그 문제를 두고 정말 오래, 열심히 작업했습니다. 결국에는 단순히 업무를 처리하는 게 아니라 우리가 만족할 만한 결과물을 내는 게 목표가 되었죠. 얼굴에 핏기가 가시도록 고치고, 고치고, 또 고쳤습니다. 재미있는 일은 못 되었지만, 회사를 사랑하면 그런 일도 하게 되는가 봅니다."[15] 수개월이 흐른 뒤 그들은 마침내 창업주 래리 페이지Larry Page와 세르게이 브린Sergey Brin이 만족할 만한 문구에 도달했다. 그리고 구글은 공식적으로 "구글의 목표는 전 세계의 정보를 체계화해 모두가 편리하게 이용하도록 하는 것입니다"를 회사 강령으로 채택했다. 2024년 현재, 구글은 여전히 자사 웹사이트에 같은 문구를 게재하고 있다.[16]

즉석에서 말할 때 초점을 유지하기란 생각만큼 쉽지 않다. 6강을 다 읽은 뒤에도 과연 가능할지 갈피가 잡히지 않을 수도 있다. 지금까지 이 책에서 다룬 영역을 계발하는 것만으로도 충분히 어렵다. 긴장을 다스리고, 완벽주의를 버리고, 즉석 소통에 접근하는 방식을 재구성하고, 상대의 말을 경청하고, 말을 구조적으로 정리하는 등 이 모든 일을 해내면서 어떻게 초점의 네 가지 특성도 놓치지 않을 수 있을까? 너무 버거워서 초점을 잃지 않으려다가 오히려 초점을 놓치는 건 아닐까?

의미 있는 질문이다. 그리고 그만큼 의미 있는 답변도 준비되어 있다. 바로 천천히 하라는 것이다. 네 가지 특성을 모두 지킨다면 청중의 집중력을 최고조로 올리는 데 도움이 되지만, 모든 조치를 한꺼번에 할 필요는 없다. 한 번에 한 가지 특성에 집중하자. 약간만 주의를 기울여도 훨씬 명확하고 강렬한 메시지를 전할 수 있다.

일반적인 소통, 특히 초점에 '완벽'이란 없다는 사실을 잊지 말

자. 네 가지 초점의 특성에는 모두 과유불급의 원칙이 적용된다. 지나치게 목표 지향적이면 태도가 너무 딱딱해져서 실전에서 마주하는 변화무쌍한 요구에 적절히 대응할 수 없다. 토론에 나선 정치인이 남의 질문에 개의치 않고 자기 말만 늘어놓는다고 생각하면 된다. 한편 말을 다듬는 데 지나친 시간을 투자할 경우, 남들이 듣기에는 따분한 이야기가 될 수도 있다. 이해도를 높이는 데 치우치면 메시지의 수준이 낮아져서 지나치게 단순해질 수도 있다. 너무 간략하게 말하면 맥락을 이해하는 데 필요한 정보나 세부사항이 충분치 않아서 청중이 혼란스러워할 수도 있다.

소통의 네 가지 특성을 염두에 두고 상대의 시선을 중요한 주제로 이끌면, 메시지의 힘은 훨씬 강력해진다. 목표는 상대가 내 말에 귀 기울이도록 하고 공통분모를 만들어내는 것이다. 상대가 그 과정을 더 쉽고, 편안하고, 흥미롭게 여기는가는 나에게 달려 있다. 내 생각을 열어 보이고, 상대의 말을 귀담아듣고, 상대에 대해 더 잘 알수록 우리가 전하려는 메시지는 강력한 울림을 줄 것이다.

1. 지난번 회의를 떠올리고 그 내용을 50단어로 요약해 보자. 다시 25단어로, 또 12단어로 줄이자. 어떤 과정을 거쳐 분량을 줄였는가? 전문용어를 삭제하는 데 집중했는가? 복잡한 부분을 간결하게 표현했는가? 내용의 우선순위는 어떻게 정했는가?

2. 개인적으로 할 말이 많은 주제를 하나 골라 2, 3분가량 발표할 시간이 주어진다면 무슨 말을 할지 생각하고 간략하게 써보자. 이 주제에 관심이 많은 사람들 앞에서 말하는 모습을 상상해 본다. 그런 다음 이 주제를 모르는 사람들 앞에서 처음으로 이야기를 꺼내는 모습을 상상하자. 청중의 다양한 니즈에 맞추어 말할 내용을 어떻게 수정하면 좋을지 고민해 보자. 상황별로 청중의 집중력과 흥미를 돋울 내용과 삭제할 내용은 무엇일까?

3. 일상적으로 하는 일 중 조금 까다로운 일을 하나 떠올려보자. 아이를 재운다든가, 카드를 섞는다든가, 좋아하는 음식을 요리한다든가, 업무 협상을 한다든가 등이다. 이제 그 일을 설명하는 데 어울리는 은유나 비유에 대해 생각해 본다("아이를 재운다는 건 ~와 같죠"). 이제 연습 삼아 거울이나 카메라 앞에서 그 일을 설명하자. 은유나 직유를 활용하면 더 간단하고 짧게 설명할 수 있는지 확인해 본다.

PART
2

실전편

상황별 즉석 대화법

인맥의
기초를 쌓는 대화

5강에서 보았듯 즉석에서 대화를 유창하게 이끌어가려면 구조와 공식을 이해하는 것이 필수적이다. 소통에서 공식은 요리사에게 사전 작업과 유사하다. 미리 시간을 투자해서 조리법(공식)을 고르고, 숙고하고, 재료를 다지고 썰고 정리해 두면 실전에서는 요리를 완성하기만 하면 된다. 물론 어떤 조리법을 고르느냐는 상황에 좌우될 것이다(이를테면 평범한 저녁 식사로 필레미뇽 스테이크를 굽지는 않을 테니까).

PART 2에서는 다양한 상황에서 활용할 수 있는 간단한 '조리법', 즉 할 말을 정리하는 방식을 제시한다. 아울러 최선의 소통을 하는 데 필요한 조언도 함께 담았다. 여기서 정리해 둔 공식을 연습하면 빠르게 생각하고 똑똑하게 말하는 데 큰 힘이 되어줄 것이다.

잡담의 핵심

안면을 트고 잡담을 나누는 것은 즉흥적으로 말하기의 전형이다. 그런데 이런 상황을 떠올리기만 해도 진저리치는 사람들이 꽤 많다. 짧고 가벼운 만남을 시작하고 끝내는 게 생각만 해도 어색하기 때문이다. 재치 있고 흥미로운 사람처럼 보이고 싶지만 즉석에서 쥐어짠 질문과 대답의 끝없는 핑퐁이 힘겹다. 임직원 전체 회의, 학회 뒤풀이, 아이 학교 행사, 가벼운 칵테일 파티, 그 밖의 다양한 모임까지 어디든 마찬가지다. 하지만 이제 부담을 벗어던질 때다. 생각을 바꾸고 구조를 활용하며 구체적인 원칙을 지키면 잡담을 꺼리기는커녕 즐기게 된다.

잡담은 사소해 보이지만 의외로 큰 성과를 올리는 행위다. 첫째, 전에는 몰랐던 공통의 흥미를 찾게 되므로 상대와 새로운 인간관계를 맺을 수 있다.[1] 둘째, 상대와 더 깊은 관계로 나아갈지 판단할 기회를 제공한다. 셋째, 친구나 동료가 높이 평가하는 덕목, 즉 따뜻한 마음씨와 공감 능력을 보여줌으로써 좋은 평판을 쌓고 굳힐 수 있다. 넷째, 주변 사람 중 누가 나와 같은 꿈을 품고 있는지 파악하는 데 도움이 된다. 그러므로 나 자신을 생각해서라도 잡담 앞에서 몸을 사리지 말고 말솜씨를 닦을 방법을 찾아보자. 잡담의 공식에 초점을 맞추면 큰 도움이 된다.

무엇을 말할까

가벼운 즉석 대화를 할 때 나는 5강에서 다룬 '주제-설명-확장' 공식을 즐겨 쓴다. 이 구조는 전반적으로 활용도가 높지만 특히 잡담을 할 때 도움이 된다. 다양한 맥락과 환경에서 내 말의 초점을 놓치지 않고 조리 있게 말할 수 있는 것이다. 게다가 마무리 부분에서 질문을 던져 상대에 대한 공감과 흥미를 보여줄 수 있어서 금상첨화다. 5강에서 공식을 설명했으니 자세한 설명은 접어두고, 여기서는 공식을 잡담에 적용하는 법을 알아보자.

'주제-설명-확장' 공식의 장점은 두 가지다. 첫째, 대화를 시작하거나 이어가고 싶으면 상대에게 아래 세 가지 질문을 던지면서 답을 유도하면 된다. 가령 "오늘 아침 기조연설 어떠셨어요(주제)?" 상대가 대답하면 다음 질문을 던진다. "그 아이디어가 단기적으로는 어떤 도움이 될까요(설명)?" 이렇게 시작된 대화가 예상 밖의 흥미로운 방향으로 흘러간다면 굳이 공식을 따르지 않아도 된다. 하지만 대화의 맥이 끊기는 느낌이라면 세 번째 질문을 하자. "기조연설자가 이따 친목회를 연다는데, 참석하실 건가요(확장)?"

'주제-설명-확장' 공식은 상대가 먼저 말을 걸고 내가 대답할 때도 유용하다. 하이킹 및 아웃도어 컨벤션에 갔는데 즉석에서 친목 모임이 열렸다고 치자. 누군가 내게 다가와서 어떻게 참석하게 되었냐고 묻는다. "아, 오랫동안 하이킹 마니아였거든요(주제). 여기 오니 최신 장비나 용품을 볼 수 있어서 너무 좋습니다. 어디 다치지 않고 장거리 하이킹을 하고 싶어서요(설명). 당신도 야외 활동을 많이 하시나요(확장)?"

'주제-설명-확장' 공식은 대화의 물꼬를 틀 때는 도움이 되지만 잡담을 재미있게 이어가기에는 충분치 않은 경우도 있다. 잡담은 말을 주고받으며 다양한 화제에 대해 이야기하는 것이기 때문이다.[2] 따라서 잡담의 달인이 되려면 듣는 사람과 말하는 사람의 역할 교대에 신경을 써야 한다. 즉석에서 잡담을 잘하고 싶다면 잡담의 황금률을 기억하자. 바로 내가 말할 차례가 돌아오면 '내가 아니라 상대에 대해 이야기해야 한다'는 것이다.

내가 아니라 상대에 대해 이야기하라

상대에게 재치 있고 흥미로운 사람처럼 보이려면 좌중을 휘어잡아야 한다고 믿는 사람들이 많다. 그래서 자신감이 넘친 상태로 대화를 이끌고, 내 이야기만 연달아 늘어놓는다. 물론 상대도 나에 대해 궁금한 부분이 있겠지만, 그래도 자기 이야기를 더 하고 싶을 것이다. 사람은 누구나 남들이 자기 이야기를 귀 기울여 듣고 이해해 주는 것을 좋아하니까. 내 이야기만 늘어놓으면 상대가 그런 기분을 느낄 기회를 뺏는 셈이다. 게다가 자기중심적이고 공감 능력이 떨어지며 거만하고 어쩌면 눈치 없는 사람처럼 보이기 쉽다.

말할 차례가 돌아올 때마다 대화 초점을 내가 아니라 상대에게 맞출 기회가 생긴다고 생각하자. 학계에서는 상대의 말을 뒷받침하는 지원형 대답과 대화를 내 방향으로 끌어오는 전환형 대답을 따로 구분한다.[3] 친구가 짜증 나는 윗집 사람에 대해 불평하면 "그러게 말야. 우리 윗집도 난리라니까. 어젯밤에는 새벽 3시까지 파티를 하더라고." 이렇게 대답하면 상대가 말을 이어가도록 지원하는 대신 대화의 방향이 내 쪽으로 전환된다. 반면 친구의 말을 지원하려면 친구와 공감하고, 윗집 사람의 어떤 행동이 짜증 나는지, 친구가 문제를 어떻게 해결했는지 물어보면 된다.

모든 대화를 상대에게 맞출 필요는 없다. 일정 부분은 초점을 내게 돌려도 괜찮다. 상대도 나에 대해 궁금해할 테고, 나 또한 너무 수줍고 의뭉스럽고 비밀스러운 사람처럼 보이기는 싫을 테니까. 하지만 대화에서 대부분의 실수는 상대 말에 지나치게 전환형 대답을 한다는 데 있다. 상대에 대해 더 알려고 하는 대신, 내 이야기를 할 기회가 왔다고 생각하는 것이다.

다시 말하지만 잡담을 즐겁게 이어가려면 지원형 대답을 하는 데 집중해야 한다. 커뮤니케이션 컨설턴트 레이철 그린월드Rachel Greenwald는 내가 말할 순서가 되었을 때 지원형 대답을 하는 쉽고 효과적인 방법을 보여준다. 상대가 자기 생각이나 일화를 말하면

"어떤 부분이 재미있었어요?", "와, 그래서 어떻게 됐죠?", "그때 기분이 어땠어요?"라고 말하면 된다. 상대에게 깊은 생각과 속내를 털어놓을 여지를 마련해 주는 것이다. 내가 겪은 비슷한 경험을 말하며 내 쪽으로 대화 초점을 전환하는 대신 상대의 말에 지원형 대답을 하는 연습을 할수록 이 과정은 더 쉽고 자연스러워진다.[4]

장모님은 잡담의 달인이었다. 사람들과 가벼운 대화를 나누는 걸 잘하고 또 즐기셨다. "좀 더 말해봐요"라는 말을 자주 쓰셨는데, 내게는 상당히 깊은 인상으로 남아 있다. 우리 집안 사람들은 대화를 하면서 말을 주고받고 능동적으로 경청하는 능력이 그리 뛰어나지 못했다. 서로의 말을 듣지 않고 동시에 말했다. 가장 목소리가 크고 말이 긴 사람의 목소리만 남고 나머지는 묻혔다. 장모님이 "좀 더 말해봐요"라는 말로 기꺼이 상대방에게 무대를 내주고 말할 기회를 넘기는 모습이 어찌나 신선했는지 모른다. 장모님이 그동안 단 세 마디로 얼마나 많은 인간관계를 쌓고, 그간 대화했던 사람들에게서 얼마나 많은 것을 배웠는지 단박에 알 수 있었다. 나도 그 귀감을 따르고 싶었다.

내가 아니라 상대에게 대화 초점을 맞추는 일은 대화의 시작과 마무리에 특히 도움이 된다. 잡담을 시작할 때 "안녕하세요?"라거나 "어떤 일 하세요?" 등 포괄적이거나 흔한 말로 말문을 여는 건 그다지 좋은 방법이 아니다. 대화의 시작은 상대와 상대의 관점에 대한 호기심을 드러낼 기회라 생각해야 한다. "파란 셔츠를 입은 분들이 정말 많네요!"라든가 "이 건물은 온통 창문이군요!" 등 상황과 주변에 관한 감상을 이야기해도 효과적이다. 목표는 대화 시작부터 라포를 형성하고 관계를 쌓는 것이다. 그러려면 현장에서 상대와 함께 나누는 경험에 대한 관심을 드러내야 한다. 사람들과 잡담을 할 일이 있다면 입을 열기 전에 따뜻한 마음과 호기심을 보여주며 대화를 시작할 방법을 한두 가지 미리 생각해 두자.

상대가 먼저 잡담을 시작하는 흔한 질문을 던졌다면, 휴리스틱을 따라 곧장 대답하지 말자. 그러면 소위 "안녕하세요"의 도돌이표에 빠지기 쉽다(A가 "안녕하세요?"라고 말하면 B가 "네, 안녕하세요?"라고 말하고 대화가 끝나버린다. 그다지 흥미로운 대화는 못 된다). 그보다는 꼬리 질문을 부르는 방식으로 대답해 보자. 나와 내 관심사에 대한 약간의 정보를 주는 것이다. 상대가 "안녕하세요?"라고 물으면 "네, 오늘은 정말 기분 좋네요. 아침에 러닝 최고 속도를 찍었거든요"처럼 정보를 주는 식이다. 그러면 상대가 뒤이어 질문할 수 있다. 이후 상대의 꼬리 질문에 대답하고 즉시 상대에 대한 질문을 던진 다음, 지원형 대답으로 대화를 이어가자.

상대를 존중하는 느낌을 주면서 대화를 쉽게 끝내는 방법도 알아두어야 한다. 사람들은 대부분 자신의 용무에 초점을 맞추어 대화를 끝낸다. "죄송해요, 마실 걸 좀 가져와야겠어요"라든가 "실례지만 화장실에 다녀오겠습니다"라고 말하는 식이다. 하지만 그런

월드는 자리를 떠야 한다는 것을 알리고 이유를 밝히되, 상대의 말을 경청했고 대화를 즐겼다는 것을 보여주는 마지막 질문을 던져 상대에 대한 호감을 표현하도록 조언한다. "이제 뷔페에서 먹을 걸 좀 가져와야 할 것 같은데, 말씀 나눠서 정말 즐거웠습니다. 그런데 아까 말씀하신 마라케시 여행에 대해 하나만 여쭤볼게요. 가보신 식당 중에 어디가 제일 괜찮던가요?"[5]

그린월드는 이 방식을 '백기 접근법'이라 한다. 자동차 경주에서 심판장은 경주의 마지막 바퀴를 알리는 신호로 흰색 깃발을 흔든다. 이 방식을 사용하면 잡담을 끝낼 때도 상대에게 내가 잘 경청했고 대화가 즐거웠다는 느낌을 주면서 근사하게 마무리할 수 있다. 장모님은 우아하고 정중하게 잡담을 마무리짓곤 하셨다. "몰랐던 걸 많이 알려줘서 고마워요. 많이 배웠네요. 이제 일어나 봐야 되는데, 하나만 더 여쭤볼게요…."

일 관련 행사에서 상대가 최근 이사를 갔다고 말한다면, 이렇게 잡담을 풀어가면 어떨까. "그 동네는 어디가 마음에 드셨어요?" 마무리는 이렇게 해도 좋다. "정말 좋은 동네인 것 같네요. 이사하시게 되어 다행이에요. 저기 동기들이 와서 잠깐 인사를 해야 하는데… 몰랐던 걸 많이 알려주셔서 감사해요. 말씀 나눠서 즐거웠습니다."

'주제-설명-확장' 공식과 잡담의 황금률은 잡담의 기본이다. 두 가지를 연습하는 동시에 다음 비결에 주목해서 성과를 한층 높여보자.

잡담의 비결 1: 나를 적당히 열어 보이자

상대방에 초점을 맞춰 대화하는 것도 물론 중요하지만, 내 정보도 얼마간 공개해야 한다. 그린월드는 지원형 대 전환형 대답의 비율을 3 대 1로 맞추도록 조언한다. 상대가 물어보면 나에 관한 의미 있고 구체적인 답을 내놓아야 한다.

상대가 좀 더 깊은 감정이나 개인적인 걱정거리를 건드려도 움츠릴 필요 없다. 처음 보는 사람과 지인에게 마음속 이야기를 하는 게 어색할 수도 있지만, 연구 결과에 따르면 피상적 대화보다는 깊은 대화를 나누는 편이 더 만족스러운 경험과 의미 있는 소통으로 이어진다고 한다.

사람들은 쌍방향 정보 교환이 이루어지는 대화에서 가장 큰 만족감을 느낀다. 잡담을 심리 상담의 대체재로 여기는 건 금물이지만, 그렇다고 해서 모든 초점을 상대에게만 맞추고 내 속은 전혀 드러내지 않아 상대가 심문당하는 것처럼 느끼는 일도 없어야 한다. 사람들은 내가 상대의 말을 공감하며 경청한다는 확신을 갖는 동시에 나에 대해서도 잘 알고 싶어 하는 법이다.

잡담의 비결 2: 상대를 곤란하게 하지 말자

아까 말했듯 상대에 관해 대화를 이어가려면 계속 질문을 던지게 된다. 하지만 상대를 곤란하게 하거나 반감을 사지 않는 방향으로 질문하도록 주의해야 한다. 예를 들어, "지금 회사에 입사하신 지 얼마나 됐나요?"라고 대놓고 물어보면 마치 입사 면접관에게 심문받는 듯한 느낌을 줄 수 있다. 그보다는 긍정적 화제로 이어질 열린 질문을 하자. "평소 자주 즐기는 취미가 있으세요?"

열린 질문을 할 때는 상대가 대화를 어디로 끌고 갈지 알 수 없기에 통제권을 어느 정도 포기할 수밖에 없다. 그렇기 때문에 열린 질문은 중요하다. 상대에게 대화를 함께 끌어갈 기회를 주기 때문이다. 당신도 앞으로 실감하겠지만 함께 이끄는 대화야말로 모두에게 더 유익하고 즐거운 대화다.

잘 모르는 사람들에 둘러싸여 있다면 상대의 성격을 제대로 파악할 때까지 분위기를 읽고 할 말을 다듬어야 한다. 내가 풍자를 유머로 받아들인다 해서 상대도 마찬가지인 것은 아니다. 상대를 막 알아가는 단계인 대화 초기에는 부드럽고 따뜻한 말로 시작하자. 상대가 하는 말로 미루어볼 때 풍자나 신랄한 표현을 좋아할 성싶다면 그 방향으로 나아가도 좋지만, 일단 세심한 표현으로 예상한 반응이 돌아오는지 잘 살피자.

부정적인 말은 부메랑처럼 돌아와 내 호감도를 떨어뜨릴 수 있다. 라포를 형성하고 따스하며 공감하는 이미지를 구축하고 싶다면 부정적인 말은 금물이다. 비난하는 어조가 대화에 어울릴 것 같다면, 가볍게 자조하는 정도로 끝내자. 그 편이 안전하고 남들도 좋게 봐주기 때문이다. 코미디언은 종종 자조적인 유머로 청중의 마음을 사로잡는데, 당신도 충분히 할 수 있다. "오래 기다리게 하고서 이렇게 맛없는 음식을 내다니 어이가 없군"보다는 "맛있는 파스타 소스를 완성하려고 애쓰는 사람이 나 말고도 또 있나 봐"라고 말하는 건 어떨까.

잡담의 비결 3: 팀플레이를 하자

잡담이 상대와 나 사이의 경쟁이라 생각하는 사람들을 자주 본다. 상대가 네트를 넘어 공을 날리면 땅에 두 번 튀기기 전에 맞받아쳐야 하는 게임처럼 여기는 것이다. 마치 다들 '이 자리에서 가장 매력적인 사람'이라는 상을 받으려고 애쓰는 것 같다. 하지만 잡담을 보는 다른 관점이 있다. 모두 힘을 합쳐 긍정적 결과를 도출하는 팀 경기로 이해하는 것이다. 이것이야말로 '공 띄우기식 잡담'의 철학이다. 공 띄우기 게임을 할 때는 다들 힘을 합쳐 공을 공중에 띄우고, 공이 바닥에 떨어지면 모두 진다.

당연한 말이지만 인간관계를 쌓는 데 도움이 되는 것은 두 번째 관점이다. 단, 잡담이 팀 경기라면 나도 내 역할을 다해야 한다. 교대할 때는 상대가 더 쉽게 플레이할 수 있도록 노력해야 하는 것이다. 화제를 전환한다는 신호를 주고, 상대에게 대화의 논리와 흐름을 상기시키는 것이 좋다.

그러려면 상대가 방금 한 말을 환언하면서 대화를 시작하면 된다. 상대방이 이 도시에 이사온 지 얼마 되지 않았고, 이런저런 부분이 마음에 든다고 말했다 치자. 그러면 이렇게 대답하면 된다. "볼티모어에 살다가 이쪽으로 이사오셨다고요? 이곳이 잘 맞으신다니 다행이네요. 처음에 어떤 부분이 가장 마음에 드셨나요?" 화제나 아이디어 전환에 도움이 되게끔 질문으로 말을 맺는 것도 좋다. 얼마 전에 신규 고객을 유치한 일에 관해 말하게 된다면 이렇게 대화를 이어가보자. "저희 쪽 좋은 소식은 이 정도로 말씀드리고, 선생님은 요즘 뭔가 좋은 일이 없으신가요?"

잡담의 비결 4: 너무 빨리 자리를 뜨지 말자

선택지가 지나치게 많은 멀티태스킹의 시대여서인지 잡담에 오래 집중하지 못하는 사람들이 많다. 행사장 반대편을 건너다 보며 '저기서 오가는 얘기를 못 들어서 어떡하지' 하고 걱정할 정도다. 다른 사람과 더 유익하고 생산적인 시간을 보낼 기회를 놓치는 건 아닐까 우려하는 것이다. 이런 감정에 휘말린 나머지 너무 빨리 자리를 떠서 상대에게 무례를 저지르기도 한다. 기회주의자처럼 한창 진행 중인 대화를 갑자기 끊고 자리를 뜨면 새로운 소식을 듣지도, 인맥을 쌓지도 못한다.

솔직히 말해 나 또한 너무 빨리 자리를 뜨는 사람들 중 하나였다. 잡담을 할 때 나의 가장 큰 단점은 대화에 몰입하지 못한다는 것이다. 나는 종종 다른 사람과 더 재미있는 대화를 나눌 기회를 놓칠까 봐 걱정하면서 산만하게 주변을 둘러본다. 공식에 따른 답변을 서둘러 내놓고는 형식적인 핑계를 웅얼거리며 자리를 뜬다. 몇 번 그러다 보면 기진맥진한 상태로 행사장을 나서게 된다. 재미있는 대화를 나눌 기회를 놓칠까 봐 여기저기 기웃거리는 데 시간을 낭비하고, 어떤 사람과도 의미 있는 관계를 쌓기에 충분한 시간을 보내지 못한 것이다.

조급한 기분이 든다면 우선 자리를 뜨고픈 충동을 꾹 누르자. 그리고 다시 눈앞의 대화에 집중하고 귀를 기울이자. 피차 긴장이 풀리고 흥미로운 대화가 시작되려면 몇 분은 걸린다는 사실을 되새기자. 내가 마주친 사람들의 중요한 점을 하나씩 기억해 두거나, 새로운 사람을 만날 때마다 특정 화제에 대한 생각을 묻는 등 자리를 지키기 위한 나만의 목표를 세워도 좋다.

아무리 애써도 너무 빨리 대화에서 몸을 빼버리면 어떤 유익한 대화가 이어졌을지 알 수 없다. 그러므로 마음을 편안히 갖고, 집중하고, 대화가 자연스럽게 흘러가도록 두는 편이 훨씬 낫다. 피곤해지거나 대화를 이어가느라 진이 빠진다는 느낌이 들면, 그때 자리를 떠도 늦지 않다.

잡담의 비결 5: 복기, 질문, 환언을 이용하자

요즘은 공적 담론이 지나치게 양극화되고 과열된 나머지 자칫 선을 넘으면 엄청난 비판을 받기 쉽다. 잡담의 목표는 인맥을 쌓고 친해지는 것이라는 사실을 상기하자. 평화로운 분위기를 유지하기 위해 내 생각 따윈 묻어두어야 한다는 말이 아니다. 상대와 나누는 대화가 라포를 쌓고 공통점을 찾을 기회라 여기면 된다.

우선 잡담을 시작할 때는 상대의 관점이 어떨지 속단하지 말자. 새로운 화제를 꺼내거나 끼어들기 전에 상대가 하는 말을 잘 듣고, 요지를 파악하고, 상세한 이야기를 듣고, 목소리 톤을 눈여겨보자. 그리고 내 관점을 이야기할 때는 대놓고 입장을 표명하는 대신(이 경우 즉각 반발을 살 수도 있다) 포괄적인 질문을 던진 다음 분위기를 살피자. 친구가 연 모임에 갔는데 대화가 정치 쪽으로 흘러간다고 치자. 특정 후보나 이슈에 대한 내 입장을 밝히면서 말문을 열기보다는 남들의 말을 먼저 듣고 관찰하는 편이 낫다. 상대에 대한 정보를 모을 수 있고, 상대가 받아들이기 쉽게 내 생각을 피력할 방법을 전략적으로 계획할 수 있기 때문이다.

환언도 도움이 된다. "~에 대해 어떻게 생각하시는지 좀 더 말씀해 주세요"처럼 열린 질문을 한 다음 상대의 말을 부연하면 상대에게 내 신념을 강요하지 않고도 대화를 이어나갈 수 있다. 그렇게 하면 상대가 왜 그런 시각을 지녔는지 이해할 기회가 생기고, 나아가 모두의 감정적 온도를 적당하게 유지하면서 그 의견에 찬성하거나 반론을 제기할 수 있게 된다.

예컨대 당신이 한 프로 스포츠 팀의 마스코트를 정치적으로 올바른 방향으로 변경해야 한다고 주장하고, 상대는 격렬히 반대하는 입장이라고 치자. "와, 어떻게 그런 생각을 할 수 있죠? 이 팀 마스코트는 완전히 부적절하다고요"라고 소리치고 싶을 수도 있다. 하지만 현실에서 이런 말로 상대의 생각을 바꿀 가능성은 낮다. 그보다는 흥분을 낮추고 양쪽의 시각을 요약해서 호기심을 자극해 보면 어떨까. "선수가 심판의 결정에 항상 동의하는 건 아니듯이, 우리도 견해의 차이가 있나 보군요."

실전에서 복기, 질문, 환언을 활용하면 잡담이 매끄럽게 흘러가고 피차 기분이 상할까 봐 긴장하는 경우도 줄어든다. 연구에 따르면 내게 반하는 의견에 열린 모습을 보여줄수록 소통하고, 배우고, 대화 중의 갈등을 피할 확률이 높아진다. 일리 있는 말이다. 상대가 마음을 열고 내 말에 귀 기울인 만큼 나를 존중한다면, 나 또한 상대에게 벌컥 화를 내지는 않을 테니까. 상대를 이해한다고 말하고, 공통분모를 언급하고, 내 주장을 완화하고 더 긍정적인 말을 하면 학계에서 말하는 '대화 포용성'이 부각된다. 그 과정에서 상대가 점차 방어태세를 낮추면 더 즐겁고 생산적인 대화를 나눌 수 있다.[6] 내가 진심으로 상대의 말을 들을 생각이라는 것을 확실히 밝히면서 말을 시작하면 상대도 내 시각을 진지하게 고려할 것이다.

실전 응용

잡담의 황금률을 머릿속에 새기고, 내가 말할 차례가 되었을 때 구체적으로 어떻게 말을 이을지 생각해 보자.

시나리오 1

먼 도시에서 열리는 결혼식에 참석해서 모르는 사람과 인사를 나누고 있다. 상대가 나더러 어디 출신인지 묻는다.

> 예) "전 원래 오마하 도시에서 살았는데 남쪽으로 내려와서 텍사스주 휴스턴에 자리를 잡았답니다(주제). 직장 때문에 옮긴 거긴 한데, 살아 보니 스포츠랑 맛집의 도시더라고요(설명). 혹시 텍사스에 와보신 적이 있나요(확장)?"

보다시피 따분하거나 진부하지 않은 방식으로 자기소개를 했다. 동시에 초점을 내게 맞추는 대신 이어지는 질문을 던져서 상대가 말할 여지를 주었다.

시나리오 2

업무와 관련한 전국 규모 컨벤션에서 열리는 친목 모임에 참석했다. 다양한 지역과 기업 출신의 낯선 사람들과 잘 어울리고 싶다.

예) "저는 맷 에이브러햄스라고 해요. 캘리포니아주 실리콘밸리 출신이에요(주제). 오늘 발표가 무척 기대되네요. 발표자의 팟캐스트를 여러 번 들었거든요(설명). 오늘 발표에 어떻게 관심을 갖게 되셨어요?(확장)"

위 답변에서 마지막 질문은 공통분모를 찾기 위한 것이다. 상대의 반응을 이끌어내면 대화 초점을 상대에게 맞출 수 있다. 나 자신에 대해 좀 더 드러내고 싶다면 주제와 설명 부분에 내용을 추가해도 된다. 출신지를 밝히면서 실리콘밸리에 대한 자조적 농담을 하는 것도 한 방법이다. 강연자가 진행했던 팟캐스트 중 특히 마음에 들었던 것 몇 가지를 짧게 언급해도 좋다. 조금만 자세히 말해도 상대의 관심과 반응을 끌어낼 확률이 높아진다.

시나리오 3

명절 가족 모임에 갔는데 고모할머니의 이웃이 찾아와서 나란히 앉게 되었다. 대화를 시도해 봤지만 초면이어서 어색하고 무거운 침묵이 이어진다. 우연히 둘 다 옥수수 요리를 먹고 있다.

예) "와, 옥수수 엄청 맛있는데요(주제). 항상 새로운 방식으로 요리해 보려고 하는데… 끓이고 굽는 것도 좋지만 색다른 것도 괜찮잖아요(설명). 명절 음식 어떤 거 좋아하세요(확장)?"

이런 식으로 상대도 의견이 있을 만한 주제에 대해 질문을 던져서 대답을 이끌어내면 상대와 이 시간을 공유할 수 있다. 일단 상대가 대답하고 나면 이어지는 대화는 좀 더 쉽다. 상대에 대해 새로이 알게 된 내용을 바탕으로 다른 질문을 던질 수도 있다.

마무리

이 장을 쓰려고 생각을 정리하는 동안, 나는 흥미로운 경험을 통해 각 개념을 더 뚜렷이 파악하게 되었다. 항암 환자를 위한 모금 행사 만찬에 참석했는데, 처음에 주최 측이 안내해 준 테이블에서는 말 그대로 잡담이 꽃을 피웠다. 식탁에 둘러앉은 사람들 여덟 명과 나는 서로 장단을 맞추며 즐겁게 수다를 떨었다. 암과 관련된 개인적 경험, 사는 곳, 아이들이 다니는 학교에 관한 대화가 오갔다. 다들 웃음을 터뜨리고, 편안히 걸터앉고, 고개를 끄덕이고 미소지었다. 고작 30분 만에 나는 세 사람과 링크드인Linked in 일촌을 맺고 한 사람과는 커피 약속을 잡았다. 행사가 끝난 뒤에도 이어질 인맥을 쌓은 것이다.

그런데 주최 측 인사가 다가와 내 어깨에 손을 얹으며 말했다. 몇몇 손님이 불참했는데 옆 테이블에 자리가 많이 비었다면서 혹시 자리를 바꿔 앉아도 괜찮겠느냐는 것이었다. 나는 고개를 끄덕이고는 새 테이블로 옮겨갔다. 실망스럽게도 두 번째 테이블의 분위기는 이전 테이블과는 사뭇 달랐다. 손님들은 말이 없었고 서로 시선을 피했으며 연회장만 휘휘 둘러보고 있었다.

누군가 말문을 열면 잠깐 피상적인 대화가 몇 마디 이어지다가 곧 끝났다. 다들 "올여름에 뭐 하셨어요?"처럼 진부하고 일반적인 질문을 던졌다. 상대도 전환형 대답을 하는 바람에 대화는 도통 이어질 기미가 보이지 않았다.

나는 당시 잡담이라는 주제에 골몰하고 있었으므로 대담하게 내 테크닉을 활용해서 사람들을 도와야겠다고 마음먹었다. 마침 한 손님이 여름에 하와이 여행을 다녀왔다고 말했다. 상대는 "아, 그러셨어요. 저희는 코스타리카에 다녀왔어요"라고 대답했다. 또 한 번 설익은 대화로 이어질 수밖에 없는 답변이었다. 나는 끼어들어 상황을 개선할 기회를 포착하고 방금 말한 사람에게 말을 건넸다. "아, 그래요? 저희 부부도 코스타리카로 신혼여행을 다녀왔답니다. 여기저기 돌아다녔는데 정말 아름답더라고요. 그중에서도 구름숲 보호구역이랑 케찰 새는 최고였죠. 어느 지역에 다녀오셨어요? 어디가 제일 멋지던가요?" 손님이 대답을 하자 나는 새가 다시 화제에 오르도록 지원형 대답을 했다. 그러자 다른 손님이 대머리독수리를 보러 여행을 갔던 이야기를 보탰다.

단 10여 분만에 대화가 자연스럽게 흘러갔다. 첫 테이블처럼 활기차고 흥미진진한 대화는 아니었지만 그래도 즐거웠다. 손님들은 점차 웃으며 몸을 앞으로 내밀었다. 한 손님은 링크드인 일촌을 맺어도 되느냐고 물었다. 다른 손님 두 명은 서로 연락처를 주고받았다.

지금까지 즉석 커뮤니케이션 기술을 쌓으면 어떤 성과를 올릴 수 있는지 알아보았다. 약간만 노력을 기울이면 어딜 가든 내 앞가림을 잘하고 나아가 행복, 소통, 협력 관계를 쌓을 수 있다. 사람들이 주변 사람에게 마음을 열고 또 배우도록 이끄는 것이다. 기존의 습관을 버리고, 유용하고 구조적인 대화 방식을 실천하면 잡담이 지닌 엄청난 긍정적 효과를 누릴 수 있다. 더는 사교 모임에서 골머리를 썩이는 일이 없도록 당장 연습을 하자.

훈련 2 축사, 건배사, 헌사, 소개말

마음을 울리는 말은
따로 있다

축사, 건배사, 헌사, 소개말의 핵심

축사, 건배사, 헌사, 소개말은 흔히 보는 즉석에서 말하기의 유형이다. 살다 보면 신제품 출시, 토크쇼 패널 활동, 결혼식, 성인식, 장례식, 오찬 등 다양한 순간을 기념하고, 업적을 축하하고, 남을 소개하기 위해 목소리를 내야 할 때가 있다. 이때 사람들은 거의 대부분 반사적으로 남이 나를 어떻게 볼지 의식한다. 하지만 이런 상황에서 '나'는 전혀 중요치 않다. 헌사나 소개말을 하기 위해 남 앞에 설 때는 내가 아니라 (사람, 팀, 조직을 막론하고) 그날의 주인공에 대해 의미 있는 말을 하는 것이 가장 중요하다.

내 걱정과 욕구에 매몰되는 버릇을 고치려면 축사, 건배사, 헌사, 소개말을 청중과 주인공(사람 또는 조직)에게 보내는 선물이라 생각해야 한다. 선물을 할 때는 상대가 구체적으로 어떤 것을 좋아하고 또 무엇이 필요할지 고민하게 마련이다. 말로 하는 선물도 마찬가지다. 선물을 받는 사람에 집중하면 선물을 멋지게 포장하고 제대로 전할 방법에 관해 고민하게 된다. 상대가 내 선물을 거리낌 없이 받고, 내가 보내는 말의 선물을 음미하고 기억하길 바라기 때문이다. 헌사의 공식을 이용하면 축사, 건배사, 헌사, 소개말을 일관되고 명확하고 간결하게 전달해서 주인공에게 뿌듯한 기쁨을 선사할 수 있을 것이다.

축사, 건배사, 헌사, 소개말의 가치

축하의 말은 종종 의무적인 필요악인 것처럼 느껴지지만 실은 여러 중요한 역할을 한다. 우선 내게 의미가 있는 사람, 팀, 조직의 성과를 소개하고 기념하는 과정에서 내 존경심, 관심, 친분, 이해심을 보여줄 수 있다. 또한 청중에 초점을 맞추고 뒤이어 말할 사람들에 대한 기대감을 조성해서 행사 전반의 분위기를 결정지을 수도 있다. 주인공과 더 끈끈한 관계를 다지고 청중의 호응을 이끌어내며 친근감을 끌어올리는 것도 가능하다. 길을 잃지 않도록 지탱해 줄 공식이 있으면 생각보다 쉽게 축하의 말을 할 수 있을 것이다.

무엇을 말할까

축사나 기념사를 해달라는 부탁을 받았다면 '모임의 이유-자기소개-교훈 또는 일화-감사와 덕담'의 네 부분으로 이루어진 공식을 활용하자.

- 모임의 이유 : (팀의 성과를 축하하거나 고인의 삶을 기리는 등) 모임의 이유를 밝힌다.
- 자기소개 : 내가 누구이며 왜 발언하게 되었는지 알린다.
- 교훈 또는 일화 : 기념사의 주인공인 인물, 집단, 행사에 관한 이야기나 교훈을 소개한다. 적절하고 간결하며 공감대가 형성되게끔 말하면 된다.
- 감사와 덕담 : 기념사의 주인공인 인물, 집단, 행사에 감사를 표하고 덕담을 전한다.

이제 각 단계를 좀 더 자세히 살펴보자.

1단계: 모임의 이유

우선 행사의 목적을 밝힌다. 그러면 청중의 시선을 모으고 앞으로 이어질 내용에 기대감을 심어준다. 행사 성격을 정의하는 과정에서 감정을 표현하고, 행사의 중요성을 시사하고, 기념사의 주인공에게 시선을 돌릴 수도 있다.

> 예) "샨드라 씨는 지금까지 많은 업적을 쌓아왔습니다. 음반
> 을 내고 브로드웨이 무대에 선, 그가 이뤄낸 놀라운 커리어와
> 음악계에 대한 이야기를 오늘 직접 들을 수 있어 크게 기대됩
> 니다."

> "오늘 결혼식은 사려 깊고 특별한 제 친구 두 사람이 부부의
> 연을 맺는 자리입니다."

2단계: 자기소개

청중은 내가 누구인지, 이 모임에서 어떤 역할을 하는지 잘 모
를 수도 있다. 그러므로 주인공과 내가 어떤 관계인지 잠깐 소개
하는 것이 바람직하다. 주인공에 대한 이야기나 농담을 끼워 넣을
수도 있다.

> 예) "저는 줄리아드 음대에서 샨드라 씨와 6개월간 함께 수학
> 했고, 94년에는 공동 음반을 녹음했습니다."

> "10년이 넘도록 신랑 신부를 가까이서 지켜보았고, 두 사람을
> 소개시켜 준 것도 바로 접니다. 다름 아닌 〈스타트렉〉 행사에

서였죠. 클링온과 로뮬란(〈스타트렉〉에서 서로 적대 관계인 우주 종족-옮긴이)이 사랑에 빠져 결혼할 줄 누가 알았겠습니까?"

3단계: 교훈 또는 일화

이제 유머, 감정, 교훈이 담긴 흥미로운 이야기를 풀어놓을 차례다. 책 앞부분에서 소개한 조언을 참고해서 이야기를 구조적으로 정리하고, 수위를 적절하게 다듬고, 명확한 초점을 잡고, 너무 길게 끌지 말자. 몇 분 정도면 충분하다.

예) "수백 번은 들은 재즈 스탠더드 곡에 새로운 생명을 불어넣는 샨드라 씨의 모습은 언제 봐도 경이롭습니다. 샨드라 씨에게 많이 배웠지만 그중에서도 가장 중요한 것은 진정한 지성이 담기고 가슴으로 부른 명곡은 사람을 순식간에 황홀하게 해준다는 사실이겠죠."

"처음 만났을 때는 엔터프라이즈 호에 트리블(〈스타트렉〉에 등장하는 동물-옮긴이)을 몇 마리나 태울 수 있을지 논란을 벌이더군요. 그러더니 별 재미가 없었는지 두 사람 다 얼른 집에 가려고 저한테 핑계를 대달라고 부탁하지 뭡니까. 그때 제가 그 말을 흘려들었으니 다행이죠!"

4단계: 감사와 덕담

청중과(또는) 주인공에게 감사의 말을 하면서 마무리하자. 여기서도 주인공에 대한 내용을 더 추가할 수 있다.

예) "멋진 친구이자 동료 뮤지션인 샨드라 씨에게 감사의 말을 전하고 싶습니다. 여러분도 샨드라 씨에게 많은 것을 배우실 겁니다. 그래미상 수상 2회에 빛나는 샨드라 델라코르테 씨를 소개하겠습니다. 박수로 환영해 주십시오."

(신랑 신부를 보며) "나뿐만 아니라 여기 모인 모든 분에게 소중한 존재가 되어주어서 고맙다는 말을 하고 싶어. 새로운 인생을 멋지게 열어가길 기원할게!"

어떻게 말할까

누구나 한 번쯤 부적절한 축사. 건배사, 헌사, 소개말 때문에 괴로웠던 적이 있을 것이다. 자칫하면 분위기에 찬물을 끼얹을 뿐만 아니라 참석한 모든 사람의 평판에 흠집을 낼 수 있다. 내가 하는 말을 남들이 항상 긍정적으로 받아들일 거라 기대할 수는 없다. 그래도 다음 지침을 따르면 내 메시지가 바람대로 긍정적인 효과를 낼 확률을 높일 수 있다.

비결 1: 핵심만 간단하게 말하자

긴 축사, 건배사, 헌사, 소개말은 좋지 않다. 너무 많은 내용을 담으려다 보면 말의 힘이 떨어진다. 나 말고도 축사를 하는 사람이 많다면, 행사 전체의 맥락에서 내 메시지를 검토해 보자. 말이 늘어지고, 초점을 잃고, 너무 포괄적이고, 중언부언하는 축사를 잇달아 들으면 청중은 엉덩이를 들썩이게 된다. 헌사가 너무 짧았다고 불평하는 소리는 지금까지 들어보지 못했다. 좋은 헌사는 헌사의 주인공이 특별한 까닭을 간단명료하고 인상 깊게 전달하고, 그 외의 군더더기는 모두 생략하는 법이다.

비결 2: 격한 감정에 대비하자

축사, 건배사, 헌사, 소개말은 격한 감정을 불러일으키는 경우가 많다. 결혼식, 졸업식, 성년식 같은 기쁜 일이든 이혼, 상, 은퇴처럼 슬픈 일이든 울컥 감정이 솟구치는 것이다. 현장에서 감정이 북받치면 어떻게 할지 미리 생각해 보자. 감정을 추스를 수 없을 성싶으면 미리 대책을 세워야 한다. 필요할 경우 개입해 달라고 주변에 부탁하거나, 마무리 부분으로 건너뛸 준비를 해두는 것이다. 종이나 휴대폰에 미리 메모해 둔 말을 그대로 읽고 싶겠지만, 그렇게 하면 감정이 북받칠 때는 오히려 상황이 악화될 수 있다. 게다가 산만해지기 쉽고 청중과의 공감대가 끊어지기도 한다.

청중의 감정 상태를 고려해 최대한 말을 다듬어야 한다. 예컨대 결혼식에 참석해서 부부에게 애정이 담긴 말을 한다면 다음 사항을 고려해야 한다. '내가 말하려는 일화에 애정 외의 다른 감정이 섞여 있는 것은 아닐까?', '청중 일부가 불쾌해할지도 모를 자극적인 유머를 끼워 넣어도 될까?', '주인공과 나의 관계와 참석자의 다양한 유형을 고려했을 때, 공적으로 감정을 드러내기에 적절한 방법은 무엇일까?'

신제품 출시를 축하하는 행사의 청중은 대개 프로젝트를 맡은 팀장이 임원급보다 더 격한 감정을 드러낼 거라 예상한다. 임원보다는 팀장이 실무를 맡은 사람들과 훨씬 더 밀접하게 얽혀 있기 때문이다. 임원이 지나친 감동을 표현하면 진실성이 없거나 약간 생뚱맞아 보일 수도 있다. 내가 주인공에게 어떤 의미인지, 청중이 내게 어떤 모습을 기대하는지 잠깐 생각해 보고 선을 넘지 않도록 주의하자.

비결 3: 초점은 내가 아닌 주인공에게 맞추자

주인공에 관한 이야기를 할 때 나 자신이나 내가 개입한 부분에 대한 이야기를 시시콜콜 늘어놓지 말자. 내 생각을 지나치게 피력하는 것은 금물이다. 말에 '저'나 '나'가 자주 등장하는지 확인해 보고, 만약 그렇다면 다시 주인공에게 초점을 맞추자.

비결 4: 일화는 이해하기 쉽고 적절한 것으로 고르자

청중이 '나만 못 알아듣는 건가?'라고 생각하는 일이 없도록 주의하자. 청중 한두 사람만 알아들을 수 있는 이야기는 피해야 한다. 또 이야기의 내용이 적절한지, 듣는 상대를 감안할 때 지나치게 험한 표현을 쓰진 않았는지 살펴보자. 전문용어나 약어를 꼭 써야 한다면, 간략하게 용어 설명을 곁들이는 것이 바람직하다.

비결 5: 공통분모에 집중하자

세상은 점점 양극화되고 있으며, 많은 이들이 강한 신념을 갖고 있다. 기존의 인간관계를 다지고 새로운 인맥을 쌓는 것이 목표라면, 누군가를 치하하는 공적 인사말은 공통분모를 찾을 좋은 기회가 된다. 이때 내 가치관을 꺾지 않으면서도 듣는 이들이 모두 공감할 만한 말을 해야 한다. 쉽지 않을 것 같지만, 내 경험상 열심히 찾아보면 대개 공통분모를 발견한다.

팀의 성공적인 합병을 축하하는 자리에서 인사말을 해야 한다고 치자. 상대 팀장의 접근 방식과 정치적 신념이 나와 정반대라면, 팀장의 개인적 가치관이 아니라 팀이 회사의 가치에 이바지한 부분에 관해 말하는 것이 좋다. 이 자리는 팀장의 접근 방식이나 신념을 비판하기에 적절한 자리가 아니다. 도저히 말을 참을 수 없거나 자신이 가식적으로 느껴진다면 다른 사람에게 마이크를 넘기는 편이 낫다. 하지만 가능하면 이 기회를 이용해서 함께 추구해야 할 회사의 가치와 우선순위를 되새겨 보자. 앞으로 상대 팀장이나 팀과 더 친근하고 솔직한 대화를 나눌 창구가 열릴지도 모른다.

비결 6: 다음 타자를 위해 배려하자

(다음 강연자, 내가 소개하는 사람 등) 뒤이어 말할 사람의 개막 전 공연을 하고 있다고 생각하고 그 사람들이 성공하도록 길을 닦는 데 최선을 다하자. 다음 발언자가 매끄럽게 때맞추어 이륙하도록 돕기 때문에 나는 축사나 소개말은 '활주로 정리'와 비슷하다고 생각한다. 전반적인 흐름, 이슈, 주요 안내 사항 등에 관한 내용을 언급하고, 사람들이 흥미를 갖고 이어질 내용을 기대하도록 긍정적으로 마무리 짓는 것이 바람직하다. 다른 사람이 나를 소개한다면 어떨지 상상해 보고, 그대로 실천하면 된다. 다음 사람을 공식적으로 소개하기 전에 이렇게 말해도 좋다. "후아나 씨가 흥미로운 이야기를 잔뜩 들려드릴 겁니다. 참고로 강연이 끝나면 강연 요약본을 제공할 예정이고, 휴게 공간에 음료와 간식이 마련되어 있을 겁니다."

실전 시나리오

축사, 건배사, 헌사, 소개말은 나와 주인공의 상하 관계, 행사의 공적 또는 사적 성격, 모인 이유 등 다양한 요소에 따라 달라진다. 아래 시나리오를 참고해서 '모임의 이유-자기소개-교훈 또는 일화-감사와 덕담' 공식을 어떻게 활용하면 좋을지 살펴보자.

시나리오 1

열두 명으로 구성된 팀에게 본사에서 보낸 상사 두 명을 소개하는 자리다.

> 예) "본사에서 오신 시드와 진 부장님이 얼마간 우리 팀과 함께 작업하시게 되었습니다(모임의 이유). 저는 지난 3년간 두 분 아래서 일했는데, 이제 더 가까이에서 업무를 진행할 수 있어서 큰 기대가 되네요(자기소개). 시드와 진 부장님이 저번에 오셨을 때는 분기 계획을 검토하고 우선순위를 정해주셨죠. 이번에는 우리 팀의 진척 상황을 확인하고 본사의 아이디어를 공유하는 것이 두 분의 목표인 걸로 알고 있습니다(일화 또는 교훈). 시드 부장님과 진 부장님, 귀한 시간을 내어 저희 지사에 와주셔서 감사합니다(감사의 말 또는 덕담)."

이런 소개말은 배경만 전하는 것이 아니라 앞으로 이어질 관계의 중요성과 성격을 예상할 수 있도록 해준다.

시나리오 2

팀이 엄청난 성과를 달성해서 팀원들과 축하하는 자리다.

> 예) "와, 이번 분기 마지막 계약을 사흘이나 일찍 끝냈네요(모임의 이유). 여러분이 이 계약을 성사시키느라 얼마나 애썼는지 잘 알고 있어요(자기소개). 석 달 전에 이번 계약 건에 대해 듣고 팀을 꾸렸던 기억이 나네요. 저는 우리가 이 계약을 따낼 거라 믿었거든요(교훈 또는 일화). 계약 성사 과정에서 여러분이 유감없이 보여준 창의력과 끈기에 박수를 보내고 싶습니다. 감사합니다(감사의 말 또는 덕담)."

추가로 향후 계속 실천했으면 하는 전략과 팀워크에 관해 언급할 수도 있다.

시나리오 3

동료 직원이 근속 5주년을 맞이했고 내가 축하의 말을 할 차례다.

> 예) "팅 씨, 5년 근속을 축하합니다(모임의 이유). 지금까지 함

께 여러 프로젝트를 진행하면서 많은 것을 배웠습니다(자기소개). 전에 콘퍼런스 티셔츠를 잘못 주문했던 때가 기억나네요. 사이즈와 색이 모두 다르게 배송되었더랬죠. 저는 정신을 못 차리고 당황했는데 놀라울 만큼 차분하고 침착하던 모습이 인상 깊었습니다(교훈 또는 일화). 팅 씨. 멋진 동료, 멘토, 친구가 되어주어서 감사드려요. 근속 기념일 축하드립니다(감사 또는 덕담)."

자조적인 농담이 담긴 일화를 소개하면서 주인공의 장점을 강조했다.

마무리

얼마 전 동료 에드위나가 암으로 세상을 떠났다. 갑작스러운 소식이었기에 모두 충격에 휩싸였다. 에드위나는 내가 가르치던 전문대에서 영향력 있는 인물이었고, 많은 사람들이 그에게 조언을 구했다. 내게도 오랫동안 멘토 역할을 해주었던 에드위나는 긍정적 에너지와 지혜의 원천이었다. 소식을 들은 나는 깊은 슬픔에 빠졌고 뭔가 의미 있는 방식으로 고인을 기려야겠다고 생각했다.
며칠 뒤 에드위나의 동료들이 그를 기리는 온라인 모임을 열었을 때 나는 생각을 실천에 옮길 수 있었다. 참석한 사람들은 각기 자신의 감정을 표현하고 에드위나의 기억을 떠올렸다. 미리 할 말을 준비해 온 사람은 없었다. 많은 이들이 참석했기에 추모의 말은 각각 1분 정도로 줄이기로 했다. 두어 사람이 가벼운 추억과 회상을 떠올리기도 했지만 대체로 가라앉은 분위기였다. 내 차례가 되었다. 나는 말을 길게 끌거나 사람들에게 지나치게 무거운 감정을 실어주지 않으면서도 에드위나에 대한 깊은 존경과 찬사를 표현하고 싶었다. 그래서 '모임의 이유-자기소개-교훈 또는 일화-감사의 말' 공식을 활용해 말했다.

> "우리 모두가 현명한 조언을 청했던 에드위나 씨는 정말이지 대단한 분이었습니다(모임의 이유). 저는 운 좋게도 두 번이나 에드위나 씨의 후임을 맡을 수 있었죠(자기소개). 어떤 이슈를 두고 열띤 토론이 이어질 때면 이렇게 생각했던 기억이 납니다. '에드위나 씨라면 어떻게 했을까?' 여러분도 그런 적이 있으시겠죠. 에드위나 씨의 행동과 접근 방식을 돌아보면 이런 상황에서 현명하게 대처할 수 있었습니다(일화 또는 교훈). 에드위나 씨가 우리 모두, 그리고 생전에 만난 다른 많은 사람에게 어떤 영향을 주었는지 함께 기억했으면 합니다(감사 또는 덕담)."

결과적으로 나는 시간을 많이 할애하지 않고도 의미 있는 말을 전할 수 있었다. 상투적이고 진부한 표현이 아니라 에드위나가 내게 갖는 의미에 대해 말했다(나는 힘겨울 때 항상 그를 생각하고, 그가 내게 준 조언과 삶에 대한 관점을 떠올렸던 것이다). 그 자리에 모인 사람들은 가까운 동료, 상사, 부하 직원 등이었으므로 내가 든 일화는 적절했다. 내 메시지는 에드위나가 우리 각자에게 미친 영향을 되새기도록 유도해서 뒤이은 사람들도 성공적으로 말할 수 있게끔 길을 터주었다.

　　여기서 성패를 좌우한 것은 헌사의 공식이 아니었다. 아마 공식이 없었어도 그럭저럭 잘 말했을 것이다. 하지만 초점을 잃거나 감정에 휩쓸리지 않은 것은 공식 덕분이었다. 당신도 이 공식을 활용해서 적절한 말을 하고, 헌사를 하는 것이 부담스러운 일이 아니라 내가 줄 수 있는 선물이라 여기게 되길 바란다. 인생은 짧고, '의미'라는 선물을 건네는 것이야말로 (남들뿐만 아니라 나에게도) 가장 중요하고 뿌듯한 일이니까.

완벽을 뛰어넘는
설득이란 무엇인가

설득의 핵심

　남들과 즉흥적으로 소통할 때 내 생각과 의견을 전달하는 것 이상을 바라는 경우가 종종 있다. 상대가 나처럼 세상을 보고, 내가 생각하는 바람직한 방향으로 행동하길 원하는 것이다. 동료가 내 생각에 찬성하고, 고객이 내가 파는 제품을 사고, 내가 좋아하는 이성이 데이트 신청을 받아주고, 아이들이 내가 세운 규칙을 지켜 행동거지를 고치고, 이웃이 내 집 정원에 개를 풀지 않길 바란다. 그렇다면 설득력 있게 소통하는 법에 관한 책이 많이 나와 있으니 그 책들을 꼭 읽어보길 권한다.[1] 하지만 그것만으로는 충분하지 않다. 설득력을 높이려면 '실전에서' 영향력을 행사하는 법을 알아야 한다.

그럴듯한 설득의 말을 미리 준비하는 것과 즉석에서 청중을 파악하고 니즈에 맞게 설득하는 것은 서로 다르다. 물론 철저하게 준비하면 청중에게 감명을 주는 요소가 무엇인지 어느 정도 예측할 수 있다. 그렇지만 현장에서도 경청하고, 청중의 신호를 읽고, 진정성을 담아 청중의 요구에 실시간으로 반응해야 한다. 미리 말의 구조를 준비해 두면 청중에게 주의를 기울이고 말을 조율할 여유가 생긴다. 게다가 즉석에서도 상대를 파악하고 그에 맞게 논리적으로 설득할 수 있다.

어떻게 상대를 설득할까 상상하다 보면 상대의 니즈에 더 관심을 기울이게 된다. 그러면 상대는 나를 믿음직스럽고 공감 능력이 뛰어나며 진정성 있는 사람이라 판단하고 내 의견을 중시할 것이다. 따라서 상대의 전폭적 지원과 호의를 얻을 가능성이 커진다.

무엇을 말할까

청중의 필요에 호소하는 강력한 설득의 말을 하려면 5강에서 다룬 '문제-해결책-혜택' 공식을 참조하자.

- 문제 또는 기회 : 내가 다룰 청중과 관련된 난제, 이슈, 문

제점, 기회를 지적한다.

- 해결책 : 문제를 해소할 구체적 단계, 과정, 제품, 방법 등을 소개한다.

- 혜택 : 끝으로 내가 제안한 해결책을 적용했을 때 누릴 수 있는 장점과 이익을 설명한다.

당신도 실감하겠지만 이 구조는 다양한 설득 상황에 활용할 수 있다. 각 단계에 관해 좀 더 자세히 살펴보자.

1단계: 문제 또는 기회를 구체적으로 제시한다

가능한 한 명확하고 간결하게, (청중에게 맞는 방식으로) 눈앞의 문제를 직접적으로 설명하자. 상황이 좋지 않으며 반드시 해결해야 할 문제점이라 대놓고 말할 수도 있다. 한편 문제를 긍정적으로 받아들여 현 상황을 개선하거나 새로운 모험을 시도할 기회라 주장하는 것도 좋은 방법이다. 예전에 해당 청중이 어떤 방식을 선호했는지 미리 알아보는 것도 좋다. 개인적으로 우리 도시의 노숙자 문제 해결이 시급하다고 생각할 경우, 저녁 식사 모임에서 친구들이 내 의견에 찬성하길 바란다면 이렇게 말해보자.

예) "요즘 뉴스에도 오르내리지만 노숙자 문제가 도시 안팎으로 심각해지는 것 같아."

직장 동료가 행동을 바꾸길 바랄 때는 이렇게 말하면 어떨까.

예) "성과를 제대로 인정받지 못하고, 다른 팀원들이 하는 업무랑 잘 연결되지 않는 게 좀 불편하게 느껴지지 않아?"

문제 또는 기회를 파악할 때, 어떤 근거가 청중의 마음을 움직일지 생각해 보자. 청중이 데이터를 중시한다면 내 주장을 뒷받침하는 통계를 제시하자. 구체적 사례를 좋아한다면 관련 일화나 이야기를 들려주거나 시연을 하면 어떨까. 문제를 정의할 때 직접적이고 직설적으로 접근하는 것을 선호하는 청중이 있는가 하면, 유머를 약간 섞어 부드럽게 다가가는 것을 좋아하는 청중도 있다.

이때 6강에서 언급했듯 청중과 공통분모를 형성하는 것이 중요하다. 기본적인 질문 몇 가지에 대해 생각해 보면 충분히 공통분모를 찾을 수 있다. 청중은 내가 논하는 문제에 대해 익히 알고 있는가, 아니면 전혀 모르는가? 청중은 개인적으로 이 주제와 어떻게 관련되어 있는가? 배경 설명을 약간 곁들이거나, 친근한 용어를 쓰거나, 나와의 연관 관계를 언급하면 문제가 더 중요하게 느껴지는 효과가 있다.

문제를 제시하는 과정에서 문제 해결의 걸림돌에 관해 언급할 수도 있다. 테슬라의 파워월에 관한 발표에서 일론 머스크는 단순히 화석연료로 인한 지구온난화 문제만 제기한 것이 아니었다. 머스크는 여러 에너지 생산 경로와 형편없는 기존 배터리 기술(그래서 더 나은 배터리가 필요하다는 주장으로 이어졌다) 등 인류가 태양에너지를 십분 활용하지 못하도록 가로막는 문제점도 지적했다. 이렇게 걸림돌에 대한 구체적인 설명을 곁들이면 문제는 더욱 어려워 보이지만, 덕분에 내가 내놓는 해결책(당연히 앞서 제시한 난제를 넘어서는 해결책이다)은 그만큼 강한 설득력을 갖게 된다.[2]

2단계: 상세한 해결책을 제시한다

논의 중인 문제에 맞춘 손쉽고 설득력 있는 해결책을 제시하자. 6강의 내용을 참고해서 청중이 집중하고 이해하기 쉽게끔 정리해야 한다. 해결책이 복잡하다면 이해하기 쉽도록 각 부분을 쪼개어 조목조목 설명하자.

> 예) "우리가 현재 운영하는 프로그램을 본뜬 정책적 접근은 시 공무원과 지역 자영업자를 연결하고 있어. 그렇게 하면 노숙인에게 더 많은 취업 기회를 찾아주어 자립을 돕는 것도 가능하겠지."

> "목표와 진행 상황을 보여주는 게시판을 마련하면 어떨까요? 주간회의 전에 내용을 공유하면 각자의 업무가 팀에 어떻게 이바지하는지 쉽게 파악할 수 있을 겁니다."

3단계: 혜택을 보여준다

내 해결책이 가져다줄 혜택을 구체적으로 밝히고 순서대로 소개하자. 가장 크고 가치 있는 혜택부터 시작하면 된다.

예) "노숙 문제와 자영업자 및 공공기관 간에 두터운 유대 관계를 쌓으면 더 많은 사람이 지원을 받는 데서 끝나지 않을 거야. 자발적으로 일하는 사람들도 늘어나겠지."

"각자가 이바지하는 부분이 드러나면 서로 효과적으로 소통할 수 있을 겁니다. 게다가 업무 연관성이 높아져서 원하는 승진 자리를 따내는 데 도움이 되겠죠."

내가 제시한 해결책에 대한 반발이 예상되거나 청중이 내 문제 제기에 찬성하지 않을 것 같다면 각 요소의 순서를 바꿀 수도 있다. 이 경우 문제보다 혜택을 먼저 제시하면 더 강한 메시지를 전달할 수 있다. "생산 비용을 낮추면서도 매출을 올리면 어떨까요(혜택)? 현재로서는 단일 공급업체에 의존하느라 이런 이익을 누리지 못하고 있습니다(문제). 공급업체를 두 곳으로 다각화한다면 매출과 비용 효율성이라는 두 가지 목표를 쉽고 빠르게 달성할 수 있을 겁니다(해결책)."

보너스 공식

더 강력한 효과를 발휘하는 보너스 공식을 소개한다. 창업을 하거나 성장 중인 스타트업을 위해 지원을 얻으려고 상대를 설득하고 있다면 아래의 '첫마디'로 문장을 만드는 데서 시작해 보자.

- "만약 ~을 할 수 있다면…"
- "그래서…"
- "예를 들어…"
- "그뿐만 아니라…"

예) "만약 고객 주문을 더 효율적으로 소화하는 동시에 고객별 맞춤 서비스를 제공할 수 있다면 어떨까요? 고객이 상품을 더 빠르게 받아보고, 더 빨리 대금을 정산받을 수 있도록 말입니다. 예를 들어 저희가 제공하는 플랫폼을 이용하는 XYZ 기업은 현재 주문을 50퍼센트 더 빠르게 소화하고 있습니다. 대금도 일주일이나 빨리 정산받고, 고객 만족도는 더 높아졌습니다. 그뿐만 아니라 저희가 수집, 분석한 데이터에 따르면 고객에게 더 적절한 제품을 추천해서 구매율을 높일 수 있습니다."

어떻게 말할까

'문제-해결책-혜택' 공식을 활용하면 청중이 내 관점을 따르도록 이끌 수 있다. 성공 확률을 높이려면 아래 비결을 참고하자.

비결 1: 비유를 활용하자

비유나 비교는 청중이 공식의 각 요소를 이해하는 데 도움이 된다. 내가 제시하는 문제와 기회의 의의나 영향을 청중이 익히 알고 있는 상황과 비교할 수 있기 때문이다. 가령 "현 공급망 문제는 생산 라인에서 겪었던 문제 못지않습니다"라든가 "오프라인에서 온라인으로 전환하는 것은 데스크톱에서 휴대용 기기로 나아가는 것과 비슷합니다"라고 말하면 된다.

마찬가지로 당신이 제시하는 해결책을 다른 영역에서 성공했던 해결책과 비견할 수 있다. 보건의료계열에서 일하고 있는데, 탄수화물 섭취를 줄이도록 청중을 설득해야 한다고 치자. "탄수화물 제한은 몇 년 전 평일 와인 섭취량을 줄이자는 운동이 일어난 것과 같습니다." 내가 제시하는 혜택에 대한 비유를 들어도 좋다. IT기업에 다니고 동료와 대화하고 있다면, "아틀라시안 기업은 이것과 비슷한 솔루션을 적용했을 때 반응시간이 열 배나 개선됐다더군"이라고 말해보면 어떨까.

비결 2: 일관된 해결책을 내놓자

내가 제시한 해결책이 이전에 효과를 본 대처와 같은 방향이라면 청중도 동의할 확률이 높다. 영업에서는 이를 두고 '문 안에 발 들여놓기' 전략이라 한다.[3] 사람들은 일관되게 행동한다는 느낌을 좋아하고, 주변에서 나를 일관된 사람으로 봐주길 바란다. 게다가 전례가 있으면 의견에 찬성할 가능성이 크다. 경제성장을 위해 정부가 감세 정책을 펴야 한다고 주장한다면, 예전에 정부가 비슷한 정책을 펴서 불경기를 극복했다는 사실을 강조하자. 연봉이나 직급이 올라갈 자격이 있다고 믿는다면 나와 비슷한 성과를 낸 뒤 연봉 협상에 성공하거나 승진을 한 사람들을 예로 들자. 내가 제시하는 해결책이 이전의 해결책과 맞아떨어진다는 것을 보여주면 청중 입장에서는 찬성하는 것이 당연한 결론처럼 여겨진다.

비결 3: 이익을 긍정적으로 설명하자[4]

말이란 "아 다르고 어 다른" 것이다. 이익을 긍정적으로 제시할 방법을 생각해 두면 청중을 설득하기 쉽다. 내가 제시하는 해결책의 실패율이 25퍼센트라면, 성공 확률이 75퍼센트라고 말하자. 사람들은 네 번 중 세 번은 성공할 계획이라고 여기게 될 것이다. 우리는 6강에서 논의에 긴장감을 불어넣어 청중의 호기심을 자극하는 법에 관해 다뤘다. 긴장을 해소할 수 있게끔 해결책을 긍정적 표현으로 포장하는 것이 특히 중요하다.

마찬가지로 해결책을 제시할 때는 사람들이 누릴 이익에 초점을 맞추자. 유명한 '손실 회피 성향' 이론에 따르면 사람은 아무리 사소하더라도 위험을 감수하고 싶어 하지 않는다. 사람들이 희생해야 하는 부분을 지적해서 리스크를 상기시키면 자칫 내가 내놓은 해결책에 반감을 품을 수도 있다. 이 부분을 설명할 때 나는 중고차 판매에 관한 예를 자주 든다. 어떤 중고차의 특징과 장점에 관해 설명할 때 '중고'라는 표현을 쓰면 손님은 안전성이나 수리비 등 중고차의 잠재적 결점에 관해 생각하게 된다. 하지만 '전 주인이 즐겨 타던'이라고 표현하면 달라진다. 두 번째 표현은 리스크를 상기하는 대신 나를 기쁘게 해줄 거라는 느낌을 심어주기 때문이다.

비결 4: 장애물에 대처하자

과일과 채소를 주로 먹고, 기름지고 단 음식은 줄이려는 사람들이 많다. 건강한 식생활을 하면 체중이 줄고, 기분이 좋아지고, 혈압이 낮아진다는 것을 알고 있다. 식단을 개선하려는 이유도, 의욕도 차고 넘친다.

그런데 장애물에 부딪친다. 과일과 채소를 구하기 어려운 환경에 살고 있다거나, 이동이 잦아 건강식을 챙겨 먹기 어렵다거나 하는 식이다. 아무리 의욕이 넘쳐도 이런 장애물은 행동을 바꾸는 데 걸림돌이 된다. 그러다 보면 지금까지 오랫동안 그래왔듯 햄버

거, 감자튀김, 탄산음료로 끼니를 때우는 자신을 발견하게 된다.

남을 설득하고 싶을 때 해결책의 장점에만 집중하는 경우가 있다. 하지만 장점을 강조하는 만큼 난관도 어느 정도 고려해야 한다. 그러지 않으면 청중의 신뢰를 잃게 된다. 어떤 행동이 바람직하다는 사실을 기껏 납득했는데 실천 과정에서 현실적인 문제에 직면한다면 얼마나 짜증스러울까? 눈앞에 당근을 흔들어놓고 정작 손닿지 못할 거리에 두는 것은 정말이지 무신경하고 김새는 행동이다.

청중에게 내놓는 해결책(실질적으로는 상대에게 건네는 부탁이다)을 매력적일 뿐만 아니라 실용적으로 다듬어야 한다. 앞으로 마주칠 걸림돌을 없앨 방법 몇 가지를 제안하는 것도 좋다. 남들이 겪은 어려움을 참고해서 자신의 해결책을 포장하는 것도 한 방법이다. 예컨대 친구에게 같이 테니스를 치자고 설득하고 싶은데 주말에는 친구가 육아를 전담해야 한다면, 주말이 아니라 평일 저녁에 치자고 권하는 식이다. 지갑이 얇은 사람에게 무언가를 팔려면 할부를 유도하는 것도 한 방법이다. 저렴한 제품은 유지비가 많이 들지만 내가 파는 제품은 오래 쓸 수 있어서 장기적 관점에서 보면 현명한 소비라는 말로 충격을 완화할 수도 있다.

내가 원하는 변화를 간단하게 끌어낼 수는 없다. 하지만 상대와 깊이 공감하고, 변화를 가로막는 걸림돌을 고려하고, 대처 방안을 설명하면 성공률은 훨씬 올라간다.[5]

비결 5: 완벽주의는 자제하자

즉석 상황에서 남을 설득하려면 완벽하게 말해야 할 것 같은 압박감이 든다. 하지만 이 책에서 줄곧 다루었듯이 완벽을 추구하다 보면 오히려 긴장하고 두려운 나머지 해야 할 말을 제대로 해내지 못한다.

남을 설득할 때는 완벽하지 않은 모습이 오히려 득이 된다. 마케팅 교수 바바 시브는 고도로 다듬어진 발표는 오히려 비판을 받는다고 주장했다. 청중은 발표자의 말에서 단점을 발견하고 싶어 하기 때문이다. 사람은 남의 말을 들을 때 본능적으로 회의를 품는다. 기존의 신념과 태도를 방어하고, 새로운 의견을 채택하는 것을 두려워한다. 그리고 대부분 자신의 의견이 인정받고 의미 있길 바란다. 남의 말에 비판이나 제안을 하는 것도 그 때문이다.

시브는 실리콘밸리의 오랜 격언을 예로 든다. "사업자금 지원을 받으려면 오로지 조언을 얻겠다는 생각으로 투자자를 만나라. 광고계의 교훈도 마찬가지다. 어느 광고사에서 고객에게 광고 시안을 보여주었는데 완벽했음에도 불구하고 퇴짜를 맞았다. 그러자 광고사 임원이 담당자에게 조언을 하나 해주었다. 팔에 털이 많이 난 모델을 쓰라는 것이었다. 그러자 고객은 광고를 승인하면서 의견을 덧붙였다. "모델이 제모를 하는 게 좋겠군요." 상대가 의견을 내고 참여할 기회를 만들어주면 오히려 내 영향력과 설득력이 높아진다.

꼼꼼하게 준비하는 것은 좋지만, 지나친 완벽은 과유불급이라는 사실을 명심하자.

실전 시나리오

'문제-해결책-혜택' 공식은 정말 다양한 상황에서 효과를 발휘할까? 물론이다. 회사와 사생활을 넘나드는 시나리오 세 가지를 살펴보자. 예로 든 답변이 어떻게 도움이 되는지 이해를 돕기 위해 시나리오별 분석을 곁들였다.

시나리오 1

입사 면접에 면접관으로 참석해 마음에 드는 지원자가 우리 회사에 입사하도록 설득하고 있다.

> 예) "이 자리에서는 제품 관리 능력을 연마할 수 있을 뿐만 아니라 임원진과도 소통하며 의견을 낼 수 있어요(혜택). 당신이 이 일을 맡으면 우리 회사의 시장 진입 계획을 세우고 시행하기 때문에, 회사 안팎으로 상당히 영향력을 미치게 됩니다(기회). 나를 비롯한 면접관들은 모두 당신이 우리 회사에 입사하길 기대하고 있답니다(해결책)."

이 경우에는 혜택부터 제시했다. 그러면 상대는 우리 회사에서 누릴 혜택을 중심으로 생각하고, 무의식적으로 이런 기회가 보장되지 않는 다른 회사는 선택지에서 제외하게 된다. 여기서 쌓을 수 있는 경력과 인맥 양쪽에 초점을 맞추어, 이 제안이 얼마나 좋은 기회인지 강조한 것이다.

시나리오 2

상대에게 부탁을 해야 한다.

> 예) "큰 책장 두 개의 배치를 바꾸려고 하거든. 그러면 새 깔개를 놓을 공간이 생기고 TV도 더 잘 보이니까(문제). 전에 네가 산 새 소파를 2층으로 올리는 걸 도와줬으니, 오늘 저녁에 잠깐 들러서 책장 옮기는 것 좀 도와줄래(해결책)? 그리고 나서 축구 보고 맥주도 한잔하자고(혜택)."

상대에게 도움을 주었던 경험을 상기시키면 승낙할 확률이 높아진다. 곧 얻게 될 이익에 대해서 알려주어도 마찬가지 효과가 있다.

시나리오 3

배우자와 외식하는데 내가 고른 식당에 가자고 설득하려 한다.

예) "자기가 파스타를 먹으러 가자고 한 건 알아. 그런데 중식 당이 신메뉴를 내놨는데 주방장이 유명한 상을 받았대(기회). 오늘은 중식당에 가고 파스타는 내일 저녁에 집에서 해 먹으면 어떨까(해결책)? 그러면 새 중식 메뉴도 먹어볼 수 있고, 내일 저녁에 파스타를 먹고 남은 걸로 모레 점심을 때우면 식비도 절약되잖아(혜택)."

이 경우, 상대의 시각을 인정해서 상대와 공감했고 논리적이라는 인상을 준다. 내가 제멋대로 상대를 밀어붙이는 게 아니라 상대의 요구를 듣고 기억했다는 것을 상기시켜 주었다. 내가 제시한 혜택이 장기적으로 보면 상대에게도 이익이 된다고 설명하는 것 또한 도움이 된다.

마무리

내 아이들이 즉석에서 효과적으로 설득하는 모습을 보고 감탄할 때가 있다. 큰아들이 열두 살 때, 우리 부부에게 비싼 일렉트릭 기타를 사달라고 한 적이 있었다. 아이 방 벽장은 이미 사용하지 않는 장난감과 장비로 가득했다. 새 취미에도 금세 흥미를 잃을 게 뻔해서 안 된다고 했더니, 흠잡을 데 없는 구조를 갖춘 즉석 설득이 이어졌다.

"두 분은 항상 저한테 더 창의력을 발휘하고 시간을 알차게 보내라고 하셨잖아요?" 이 말을 시작으로 아이는 우리 모두에게 해당되는 기회를 구체적으로 제시한 다음 해결책을 내놓았다. "기타를 사주시면 악보 읽는 건 독학으로 해결하고 연습은 방에서 할게요." 그리고 마침내 모두 함께 누릴 수 있는 혜택이 등장했다. "제일 먼저 엄마, 아빠가 좋아하는 카를로스 산타나의 곡을 연습할게요. 그리고 친구 말로는 기타를 배우니까 수학 실력이 늘었대요."

나는 이 설득력 있는 주장에 꽤 감탄했고 아이의 소원을 들어주었다. 그리고 불과 몇 주 뒤에 아이는 새 기타로 꽤 근사한 음악을 연주해 우리 부부를 놀라게 했다. 아이의 설득이 성공한 것은 명확하고 간결하고 논리적인 방식으로 우리 부부의 걱정에 대처한 덕분이었다. 당신도 설득의 공식을 활용해 상대가 필요로 하는 부분을 파악한다면 원하는 바를 자연스럽게 이끌어낼 것이다.

훈련 4 **질의응답**[1]

유종의 미를
거두자

질의응답의 핵심

공식 발표를 성공적으로 마치는 것과 즉석 질의응답 시간을 제대로 진행하는 것은 전혀 다른 문제다. 그렇다면 회의와 면접 등 일대일 상황에서 받는 즉석 질문에는 어떻게 대처해야 할까? 이런 상황을 떠올리면 지레 겁먹는 사람들이 많다. 집중 공격을 받고 실수를 저질러 평판이 떨어질까 봐 걱정하는 것이다. 하지만 질의응답을 피구 경기가 아니라 상대와 어울리고 콘텐츠를 확장할 수 있는 대화라고 생각하면 새로운 기회의 문이 열린다. 현장 분위기를 이끌고 주도권을 유지할 수 있는 것이다.

질의응답의 가치

  '질의응답 시간이 곧 기회'라고 하면 지나치게 낙관적으로 들릴지도 모르지만, 어쨌든 질의응답에는 공식적인 발표나 회의에서 찾을 수 없는 여러 장점이 있다. 첫째, 진정성과 진실성을 드러낼 수 있다. 준비한 원고를 읽는 게 아니라는 사실을 청중이 알고 있기 때문에 꾸미지 않은 본래 성격이 고스란히 드러난다. 다소 엉뚱할지라도 인간적이고 가식 없는 본모습을 드러내면, 다가가기 쉽고 따뜻하며 청중과 더 깊은 라포를 형성할 수 있다. 게다가 청중 전체가 아니라 참석자 개인과 소통함으로써 상대의 개인적 신념과 성격에 대해 좀 더 많은 내용을 파악하게 된다.

  질의응답 시간이 갖는 장점은 또 있다. 먼저 생각을 정리하고 앞선 발표에서 다룰 여유가 없었던 부분을 검토할 수 있다. 즉석에서 질문에 답하는 능력과 주제에 대한 내 전문성을 선보이는 한편 나에 대한 청중의 신뢰도도 높일 수 있다. 결과적으로 질의응답 시간이란 청중의 참여도를 올리고, 내가 제시한 주제에 집중하도록 이끌며, 내 메시지를 인간적이고 개인적으로 전달할 소중한 기회인 셈이다.

무엇을 말할까

즉석에서 질문에 답할 때는 아래 소개하는 '대답-사례-이익' 공식을 따라 청중에게 도움 될 만한 답을 내놓을 수 있다.

- 대답 : 명료하게 단언하는 문장 한 줄로 질문에 답한다.
- 사례 : 내 답변을 뒷받침하는 구체적 근거를 든다.
- 이익 : 내 답변이 질문자 입장에서 왜 중요하며, 어떤 이익을 가져다주는지 설명한다.

위 공식을 순서대로 따를 필요는 없다. 답, 구체적인 근거, 가치에 대한 내용만 담겨 있으면 충분하다. 단, 근거를 구체적으로 드는 것이 중요하다. 실감 나게 설명하면 청중이 내 답변을 기억하는 데 도움이 되기 때문이다. 더불어 이 주제가 청중에게 왜 중요한지 보여주면 호기심을 자극해서 청중이 내 메시지를 진지하게 받아들일 가능성이 커진다.

'대답-사례-이익' 공식은 무척 유용하다. 개인적으로 채용 담당자로 일하는 동안 입사 지원자에게 이 공식에 따라 답변해 달라고 말한 적도 있다. 면접 초반, 지원자에게 일련의 질문을 할 테니 답변, 구체적인 근거, 그 답변의 중요성을 설명해 달라고 말했던 것이다(그렇게 대답하면 그들이 입사한 뒤 맡을 업무에도 도움이 될 거라고 덧

붙였다). 결과는 놀라웠다. 지원자들은 훨씬 명확한 답변을 내놓았고, 따라갈 공식이 있다는 것을 깨닫자 긴장도 누그러드는 것 같았다. 나 또한 어떤 지원자가 우리 팀에 잘 맞을지 쉽게 파악할 수 있었다. 이제 '대답-사례-이익' 공식의 각 단계를 하나씩 살펴보자.

1단계: 질문에 답한다

가능한 한 명확하고 간결하게, 질문에 대한 직접적인 답을 내놓자. 서두를 길게 늘이거나 배경을 소상히 설명할 필요는 없다. 곧장 답을 내놓아야 한다. 시간을 끌거나 논점을 회피하면 답변의 투명성과 진정성이 퇴색되어 신뢰도가 떨어진다.

예) 입사 면접에서 경력에 대한 질문을 받을 경우
→ "이 분야에서 15년 이상의 경험을 쌓았습니다."

전체 회의에서 팀 업무 진행을 보고하는 중 임원이 프로젝트 일정이 밀리는 까닭을 물을 경우
→ "공급망 문제와 물류 쪽 지연으로 진행이 늦어졌습니다."

2단계: 구체적 사례를 든다

내 답변을 뒷받침하는 주된 근거를 생각해 두자. 시시콜콜 이야기를 늘어놓을 필요는 없다. 구체적인 사항 너덧 가지를 몇 문장

으로 전달하는 선에서 끝내자.

> 예) "A사, B사, C사와 함께 작업한 경험이 있습니다. 신규 프
> 로젝트의 범위를 정하고, 전략팀을 구축하고, 임원진 직속으
> 로 활동했습니다."

> "제품의 기본 원자재가 관세 문제로 항구에서 10일간 적체된
> 상황입니다."

3단계: 답변의 중요성과 이익을 설명한다

내가 내놓은 답변이 왜 중요한지 청중이 알고 있을 거라 넘겨짚
곤 하는데, 안타깝게도 항상 그런 것은 아니다. 청중이 내 답변의
가치를 이해하도록 유도하고 내 역량을 강조하려면 상대가 얻을
중요한 이익을 제시해야 한다.

> 예) "귀사가 당면한 문제를 단기간에 파악하고, 잠재적 해결
> 책을 제공할 수 있습니다."

> "추가 공급 업체와 계약을 맺을 준비를 했고, 향후 지연을 줄
> 이기 위한 대체 운송 방안도 조사했습니다."

첫 번째 예와 달리, 두 번째 예는 부정적 측면도 다루고 있다. 이 경우 눈앞의 문제를 해결하기 위해 자신이 하고 있는 일의 효과를 자세히 설명해도 좋다. 입사 면접 도중 '개인적으로 개선해야 하는 단점에 대해 말해보세요'라는 질문을 받았다면 아래처럼 대답하는 것이다.

> "이메일이나 메시지에 답하느라 일의 흐름에 방해를 받을 때가 간혹 있습니다(대답). 예컨대 교대 시간이 시작될 때마다 받은 메일함에 메일이 스무 개쯤 와 있는데, 그러면 제 과제를 곧장 시작하지 못하게 됩니다(사례). 요즘은 휴대폰으로 10분간 타이머를 맞춰둡니다. 타이머가 울리면 메일은 일단 닫아두고 다른 업무에 착수합니다(이익/중요성)."

어떻게 말할까

위의 '대답-사례-이익' 공식은 질문을 받았을 때 장황하게 답변하지 않도록 도와준다. 덕분에 빠르고 단호하게 접근해서 청중이 내 답변을 유의미하고 인상적이라고 느낄 만한 정보만 제공할 수 있다. 공식의 효과를 높이고 답변을 통해 더 많은 의견을 제시하려면 다음 지침을 참고하자.

비결 1: 가능한 질문에 미리 대비하자

질의응답 시간은 즉흥적으로 진행되지만, 그렇다고 완전히 무방비 상태로 임할 필요는 없다. 물어볼 가능성이 높은 질문에 대해 미리 생각해 보자. 발표 때 가장 시간을 들여 준비한 주제는 무엇인가? 머릿속에 떠오르는 가장 어려운 질문은 무엇일까? 누군가는 분명 물어볼 것 같은 질문이 있다면? 청중의 관심사에 대해 내가 미리 알고 있는 바는 무엇일까?

예상 질문을 파악했다면 '대답-사례-이익' 공식을 이용해서 가장 설득력 있게 질문에 답변할 방법을 고민해 본다. 그런 다음 질문이 내 의견을 추가적으로 제시할 기회라고 바꾸어 생각해 보자. 질문에 답하는 과정에서 내가 다루고 싶은 주제나 요점은 무엇일까? 질문들에 선제적으로 대응하거나 답변하기 쉽도록 발표 내용을 수정해야 할까?

준비 과정에서 설득력 있는 답변이 잘 생각나지 않는다면, 답을 찾을 방법을 빨리 궁리해야 한다. 이 문제에 관해 잘 아는 지인에게 연락하거나 인터넷 검색을 해도 좋다. 만족할 만한 답변이 나왔다면 소리 내어 말해보자. 녹음한 다음에 들어봐도 좋다. 답이 떠오르지 않는다면 현장에서 어떻게 대처할지 찬찬히 생각해 보자. 나는 질의응답 시간에 받은 질문에 대한 답을 모를 때면 잘 모르겠다고 솔직히 인정한 뒤 다음에 다시 답변하겠다고 약속한다.

비결 2: 자신에게 유리한 방향으로 질의응답 시간을 조율하자

질의응답은 대개 발표나 회의가 끝날 즈음에 진행하지만, 항상 그런 것은 아니다. 여러 주제를 다루거나 발표가 2부 이상으로 나뉘어 있다면 1부가 끝나고 2부가 시작되기 전 잠깐 쉬면서 질문을 받는 것이 일반적이다. 발표 중간중간 질문을 던지면 집중력을 환기하고 청중이 잘 따라오는지 확인할 수 있다. 하지만 너무 자주 쉬면 발표나 회의 시간이 길어져서 흐름이 깨지고 청중이 집중력을 유지하기 어렵다. 5분 이하의 짧은 발표라면 마무리할 때 질문을 받는 것이 낫다.

새로운 주제를 다루거나 긴장했다면 발표를 먼저 마친 다음에 질문을 받자. 발표하는 동안 자신감이 붙을 수도 있고, 청중 분위기를 살피면서 특히 반응이 좋은 부분을 파악해 두면 나중에 질문에 답할 때 도움이 된다. 중간에 흐름이 끊기지 않고 준비한 내용을 모두 소개할 수 있다는 것도 장점이다. 마지막에는 예상 밖의 질문이 튀어나와도 전체 흐름에 지장을 주지 않기 때문이다.

질의응답 시간을 언제 배치할지 결정했다면 미리 청중에게 알리자. 마지막에 질의응답 시간이 마련되어 있다고 안내하면 청중이 발표 도중 손을 들고 흐름을 깨뜨릴 가능성이 줄어든다. 청중 입장에서도 나중에 물어볼 질문을 미리 메모해 둘 수 있다.

비결 3: 범위를 정해서 주도권을 유지하자

의외로 질의응답 시간의 주도권은 발표자에게 있는 편이다. 청중에게 대략적인 개요를 소개할 때 질문을 얼마나 받을지, 시간은 얼마나 할애할지, 어떤 주제에 관한 질문이 적절한지 등의 선을 분명히 그어두자. 그러면 정해진 선을 넘는 질문에는 답변을 거부할 수 있다.

이렇게 말하면 된다. "발표를 마친 다음 10분가량 저희 팀이 진행하는 새 프로젝트와 시장 가능성에 관한 질문을 받도록 하겠습니다." 면접을 보는 상황이라면 "제 전 직장에 관련된 질문은 언제든 환영입니다"라고 말할 수도 있다.

질문을 받을 때는 상황을 확실하게 장악하자. "질문 있으십니까?"라는 말로 질의응답 시간을 여는 발표자가 많은데, 좋은 전략은 못 된다. 어떤 청중은 이런 말을 발표 주제와 상관없이 광범위한 질문을 던져도 된다는 허가쯤으로 여긴다. 발표를 시작할 때 선을 그어두었더라도 다시 상기시키자. "자, 저희가 진행하는 신규 프로젝트에 관해 궁금한 점이 있으십니까? 아까 말씀드렸듯이 10분 정도 여유가 있습니다."

비결 4: 느낌표로 질의응답 시간을 마무리하자

'대답-사례-이익' 공식과 조언을 활용해서 질의응답을 성공적으로 진행했다면 이제 유종의 미를 거둬야 한다. "감사합니다"라거나 "이제 마쳐야 할 것 같습니다" 등의 말을 웅얼거리며 어색하게 강단에서 내려오는 사람들이 많다. 물론 청중에게 경청해 준 데대한 감사를 표하는 것은 중요하지만, 여기서 한 번 더 내 메시지나 아이디어를 상기시키면서 힘 있게 마무리하면 어떨까. "질문 주셔서 감사합니다. 목표를 달성하려면 이 프로젝트에 투자해야 한다는 점이 더욱 확실해진 것 같습니다"라든가 "질문과 의견 감사드립니다. 함께 힘을 모으면 이 프로젝트를 성공적으로 해낼 수 있을 거라 생각합니다"처럼 청중이 내 발표에서 꼭 기억했으면 하는 메시지를 하나 생각해 두었다가 그 문장으로 마무리 지으면 좋다.

비결 5: 여러 명이 답변할 때는 지휘자 역할이 필요하다

패널 토의나 팀 회의 같은 상황에서는 발표자가 여러 명일 때도 있다. 이런 상황에서 질문을 받으면 손발이 맞지 않아 문제가 될 수 있다. 아무도 답하지 않거나, 여러 사람이 한꺼번에 나서는 경우 등이다.

이때 '오케스트라 지휘자'를 지정하는 방법으로 상황을 매끄럽게 이끌 수 있다. 발표를 시작하기 전, 질의응답 시간에 지휘자 역할을 맡을 발표자를 미리 정해두자. 지휘자가 질문을 받은 다음 전문 지식, 연차, 관심사의 수준을 고려해 자신 또는 다른 발표자에게 나누어 맡기면 된다. 뛰어난 지휘자라면 모든 발표자에게 말할 시간을 적절히 배분할뿐더러 질문에 가장 효과적으로도 답할 발표자를 가려낼 것이다.

비결 6: 질문이 없으면 스스로 질문하자

질의응답 시간이 시작되면 첫 질문을 이끌어내는 것이 항상 쉽지는 않다. 그럴 만도 하다. 나와 마찬가지로 청중도 독백에서 대화로 나아가야 하기 때문이다. 특히 사람이 많으면 나서서 말하기가 부끄럽거나 수줍을 수도 있다. 질문하고 싶지만 첫 타자로 나서기를 주저하는 경우도 있다.

청중에게 질문을 던졌는데 손을 들거나 마이크를 달라는 사람이 없다면, 잠깐 기다린다. 성미가 급한 강연자는 질문하는 사람이 바로 눈에 띄지 않으면 그대로 질의응답 시간을 마치곤 한다. 하지만 망설이는 질문자가 있을 가능성이 크기 때문에 그다지 좋은 진행은 아니다.

그래서 때로는 내가 첫 질문자 역할을 해야 한다. 몇 초가량 시간을 두었는데(5초를 꽉 채워 기다리는 것이 바람직하다) 아무도 손을 들지 않는다면 '뒷주머니 질문'을 던지자. '뒷주머니 질문'이란 바로 이런 순간을 위해 준비해 둔 질문, 나 스스로 답하고 싶은 쉬운 질문이다. "제가 자주 받는 질문은…"이라든가 "이 주제를 처음 접했을 때, 제가 이해하기 어려웠던 부분은…"이라고 먼저 던지면 된다.

대부분 내가 첫 질문을 던지고 답하면 분위기가 무르익어 다른 누군가가 두 번째 질문을 던질 확률이 높아진다. 그래도 질문하는 사람이 없다면, 열띤 질의응답 시간은 아니었지만 최소한 질문과 답변이 나왔으니 이 시점에서 마무리를 지어도 무방하다.

실전 시나리오

앞서 말했듯 전문 콘퍼런스의 패널을 맡고, 팟캐스트에 출연해 인터뷰하고, 상사와 만나 과거 업무 성과에 관해 설명하고, 첫 데이트에서 미래의 배우자와 좀 더 가까워지는 등 질의응답 상황은 무척 다양하게 펼쳐진다. 아래 시나리오는 각 상황에서 '대답-사례-이익' 공식을 활용해서 간결하고 강렬하게 답하는 법을 보여준다. 여기에 세부적인 내용을 추가하고 상대에게 중요한 부분을 강조하면 더욱 만족스러운 답을 내놓을 수 있을 것이다.

시나리오 1

입사 면접에서 테이블 건너편에 앉은 면접관이 최근 극복해야 했던 문제가 있었는지 묻는다. 우선 경력 전반이 아니라 '지난번 직장에서 겪은 문제에 관해 말씀드리겠다'고 말하면서 범위를 정하자. 그런 다음 질문에 대한 답변을 내놓으면 된다. 이렇게 답하면 어떨까.

예) "반년 전에 함께 일하던 동료가 일을 제때 마치지 못해 저희 팀의 업무 완수 능력에 문제가 생겼습니다(대답). 사업 계획 수정의 바탕이 될 사용자 보고서가 올라오지 않았죠(사례). 문제를 해결하려고 그 친구와 따로 만나 도와줄 부분이 없는지 물었습니다. 도움이 필요하면 마감 이틀 전에 말해달라고 부탁했습니다. 어려운 상황에는 직접 대처하고 도우려는 편입니다(이익)."

문제나 개선점에 관한 질문에 답할 때는 내가 향후 문제를 어떻게 해결할지 면접관이 파악하도록 이익 부분에 개선 방안을 넣도록 하자.

시나리오 2

팟캐스트 인터뷰 또는 대담을 진행 중이다. 인터뷰어가 논의 중인 주제와 내가 어떻게 관련되어 있는지 묻는다. 목표는 시청자나 청취자와 소통하는 것이다. 내가 이 자리에 참석함으로써 청취자가 얻는 것은 무엇일까? 이렇게 답변해 보자.

예) "저는 커뮤니케이션에 열정을 갖고 있습니다(대답). 지난 25년간 다양한 환경에서 커뮤니케이션 기술을 연구하고, 가르치고, 코치했습니다(사례). 제가 오랫동안 이쪽 분야에서 활동하면서 배운 편안하고 자신 있는 소통 전략을 청취자 여러분과 나눌 수 있어 무척 기대됩니다(이익)."

시나리오 3

사교 모임에 참석해서 상대와 안면을 트고 있다. 어색한 분위기에서 벗어나려고 서로 일반적인 질문을 던진다. 상대가 어떻게 모임에 참석하게 되었는지 묻는다.

예) "아, 저는 새로운 걸 배우고 사람들을 만나는 걸 좋아하거든요(대답). 이 모임의 목적을 보니 정말 흥미롭고 배울 점도 많겠더라고요(사례). 제가 쌓은 경험에 대한 이야기도 좀 하고, 선생님 같은 분께 한 수 배우는 것도 기대되었습니다(이익)."

시나리오 4

회의 중에 상사가 팀의 집중력과 생산성에 관해 나를 들볶고 있다.

예) "지난 2주 동안 고객 서비스 문제에 집중했습니다(대답). 새 업그레이드판을 출시한 뒤로 두 가지 기능에 관한 문의가 20퍼센트 증가했습니다(사례). 그래서 최근 고객에게 제공할 수 있게 온라인 튜토리얼을 제작했습니다. 덕분에 팀원들이 다른 과제에 집중할 수 있게 되었습니다. 게다가 다음 업그레

이드 전에 선제적으로 제공할 새 온라인 튜토리얼을 제작할
예정입니다(이익)."

보다시피 구체적 데이터나 수치를 제시하면 큰 도움이 된다. 구
체적으로 말할 때 대답에 힘이 실리는 것을 보여주는 또 하나의
예다.

마무리

전에 가르쳤던 학생 중 한 명이 기업들의 데이터를 오프라인 저
장 장소에서 클라우드로 옮기는 과정을 돕는 소규모 컨설팅 회사
를 세웠다. 시간이 흐르면서 그 친구는 컨설턴트를 파견하는 대신
데이터 이동 프로그램을 판매해 이동 과정을 자동화하면 회사가
더 빨리 성장하리라는 것을 깨달았다. 그의 리더십 아래 회사는
컨설팅 서비스가 아니라 소프트웨어를 판매하는 기업으로 탈바꿈
했다.

당연한 일이지만 컨설턴트를 비롯한 기존 직원들은 위기감을
느꼈다. 직장을 잃을까 봐 걱정하는 사람도 있었고, 오랫동안 컨
설팅 서비스 영업을 했는데 갑자기 소프트웨어 영업을 할 수 있
을까 고민하는 사람들도 많았다. 그 친구는 분위기를 다잡기 위해

회사의 전략적 선택을 직원들에게 설명하고, 솔직하고 날카로운 질문에 대답해야 한다고 느꼈다.

그래서 나와 그 친구는 함께 질의응답 테크닉을 연습했다. 나는 '대답-사례-이익' 공식을 가르쳐주고 몇몇 질문에 어떻게 대처할지 함께 고민했다. '대답-사례-이익' 공식은 큰 도움이 되었다. 세부적인 내용을 꼼꼼히 파악하고 사측의 입장을 명확하게 밝히자 직원들은 사장이 자신들의 입장과 우려를 고려했다고 느꼈다. 대답 또한 초점이 분명하며 숙고한 끝에 나온 것이라 생각했던 것이다.

그 친구의 답변은 간결하고 의미 있었다. 그 결과 자칫 회사의 위기를 불러올 수 있었던 질의응답을 무사히 해냈다. 그뿐만 아니다. 그 시간을 원하는 메시지를 전달하고 리더로서 자신의 입장을 굳히며 주변 사람들과 더 깊은 인간관계를 다질 기회로 탈바꿈했다.

즉석 질의응답을 겁내지 말자. '대답-사례-이익'의 3단계를 바탕으로 주도권을 잡고 사람들과 대화하자. 그러면 방어적인 태도에서 벗어나 내 생각을 강렬하고 의미 있게 제시할 수 있다. 질의응답 시간을 신뢰를 다지고 의견을 강조할 기회로 활용하자.

적을 만들지 않는
쓴소리

쓴소리와 조언의 핵심

피드백을 줄 때는 대개 이래라저래라 하거나 상대가 모르는 것을 알려주는 등 남을 비판하는 위치에 서게 된다. 하지만 피드백이란 상대와 힘을 합쳐 문제를 해결하기 위한 권유의 일종이다. 이를 잘 활용하면 단기적으로는 눈앞의 과제를 잘 해결하고, 장기적으로는 상대와의 관계를 탄탄히 굳힐 수 있다.

쓴소리와 조언의 가치

내 생각을 말하는 데만 집중하면 상대가 내 말을 제대로 듣지 못할 위험이 있다. 권위적으로 평가하는 위치에서 상대를 내려다보고, 상대는 수동적으로 듣는 위치에 서게 되는 것이다. 이 경우 함께 힘을 합칠 기회는 날아가고 완고하고, 혼내고, 잔소리하는 듯한 느낌을 주어 상대가 오히려 방어적으로 나오는 최악의 결과를 맞을 수도 있다.

'피드백을 함께 문제를 해결하자는 권유'라고 생각하면 대화 구도를 바꿀 수 있다. 방어적인 반응을 야기하는 대신 주인의식, 열린 마음, 책임감을 공유하게 되는 것이다. 상대에게 이래라저래라 지시하는 게 아니라 상대와 같은 눈높이에서 힘을 모아 문제를 개선하게 된다. 이런 생각을 바탕에 깔면 진정한 발전을 이루고 상대와의 관계가 (불편해지는 대신) 탄탄해질 가능성이 훨씬 크다.

무엇을 말할까

즉석에서 친근하고 협력적으로 피드백을 주는 데 유용한 공식을 소개한다. 바로 '사실-영향-권유-결과' 공식이다.

- 사실 : 피드백의 주제인 문제 행동이나 생각에 대해 구체적이고 현실적으로 언급한다.
- 영향 : 문제 행동이나 생각이 불러올 영향을 설명한다.
- 권유 : 함께 협력해서 문제 행동 또는 생각에 대처하자고 권유한다.
- 결과 : 내가 제안한 피드백을 수용 또는 무시했을 때 찾아올 긍정 또는 부정적 결과를 구체적으로 제시한다.

공식에 따라 명확하고 건설적인 메시지를 전하면 긍정적인 결과를 기대할 수 있다. 이제 각 단계를 자세히 살펴보자.

1단계 : 객관적 사실을 말한다

말을 시작할 때, 우선 상대 또는 관련 문제에 대한 객관적 사실을 제시하자. 쉽지 않더라도 내 감정은 접어두고 명백하고 확인 가능한 사실만 말하자.

예) 직속상관의 입장에서 최근 보고서를 늦게 제출한 부하 직원에게 쓴소리를 해야 할 경우
→ "자네도 봤겠지만 고객 충성도 관련 보고서 제출이 늦어져서 이번 분기 이사 회의에서 검토하지 못하게 됐어."

교사로서 학생에게 조언하는 경우

→ "첫 시험 점수는 A였는데 그 뒤로 두 번 연속 C˖를 받았더구나."

'거론하지 않을 주제'도 반드시 밝혀두자. 첫 번째 예의 경우 "오늘은 보고서의 수준이 아니라 마감 준수 문제만 놓고 말해보세", 두 번째 예에서는 "수업 참여도는 좋은 편이지만, 오늘은 시험 대비 문제에 대해서만 얘기해 보자" 같은 식이다. 이렇게 대화의 범주를 정해두면 상대와 나 모두 대화의 초점을 유지할 수 있다.

2단계 : 영향을 밝힌다

명확한 사실관계를 제시했다면, 이제 상대가 고쳤으면 하는 행동 또는 생각에 대한 내 의견과 감정을 밝히자. 이때 1인칭 단수를 넣어 직접적으로 말하자. 예를 들어 "내 생각은", "내가 느끼기에는"이라고 말하면 된다. 이 문제가 내게 중요한 의견과 감정이라는 사실을 뚜렷이 밝혀야 한다. 이처럼 내 말을 전적으로 책임지면 상대의 방어적인 태도나 내가 상대를 책망한다는 느낌을 누그러뜨리는 데도 도움이 된다.

예) "내가 알기로 이사회는 우리 팀이 노력한 덕분에 지난 분기 고객만족도가 얼마나 올랐는지 잘 모르고 있어. 내 생각에

는 우리 팀이 어떤 성과를 이뤘는지 이사회에 보여줄 기회를
놓친 것 같아 걱정일세."

"선생님은 네가 이번 학기에 세운 목표를 달성하지 못하고 있
는 것 같아 염려가 되는구나. 그리고 네가 바라는 대학에 입학
하는 데 필요한 최종 점수를 따지 못할까 봐 걱정이다."

함께 의논하고 해결해야 하는 문제를 제시할 때는 그 문제가 왜
중요한지 명확하게 밝혀야 한다. 부하 직원 입장에서는 자신의 업
무가 큰 그림 안에서 어떤 역할을 하는지 미처 모를 수도 있다(게
다가 자신이 맡은 업무의 중요성을 강조하는 말은 누구에게나 긍정적 영향을
미친다). 학생의 경우에는 경험이나 지식이 아직 부족해서 열심히
공부하지 않으면 미래에 어떤 영향을 미칠지 실감하지 못할 가능
성도 있다.

3단계 : 권유한다

당신이 원하는 변화와 개선점을 간결하고 구체적으로 권유한
다. 질문 형식으로 참여를 유도해도 되고, 단호한 말로 협업 방향
을 제시해도 좋다.

예) "마감 전에 자네 보고서를 이사회에 제출하려면 어떻게

하는 게 좋겠나?" 또는 "이사회의 준비 마감 하루 전에 보고서를 제출하도록 해".

"어떻게 하면 함께 힘을 합쳐서 다음 시험에 더 잘 대비할 수 있을까?" 또는 "다음 시험 전까지 금요일 방과 후 수업에 참여하는 게 어떨까".

모든 소통이 그렇겠지만 특히 피드백을 줄 때는 단어의 선택이 매우 중요하다. '우리'라는 표현을 쓰고 질문의 형식을 취하면 상대와 눈높이를 맞추고, 함께 협력해서 긍정적 결과를 이끌어내자는 메시지를 전할 수 있다. 문제 해결 과정에서 상대가 자기 효능감이나 자율성을 느낄 수도 있다. 상대의 관점도 의미가 있고 문제를 지적하는 것이 아니라 함께 해결하자는 뉘앙스를 풍기기 때문이다.

반대로 질문이 아니라 단언 형식으로 권유하면 메시지를 강조하고 명확하게 전달하는 효과가 있다. 이 문제에 관해 예전에 피드백을 준 적이 있거나, 시간 여유가 없다면 단호하게 말하는 편이 바람직하다.

4단계 : 결과를 제시한다

끝으로 상대가 피드백에 순응하거나 거부하면 어떤 결과가 따를지 설명해야 한다. 긍정적, 부정적 또는 복합적인 결과에 관해 구체적으로 말하면 된다.

　　예) "고객 서비스 점수를 이사회에 제출하면 우리 팀이 고객
　　서비스 만족도 향상에 얼마나 힘썼는지, 또 우리 팀이 얼마나
　　중요한 업무를 맡았는지 보여줄 수 있네" 또는 "이사회가 고
　　객 서비스 점수를 보지 못하면 우리 팀이 고객 만족도 제고를
　　위해 얼마나 노력하는지 모를 테지. 그러면 우리 고객 서비스
　　팀이 구조 조정을 당할지도 모르네".

　　"다음 시험에서 A를 맞으면 최종 점수는 A⁻가 될 거야. 그렇
　　게 이번 학기를 마무리하면 얼마나 보람차겠니?" 또는 "우리
　　가 시험 점수를 올릴 방법을 찾아내지 못하면, 네가 운동선수
　　로 계속 활동하는 데 필요한 성적을 받지 못할지도 몰라".

어떻게 말할까

　　즉석에서 피드백을 해야 할 때 '사실-영향-권유-결과' 공식을 염두에 두면 깔끔하고 명확하게 메시지를 전달하고 협력적인 분위기를 조성할 수 있다. 하지만 공식을 어떻게 실전에 옮길 것인

가 또한 중요하다. 다음 조언을 새겨두자.

비결 1 : 준비하자

피드백을 해야 하는 상황이라면 미리 나 자신에게 질문을 던지고 답변을 다듬어두자.

> – 상대가 바람직하지 않은 행동을 하는 이유는 무엇일까?
> – 피드백을 주었을 때와 주지 않았을 때 내가 얻을 이익, 혹은 손해는 무엇인가?
> – 상대의 행동이 어떻게 바뀌기를 바라는가?

대화를 할 때 상대가 바라는 피드백의 수준과 유형에 대해 먼저 물어봐도 좋다. 그러면 내 말의 초점을 유지하고 문제 해결에 협력하려는 의지를 보여줄 수 있다. 피드백이 과연 상대에게 유익할지 자문해 보는 것도 좋다. 별 도움이 될 성싶지 않으면 말을 꺼내기 직전에 피드백을 주지 않기로 결정할 수도 있다. 예컨대 동료와 함께 들어갔던 회의가 끝난 뒤 동료가 회의에 대해 불만을 표시한다면 먼저 상대가 내 조언을 듣고 싶은지, 아니면 그저 넋두리하고 싶은지 살피자. 그 상황에서 상대가 무엇을 원하는지 파악하면 어떻게 대응할지 결정하기 쉽다.

아내가 자기 행동에 대한 피드백을 청할 때가 간혹 있다. 그런데 이상하게도 결국 '이렇게 하면 상대 마음이 상하지 않게 피드백을 줄 수 있을 것'이라는 '건설적인 조언'을 받는 것은 오히려 내 쪽이다. 나는 내 의견을 말하면서 제안과 대안을 제시하는데, 아내는 내가 자신의 감정에 초점을 맞추길 원하기 때문이다. 덕분에 나는 의견을 내기 전에 어떤 유형의 피드백을 원하는지 아내에게 미리 물어보는 습관을 들이게 되었다.

비결 2 : 시의적절하게 접근하자

즉석에서건 아니건, 시의적절하게 피드백을 주면 훨씬 나은 결과를 얻을 수 있다. 누군가 피드백이 필요한 행동을 했다면 문제 행동이 일어나자마자 말하는 편이 좋다. 다른 사정이 있어서 문제 행동이 일어난 직후에 피드백을 줄 수 없다면, 적어도 상대에게 방금 한 행동에 대해 조만간 얘기를 나누자고 운을 떼어두자. 그러면 상대도 이 상황을 잊어버리지 않을 것이다.

비결 3 : 주변 환경에 신경 쓰자

피드백을 할 때는 시기뿐만 아니라 주변 환경도 중요하다. 생각해 보라. 지금 있는 장소가 피드백을 주고 원하는 효과를 이끌어내기에 적합한가? 상대가 경험하거나 소화해야 하는 요소들을 고려했을 때, 지금이 적절한 시기인가?

상대와 나 모두 준비를 갖추고 정신적으로나 신체적으로나 양호한 상태일 때, 피드백은 가장 큰 효과를 낸다. 사람들이 붐비는 공공장소에서 친구나 동료를 만났는데 피드백을 주고 싶을 수도 있다. 하지만 진지한 문제에 관해 말할 예정이라면 별로 좋은 생각은 못 된다. 상대가 다른 과제에 정신이 쏠려 있을지도 모르고, 사적인 자리에서 이야기하는 게 더 편안할 수도 있다. 그날 상대의 일진이 좋지 않아 차분하고 사려 깊게 이야기하지 못할 수도 있다. 베테랑 배구 코치 루빈 니에베스Ruben Nieves의 말대로 "교육 불가한 순간"에 처했는지도 모른다.[1] 예측하지 못한 순간에 갑자기 피드백을 받으면 상대도 받아들이기 어렵다.

가능하면 직접 얼굴을 마주하고 피드백을 주는 것이 바람직하다. 온라인, 서면, 전화상으로 효과적인 피드백을 주기는 쉽지 않다. 메시지에 맞게 환경을 조절하기도 어렵고, 상대가 내 말을 어떻게 받아들이는지 파악할 수도 없기 때문이다.[2]

비결 4 : 적절한 어조로 말하자

어조는 '사실-영향-권유-결과' 공식을 이용한 피드백의 의미를 극적으로 바꿔놓을 수 있다. 동료 직원이 회의에 10분씩 지각한 것이 벌써 세 번째라면, 공식을 활용해서 이렇게 말해보자. "10분 늦었네. 세 번 연속 지각이야. 나만큼 이 회의를 중요하게 여기지 않는 건가 하는 생각이 들어. 프로젝트를 제때 마쳐야 하니까 회의에 늦지 않게 우리가 도와줄 방법이 없을까?"

시급한 느낌을 주려면 단호한 톤으로 말하자. "회의에 또 10분 늦었네. 내 생각에는 이 회의를 중요하게 여기지 않는 것 같은데. 다음 회의에는 10분 일찍 와줘. 그렇지 않으면 팀에서 빠져야 할지도 몰라."

두 피드백의 차이를 눈여겨보자. 첫 번째 피드백은 질문 형식이고 문제 해결을 돕겠다고 제안하므로 협력적인 어조를 띤다. 두 번째 피드백에서는 따르지 않을 경우 생길 부정적 결과의 가능성을 언급하므로 엄격한 느낌을 준다. 경우에 맞게 어조를 조율하는 것이 가능하다는 사실을 알고 있으면 메시지를 더 명확하게 전달할 수 있다.

비결 5 : 균형을 맞추자

즉석에서 말할 때는 비판적인 피드백뿐만 아니라 긍정적인 피드백도 함께 주어야 한다. 공식대로 말하기 전 상대에 대해 무언가 긍정적인 말을 하자. 긍정적인 말로 시작하면 내가 상대와 상대의 노력을 높이 산다는 것을 보여줌으로써 상대가 쓴소리를 받아들일 확률도 높아진다. 물론 쓴소리와 칭찬의 무게는 엇비슷해야 한다. 패션 감각을 칭찬하고서 업무 능력에 대해 쓴소리하면 어색하고 억지스러우며 칭찬 역시 빈말처럼 느껴진다. 그보다는 최근 회의에서 중요한 질문을 했다거나 신입 직원을 지속적으로 도와주는 등 실질적인 공에 대해 칭찬하는 것이 낫다.

비결 6 : 상대의 감정을 관찰하자

피드백을 줄 때는 상대 반응에 면밀히 주의를 기울이자. 상대가 산만하거나 방어적 혹은 감정적 태도를 보이면 반드시 메시지를 수정해야 한다. 한편 스스로의 감정적 상태도 살피자. 효과적으로 소통하기에는 너무 분위기가 과열되었는가? 말뜻을 효과적으로 전하기 위해 감정적 수위를 높이거나 낮추어야 하는가? 상황이 감정적으로 흘러간다면 감정의 성격을 정의하지 말고, 감정의 정체를 파악한 다음 객관적 화제로 돌아가자. 감정의 성격을 언급하는 것은 위험하다. "마음 상한 것 같은데"라고 말하면 "아닌데, 그냥 짜증 난 건데"라는 답이 돌아올 수도 있다. 눈앞의 문제를 해결하는 데 집중하는 대신 지금 감정 상태가 정확히 어떤지 입씨름을 벌이는 불상사는 피하자. 감정의 성격을 정의하지 않고 피드백을 주고 싶다면 이렇게 말하자. "목소리만 들어봐도 너한테 정말 중요한 문제인 걸 알겠네. 스케줄을 명확하게 잡으면 문제를 잘 해결할 수 있을 거야."

비결 7: 초점을 놓치지 말자

피드백을 하다 보면 자칫 여러 가지 조언을 늘어놓게 된다. 하지만 과유불급이라는 사실을 명심하자. 지나치게 많은 피드백을 쏟아부으면 상대의 머릿속에는 하나도 제대로 들어가지 않을 것이다. 상대가 고쳤으면 하는 행동 한두 가지, 또는 내가 상대에게 전했으면 하는 가장 중요한 사안 한두 가지는 무엇인가? 그 부분에만 집중하고 나머지 조언은 다음으로 미루자.

실전 시나리오

아래 소개한 시나리오는 상대가 조언을 요청하는 경우, 내가 목격한 행동 때문에 상대에게 쓴소리해야 하는 경우 등 다양한 상황을 보여준다. 내가 상대보다 윗사람일 경우, 또는 아랫사람일 경우에 따라 달라지는 대응법에 관해서도 언급했다. 또한 단어의 선택, (질문, 제안, 단언 등) 권유 형식, 그리고 어디서, 누구 앞에서 피드백 하는지 등 상황을 막론하고 활용할 다양한 보조 수단이 있다. '사실-영향-권유-결과' 공식에 익숙해지면 각종 보조 수단을 십분 활용해서 적절한 뉘앙스로 소통할 수 있을 것이다.

시나리오 1

동료 직원이 전화해서 잠재 고객에게 보낼 이메일을 검토해 달라고 한다. 메일 내용을 보니 모호하고 두서가 없다.

예) "분량이 세 문단 정도인데 마지막에 뚜렷한 요구 사항으로 끝나지 않아서(사실), 이 메시지를 내가 받았다면 조금 이해하기 어려울 것 같아(영향). 저번 회의 요약본 대신 회의록 링크를 달거나 제목에 원하는 바를 먼저 써보면 어떨까(권유). 그러면 답장이 더 빨리 올 것 같은데(결과)."

시나리오 2

부장은 내가 이끄는 팀 앞에서 말할 때 항상 여직원보다 남직원에게 초점을 맞추고 편애하는 경향이 있다. 그래서 많은 여직원이 불쾌해하고 업무 의욕이 떨어진다.

예) "오늘 저희 팀 의견을 물으셨을 때, 남직원들만 찾으시고 여직원의 발언은 들어주시지 않았던 부분에 대해 잠깐 말씀 드렸으면 합니다(사실). 부장님께서 여직원들의 의견을 남직원만큼 중요하게 여기지 않는다고 저희 팀 여직원들이 생각할까 봐 걱정입니다(영향). 저희 팀 여직원들의 의견을 좀 더 반영하실 수 있게 제가 도와드릴 방법이 없을까요(권유)? 이 부분이 달라지면 성별에 관계없이 팀원 모두가 힘을 합쳐 부장님이 내주시는 과제를 해결하는 데 유용한 아이디어를 낼 겁니다(결과)."

시나리오 3

아이와 함께 친목 모임에 참석 중이다. 다른 사람들과 아이들이 서로 어울리며 안면을 익히고 있는데, 우리 아이는 아랑곳하지 않고 휴대폰만 들여다보고 있다.

> 예) "두 사람이나 너한테 인사를 건넸는데 제대로 대답하지 않고 폰만 보고 있더구나(사실). 주변 사람들과 어울리지 않는 건 무례한 행동이야(영향). 폰을 무음으로 바꾸고 10분 정도 넣어두는 게 좋겠다(권유). 계속 폰만 보고 있으면 집에 갈 때까지 폰을 압수할 수밖에 없어(결과)."

마무리

최근 아이비리그에서 커뮤니케이션을 가르치는 스탠퍼드대 박사생 앨리스에게 조언을 해준 적이 있었다. 앨리스와 나는 여러 면에서 협력하며 굳건한 관계를 유지했다. 그런데 앨리스가 강의를 시작한 지 얼마 되지 않아 마음이 상하는 일이 있었다며 전화를 걸어왔다. 첫 강의 평가 결과가 그리 좋지 않았던 것이다. 학생들은 강의 내용은 좋았지만 어려운 자료를 너무 많이 안겨주었다고 혹평했다. 앨리스는 내 조언을 청했다. "학생들의 평가에 이렇게 상처받는 게 당연한가요? 학생의 부정적 평가에 제가 대응하는 방식에 대해 어떻게 생각하세요?"

나는 '사실-영향-권유-결과'의 공식을 적용했다. 우선 앨리스의 커리큘럼을 보니 시험 일정과 자료 읽기 과제 마감이 겹칠 때가 많고, 그것도 월요일에 몰려 있어서 학생들이 주말 내내 과제에 매달렸을 거라고 지적했다(사실). 그리고 몇 가지만 간단히 수정하면 학생들의 일정에 맞게 커리큘럼을 조정할 수 있을 테고, 학생들의 부정적 반응에 너무 마음 상할 필요는 없는 것 같다고 말해주었다(영향). 또 과제 마감일을 수정하는 데 참고가 되도록 내 커리큘럼을 보내주었다(권유). 끝으로 학생들의 피드백을 반영하면 강의 실력이 쌓일 테니, 점차 평가도 좋아질 거라고 말했다(결과).

앨리스는 내 의견을 받아들였고 학생들의 반응에 대한 자신의 생각도, 과제 마감일도 수정했다. 한 학기가 지난 뒤, 앨리스는 강의 평가 결과가 훨씬 긍정적으로 바뀌었다면서 기뻐했다. 그리고 내 조언과 도움에 감사를 표했고, 우리의 관계는 더 두터워졌다.

피드백을 주는 것은 상대에 대한 관심과 걱정을 표현하는 한 방식이기도 하다. 힘을 합쳐 문제를 해결하자고 권유하는 것이 핵심이다. 시간을 들여 제대로 조언하면 단기적으로는 상대가 문제를 해결하는 데 도움을 주고, 장기적으로는 인간관계, 존중감, 신뢰감을 굳게 다질 수 있다.

전화위복의 기회로
만들다

사과의 핵심

이 책에서 소개한 여러 테크닉을 활용하면 즉석에서 말하기를 잘할 수 있을 것이다. 그런데 간혹 실수를 저지를 때는 어떻게 해야 할까? 상대의 기분을 상하게 하거나 부적절한 행동을 했을 때, 적절히 대처하고 상황을 통제할 방법은 무엇일까?

제대로 사과하는 법을 알아두면 무척 유용하다. 특히 즉석 대화를 할 때 리스크를 무릅쓰고 진정한 모습을 보여주고 싶다면 꼭 알아두어야 한다. 그런데 사과하는 법을 모르는 사람들이 너무 많다. 남의 기분을 상하게 하고서 충분히 사과하지 않거나, 부적절하게 대응하거나, 아예 무시해 상황을 악화한다. 상대는 나를 분위기를 파악하지 못하거나, 실없거나, 무례한 사람이라 판단하게 된다. 즉석 대화로 관계와 협동을 다지기는커녕 갈등과 비호감만 쌓이는 것이다. 제대로 된 사과의 구성 요소를 이해하고 일관된 공식을 마련해 두면 이런 불상사를 피할 수 있다.

사과의 가치

"절대 사과하지 말게. 나약함의 표시니까."[1] 영화 〈황색 리본을 한 여자〉에 출연한 존 웨인의 대사다. 하지만 요즘 이런 말은 사과를 회피하거나 마지못해 사죄하는 유명인이 대는 핑계일 뿐이다. 다시 말해두지만 사과는 나약함의 표시가 아니라 용기 있고 강인한 행동이다. 내가 (지인이나 낯선 사람을 포함한) 인간관계에 두루 마음을 쓰고 있으며, 모두에게 편안하고 건설적인 분위기를 조성하기 위해 내 에고를 내려놓을 의지가 있다는 것을 보여주는 게 사과인 셈이다.

인간관계에서 사과는 다방면으로 활약한다. 사과를 하면 상대의 화가 누그러지고, 따라서 상대가 내 잘못을 되갚아 주려고 공격할 가능성이 줄어든다. 사과하는 과정에서 상대와 신뢰를 다지고, 문제가 되었던 행동을 반복하지 않을 거라고 상대를 안심시켜줄 수도 있다. 제대로 사과하면 상대는 내가 진짜 못된 놈이 아니라는 것, 상황에 휩쓸려 그릇된 행동을 했다는 것을 알게 된다. 나쁜 뜻은 없었고 어쩌다 잘못을 저질렀다는 것을 이해하게 되는 것이다. 제대로 된 사과는 오히려 상대와 마음이 통하는 새로운 길이 되기도 한다.

무엇을 말할까

상대의 마음을 울리는 사과를 하려면 사과의 공식을 이용하자. 개인적으로 '잘피해'라고 부르는 공식이다. 비상시에 이용하는 갓길처럼 곤경에 처했을 때 큰 도움이 될 것이다.

- **잘:** 내가 무슨 **잘**못을 했는지 파악하고 책임을 시인한다.
- **피:** 내 잘못이 남에게 끼친 **피**해를 솔직하게 인정한다.
- **해:** 내 잘못을 어떻게 **해**결하고 바로잡을지 상세히 말한다. 어떤 행동과 생각을 실천 또는 경계해서 상황을 개선할 것인지 구체적으로 말하면 된다.

모든 상황에 적용 가능한 사과의 공식은 없다. 상대는 내 잘못과 자신이 입은 피해가 얼마나 심각한가에 따라 내 사과를 평가할 것이다. 회의에 5분 지각했다면 공식에 따른 사과의 말로 충분하겠지만 무심코 누군가를 모욕하거나 망신을 줬다면 그 정도로는 부족할 수도 있다. 잘못의 수위를 막론하고 상대는 내가 잘못을 시인하고, 상대에게 끼친 (특히 감정적 차원의) 피해를 인정하고, 바로잡을 방법을 알길 바랄 것이다. 이 세 가지 요소를 공식으로 구성하면 사과를 통해 상대의 다친 감정을 달래고 내가 공감한다는 것을 보여줄 수 있다. 지금부터 사과의 각 요소와 실천 방법을 자세히 알아보자.

1단계 : 어떤 잘못을 했는지 말하고 책임을 시인한다

종종 사과 같지 않은 사과를 듣게 된다. 자신의 잘못을 시인하지도, 책임 소재를 정확히 밝히지도 않는 사과다. "방금 들은 말에 기분이 상하셨다면 죄송합니다." 마치 내가 한 말은 문제가 없었고 상식적인 사람이라면 아무렇지도 않게 여길 거라는 투다. "제가 생각 없이 말할 때가 있어서요"에서 보듯 어떤 문제 발언에 대해 사과하는지 직접 밝히지 않거나 "기분 나쁘게 해서 미안하긴 한데, 전에 네가 나에 대해 한 말이 언짢아서 그랬나 봐"처럼 다른 사람이나 상황을 탓하고 책임에서 벗어나려는 경우도 있다.

사과할 때는 내 행동을 정당화하거나, 축소하거나, 구구절절 핑계 대지 말자. '상대의 기분을 상하게 해서' 미안하다고 말하지 말자. 사과가 효력을 발휘하려면 내가 잘못한 점을 인정해야 한다. 내가 저지른 문제 행동 또는 소홀히 한 의무에 대해 명확히 짚어 구체적으로 말해야 한다. 두루뭉술한 표현 뒤에 숨지 말자. 다시 말하지만 사과에는 용기가 필요하다. 약삭빠르고 진정성 없는 사과로 상황을 모면하려는 것은 금물이다.

예) "시스템 테스트를 너무 늦게 진행해서 죄송합니다."

"남성의 경우만 예로 들어 설명한 부분에 대해 사과하고 싶습니다."

"남들 앞에서 자네가 이번 프로젝트에 전력을 다하는 것 같지 않다고 말해서 미안하네."

2단계 : 남에게 끼친 피해를 인정한다

내가 후회하는 행동을 구체적으로 짚어 말했다면, 이제 상대에 대한 공감을 표현할 차례다. 내 행동이 잘못되었고, 나아가 상대에게 피해를 주었다고 명확히 말하자. 상대가 겪은 부정적 감정을 포함해 내 잘못과 소홀함이 끼친 피해를 십분 이해했다는 것을 보여주어야 한다.

내가 끼친 피해를 줄여 말하고 싶겠지만 그래서는 안 된다. 상대의 마음속에는 내 잘못이 남긴 상처가 있다. '크게 보면 별것 아니다'라는 식의 태도는 내 부담을 줄여줄지언정 상대가 받은 상처

를 하찮게 보는 것이다. 학교에 태워다 줄 때 친구들 앞에서 볼 뽀
뽀를 한 일에 대해 십 대 자녀에게 사과할 때 "뭐, 큰일 난 것도 아
니잖아"라고 말한다고 치자. 그러나 그 일은 아이에게는 큰일이었
을 것이다. 친구들 사이에서 놀림받고 얼굴이 화끈해졌을 테니까.
이렇게 사과하면 자기방어적이고 무신경하다는 느낌을 주고, 상
황이 악화될 수도 있다. 사과할 때에는 내 행동이 왜 잘못되었고
상대에게 어떤 상처를 주었는지 진정 '이해'하고 있다는 것을 반
드시 보여주자.

> 예) "업그레이드가 오래 걸려 업무 시간을 제대로 활용하지
> 못하게 폐를 끼쳤습니다."

> "남직원을 중심으로 설명하는 바람에, 여직원이 이 일에 기여
> 한 부분을 무시하고 의욕을 잃게 했군요."

> "다들 모인 자리에서 그런 말을 해서 사람들에게 팀 내 자네
> 의 기여도가 낮은 것 같은 인상을 주었지."

3단계 : 잘못을 바로잡을 방법을 구체적으로 설명한다

잘못을 시인하고 피해를 인정했더라도, 상황을 바로잡을 의지
를 보여주지 않으면 사과에 힘이 실리지 않는다. 부족한 리더가

이끄는 기업은 항상 이 부분에서 실수를 저지른다. 제품에 문제가 있어 피해를 끼칠 경우, 공감하고 책임을 인정하지만 개선 의지에 관한 한 "더 노력하겠습니다" 따위의 모호한 말로 일관하는 것이다. 향후 계획을 단계별로 명확하게 보여주지 않는다면 고객 입장에서는 기업에 대한 신뢰를 접고 냉소하게 된다.

잘못을 반복하지 않기 위해 곧장 취할 행동을 구체적으로 말해서 관계를 다잡자. 구체적으로 말하면 상대는 내가 책임감과 개선 의지가 있는 사람이라는 것을 깨닫는다.

예) "재발을 막기 위해 시연 한 시간 전에 시스템을 점검하겠습니다. 다음 주부터 바로 이 제도를 시행할 것입니다."

"남직원의 사례만 드는 일이 없게끔 다음 회의 전에 다양한 사례를 찾아보도록 하겠어요."

"다음번에 업무 성과에 대해 논의할 부분이 있으면, 둘만 있는 자리에서 말하도록 하겠네."

어떻게 말할까[2]

'잘피해' 공식을 이용해서 사과하면 나와 상대 모두 문제 상황을 효과적이고 생산적으로 헤쳐나갈 수 있다. 하지만 구조를 적절히 짜는 것만으로는 부족하다. 언제, 어떻게 사과하느냐도 중요하다. 사과의 공식을 활용하되 효과를 좀 더 높이는 방안을 알아보자.

비결 1 : 미리 사과하지 말자

잘못할 것 같은 상황이라면 미리 사과해서 피해를 줄이고 싶은 마음이 들게 마련이다. "30분 정도 늦을지도 모르겠는데, 미리 사과드립니다", "행사장에서 여기저기 인사를 드리느라 정신없을 것 같아서… 혹시 신경 써드리지 못하더라도 양해해 주십시오", "자료가 많아 온라인 회의가 너무 길어질지도 모르겠네요", "제가 너무 긴장을 많이 해서… 혹시 말실수할지도 모르니 미리 양해를 구하겠습니다" 등의 말을 하는 것이다.

미리 사과해서 상대의 감정을 배려한다는 것을 보여주고 싶겠지만, 이런 사과는 대개 역효과를 낳는다. 상대가 내 진정성을 의심하기 때문이다. '일정이 안 맞는 걸 알면서 왜 미리 약속을 바꾸지 않았지?', '회의 시간이 부족할 것 같으면 자료를 줄였어야지', '내 기분을 진짜 배려한다면 자기 행동을 고치는 게 맞지 않나?'

처럼 생각하기 쉽다. 또한 미리 사과하면 상대의 시선은 아직 저지르지도 않은 잘못에 쏠리게 된다. 잘못을 저질렀을 경우 기억도 더 오래 남는다.

그러므로 상대의 마음을 상하게 할 것 같다면 머릿속으로 우선순위를 확실히 정리해 두자. 가능하다면 문제가 될 만한 계획이나 행동을 미리 조율하자. 그럴 수 없다면 먼저 최선을 다하고 나중에 사과하는 편이 바람직하다.

비결 2 : 질질 끌다 사과하지 말자

당연한 말이지만 아예 사과하지 않는 것보다는 늦게라도 사과하는 것이 낫다. 그리고 바로 사과하기가 애매한 상황도 있다. CEO가 참석한 회의에서 동료의 말에 끼어드는 결례를 범했다면, 즉시 사과하기보다는 회의가 끝난 뒤에 진심을 전하는 편이 나을 것이다. 아이를 학교에 바래다주면서 심한 말을 했다면 하교할 때까지 기다렸다가 사과의 뜻을 전해야 할 수도 있다.

하지만 일반적으로는 피드백과 마찬가지로 사과 또한 빨리할수록 좋다. 분노와 화가 악화되는 것을 막을 수 있기 때문이다. 잘못을 저지르는 순간 바로 깨닫고 사과하면 상대는 내가 올바른 사람이라는 인상을 받을 수도 있다. 게다가 시의적절하게 사과하면 상대의 마음을 상하게 했다는 스트레스에서 빨리 벗어난다. 제때 사과하면 상대도 나도 갈등을 뒤로하고 앞으로 나아갈 수 있다.

비결 3 : 구체, 명료, 간략하게 사과하자

사과는 대개 적당한 수준이면 충분하다. 잘못을 저질러 죄책감을 느끼면 내 평판이나 상대의 기분이 얼마나 나빠졌을까 지나치게 걱정하기 쉽다. 쥐구멍에라도 들어가고 싶고, 폐를 끼친 데 안절부절해서 집요하리만치 사과를 연발한다. 하지만 사과를 반복하면 내 마음은 가벼워질지언정 상대방은 짜증이 나거나 불편하게 느낄 수도 있다. 내 잘못을 지나치게 강조하면 상황이 부풀려져서 상대의 감정이 더 상할 수도 있다. 지나친 사과는 상대의 마음이 가라앉을 시간을 주지 않아 상황을 악화시킨다.

쉬운 일은 아니지만 구조를 잘 짜고, 진심이 담긴 사과를 건네고, 거기서 멈춰야 한다. (당장 용서하든, 나중에 상황을 소화할 여유가 생긴 뒤에 용서하든 간에) 상대가 내 반성과 사과를 받아들일 만큼 호의적이고 상식적인 사람이라는 사실을 믿어야 한다.

지나친 사과란 같은 말을 반복하거나, 사소한 실수까지도 넘기지 않고 사과하는 것을 말한다. 털끝만큼의 잘못도 모두 사과해야 하는 것은 아니다. 회의에 1, 2분 늦었다고 공식 석상에서 사과해야 할까? 진실되고 완벽하게 상식적이며 선의를 담은 말을 했는데도 오해를 살까 봐 사과의 말을 덧붙여야 할까? 사과를 입에 달고 살면 의미가 희석된다. 사과할 때는 사려 깊고 균형 있게 접근하자. 내 잘못이 선을 넘었다는 확신이 들면 의미 있는 사과를 건넨다. 내가 사과받길 바라는 대로 남에게 사과하면 되는 것이다.

실전 시나리오

사과의 공식은 상황과 잘못의 경중을 막론하고 활용할 수 있다. 공식을 효과적으로 활용하려면 다음 시나리오를 참고하자.

시나리오 1

회사 상황이 좋지 않아 스트레스가 많이 쌓였다. 회의에 들어가서 화를 내고 동료에게 무례하게 대했다. 오후에 복도에서 동료를 마주쳤는데 기분이 상한 티가 난다.

> 예) "네 생각을 설명하던 중에 내가 목소리를 높이고 끼어들어서 정말 미안하다. 내가 잘못했어(잘못 시인). 따지고 드는 내 태도가 문제고, 그래서 우리 팀원들도 불편해하고 팀워크에 방해가 된다는 것 잘 알고 있어(피해 인정). 오늘부터 감정이 지나치게 올라오면 내 차례를 기다렸다가 차분한 목소리로 말하도록 할게. 그리고 다른 사람들이 한 말을 먼저 정리한 다음에 내 의견을 꺼낼게(해결 방안)."

잘못된 행동에 대한 평계를 대지 않았다는 데 주목하자. 자신의 행동이 상대의 기분을 상하게 했다고 인정했다. 내가 끼친 피해에 관해 말할 때는 기분이 상한 상대뿐만 아니라 팀 전체에 미친 부정적 영향도 언급하자. 그러면 상대는 '자기가 어떤 피해를 끼쳤는지 잘 알고 있구나'라고 느낀다. 나아가 공개적으로 면박을 주고 사적으로 사과하는 것은 좋지 않다. 이 경우 시의적절하게 참석자가 함께 있는 상황에서 사과하는 게 훨씬 효과적이다.

시나리오 2

우리말에 서툰 외국인 동료 직원과 함께 프로젝트를 진행하고 있다. 언어 장벽 탓에 더 이상 그 직원의 의견을 구하지 않았더니 언짢아하는 것 같다.

> 예) "미안합니다. 하시는 말씀을 온전히 알아듣지 못해서 다른 분의 조언을 잠깐 구했습니다(잘못 시인). 그러다 보니 저희끼리 이야기하게 되었는데, 기분이 언짢으실 수 있겠네요(피해 인정). 다음부터는 채팅창에 아이디어를 올려서 모두의 의견을 공개적으로 볼 수 있도록 하겠습니다. 그렇게 하면 제가 집중해서 모두의 의견을 더 잘 이해할 수 있을 것 같습니다(해결 방안)."

이 상황에서는 실용적인 목표를 설정했다. 모국어 화자가 아닌 사람들이 하는 말을 때로 이해하기 어려워도 모두가 편안하게 참여할 수 있도록 돕는 것이다. 두 번째 단계에서는 공감이 나타나지만, 미묘한 수준이라는 데 주목하자. 여기서는 대화에 끼워주지 않아 감정이 상하고 어쩌면 모욕적으로 느낄 가능성을 인정했다.

시나리오 3

온라인으로 진행되는 중요한 사업상 회의에 참석했고 잔뜩 긴장했다. 그런데 참석자의 이름을 잘못 발음했다는 것을 깨닫고 크게 당황했다. 일을 키우고 싶지는 않지만 사과해야 할 것 같다.

> 예) "성함을 잘못 발음해서 죄송합니다. 어떻게 발음해야 맞죠(잘못 시인)? 틀린 이름으로 불려서 불편하셨겠습니다. 제 발음을 고쳐주기도 어려우셨을 테고요(피해 인정). 앞으로는 참석자 명단을 미리 검토하고 회의 시작 전에 발음을 확인하도록 하겠습니다(해결 방안)."

이 상황에서는 내가 실수한 사실을 공공연하게 인정할 뿐만 아니라 상대의 이름을 정확히 발음하는 법을 묻는 것도 중요하다. 그렇게 하면 내가 실수를 바로잡으려고 애쓴다는 것을 보여주고, 다른 사람들이 같은 실수를 반복하지 않도록 해준다. 내가 저지른 잘못뿐만 아니라 상대가 내 잘못을 지적하기 어려웠으리라는 점을 함께 인정했다는 데 주목하자.

마무리

불과 얼마 전, 동료와 함께 커뮤니케이션 강의를 공동 진행하다가 실수를 저지르고 말았다. 데이터와 함께 배경지식을 제공하는 것이 얼마나 중요한지 설명하던 중이었다. 겉보기에는 전혀 문제될 것이 없는 주제였다.

그런데 주제를 뒷받침할 근거로 몇 년 전 내가 코치했던 세계 최대 규모 은행의 임원에 대한 이야기를 꺼낸 것이 문제였다. 당시 발표에서 그는 매일 은행을 거쳐가는 돈의 천문학적 액수를 언급했다. 나는 돈의 액수만 언급하는 게 아니라, 대체 얼마큼의 돈인지 이해하기 쉽도록 방법을 강구하라고 권했다. 임원은 잠깐 계산해 보더니 세상에 있는 모든 돈의 4분의 1 상당이라고 말했다. 나는 그 일화를 학생들에게 들려주었다.

그 사례를 들면서 나는 자못 만족스러웠다. '이제 학생들이 데이터를 생생하게 전달해야 한다는 사실을 명심하겠지.' 그런데 한 학생이 팔짱을 끼고 벽을 노려보는 모습이 눈에 띄었다. 평소에는 열정적이고 수다스럽던 그 학생은 남은 수업 내내 말이 없었고 생각에 잠긴 듯했다. 뭔가 내가 한 말이 부정적인 감정을 불러일으킨 것이었다.

수업이 끝난 뒤 학생에게 무슨 일이 있느냐고 물었다. 알고 보니 내가 사례로 든 바로 그 은행이 얼마 전에 학생의 집을 압류했다고 했다. 매일 은행을 거쳐가는 자금의 액수를 듣자 어려운 집안 사정이 생각나 기분이 가라앉았던 것이다.

나는 미안한 마음에 '잘피해' 공식을 이용해서 사과의 말을 건넸다. 은행과 수익을 언급해서 미안하다고 말했다. 내가 든 사례에 마음 상하는 것도 당연하고, 앞으로는 듣는 사람이 괴로워하거나 불편하게 여길 만한 사례는 최대한 피하도록 주의하겠다고 약속했다.

나를 지탱해 줄 공식이 없었다면 하려던 말을 일부 잊거나 장광설을 늘어놓았을지도 모른다. 사과의 공식 덕분에 나는 내 실수가 학생에게 미친 영향에 중점을 두고, 빠르고 간결하게 사과할 수 있었다. 사태에 민감하게 대응하고 즉각 사과하자 학생은 곧 나를 용서해 주었다. 다음 수업에서 본 그는 예전과 다름없이 열심이었다. 나 또한 귀중한 교훈을 얻은 것은 물론이다.

누구나 실수한다. 따라서 누구나 사과하는 비결을 배워두는 것이 좋다. 사과의 공식은 잘못을 저질렀을 때 상대의 감정에 공감하고 책임감 있게 행동하도록 힘을 실어준다. 용기 있게 나서고, 방어적인 태도와 자존심을 내려놓고, 겸허와 자기 인식을 보여주

며 관계에 생긴 균열을 메우도록 이끄는 것이다. 흔히 듣는 말과
는 달리 사과는 약점을 드러내는 것이 아니다. 오히려 내가 상대
를 아끼며 더 나은 사람이 되기 위해 애쓰고 있다는 사실을 보여
주는 최고의 방법이다.

성공적인 소통의 비결은
연습과 준비다

　2022년 여름, 호주의 수영 선수 아나벨 윌리엄스Annabelle Williams는 갑자기 즉석에서 말해야 하는 상황에 처했다. 아무리 생각해도 도저히 성공할 수 없을 것 같은 상황이었다. 세계신기록을 다섯 개나 보유한 패럴림픽 금메달리스트인 윌리엄스는 당시 커먼웰스 게임(4년 주기로 열리는 영연방 소속 국가 간 종합 스포츠 대회-옮긴이) 수영 경기 해설자로 활약하고 있었다. 그런데 방송국에서 급한 전화가 걸려왔다. 기존 진행자에게 일이 생겨서 그날 저녁 황금 시간대 중계의 공동 진행자 자리를 채워달라는 부탁이었다.

　윌리엄스에게는 좋은 기회였다. 시청자 수가 100만 명을 웃도는 방송 공동 진행을 맡은 것은 처음이었다. 하지만 긴장이 엄습했다. 대개 주요 운동 경기 해설을 맡으면 해설자는 몇 주에 걸쳐 사전 조사를 한다. 그래야만 실황을 전하거나 시간을 때워야 할 때 재빨리 흥미로운 해설을 할 수 있기 때문이다. 수영 경기에 대해서는 자신 있었지만 전 종목을 다루는 방송의 공동 진행은 달랐다. 구체적인 정보는 아무것도 없이 스포츠에 대한 전반적인 지식에만 의지해서 방송에 임해야 했다.

윌리엄스는 고심 끝에 진행을 수락했다. 첫 방송이 당일 오후에 잡혀 있었으므로 준비할 여유는 네 시간밖에 없었다. 두 아이를 친정어머니에게 맡기고 방송국 이곳저곳을 날아다니며 복장과 메이크업을 갖춘 다음 프로덕션 팀과 방송 스케줄을 맞췄다. 긴장을 덜기 위해 오프닝 멘트는 미리 써서 프롬프터에 띄우기로 했다. '처음 몇 분만 무사히 넘기면 흐름을 타서 좀 괜찮아질 거야.'

그날 저녁, 남성 공동 진행자의 환영 인사와 함께 방송에 출연한 윌리엄스는 차분했고 평정심을 유지했다. 그런데 조명이 비추고 카메라가 돌기 시작하자 재앙이 터졌다. 프롬프터에 뜬 원고를 공동 진행자가 읽기 시작했던 것이다. 공동 진행자가 써둔 원고가 있지 않을까 찾아봤지만 윌리엄스 앞에 놓인 스크린은 텅 비어 있었다. 이제 윌리엄스는 100만 명이 넘는 시청자가 보고 있는 가운데 비치발리볼과 육상 100미터 허들 경기에 관해 즉석에서 이야기해야 했다. 양쪽 모두 거의 모르는 종목이었다.

물론 살면서 이렇게 극한 상황에 처할 일은 많지 않을 것이다. 하지만 이 책에서 보았듯 사람은 누구나 때와 장소를 가리지 않고 스트레스 가득한 상황에서 말을 해야 할 때가 온다. 아무런 예고도 없이 동료, 상사, 고객, 가족, 때로는 생면부지의 사람들 앞에서 의견을 말해야 하는 것이다. 두려움과 과거의 경험 때문에 지레 겁이 날 수도 있지만, 그렇다 해서 멋지게 성공하지 말란 법은 없다. 평소 자신의 성격, 사교성, 말재주에 상관없이 누구나 이 책에 담긴 여섯 가지 기술과 상황별 공식을 활용하면 편안하고 자신감 있게 즉석에서 말하는 것을 해낼 수 있다.

PART 1에서 배운 여섯 개의 테크닉을 복기해 보자.

1. 침착하라

익히 알고 있겠지만 전반적인 소통, 특히 즉석에서 말할 때는 긴장하게 마련이다. 컨디션을 회복하는 나만의 긴장 관리 계획을 세워야 한다.

2. 마음을 열어라

나와 상대에게 지나치게 가혹한 판단을 내리지 않는지 돌아보고 소통을 협력의 도구로 활용해야 한다.

3. 관점을 바꿔라

실패를 두려워하지 말고 실수란 성공을 향한 엔지컷이라 재정의해야 한다.

4. 경청하라

남이 하는 말(또는 무언의 표현)을 주의 깊게 듣는 한편, 자신의 내면의 목소리와 직관도 놓치지 말아야 한다.

5. 구조를 이용하라

이야기의 공식을 이용해서 내 의견을 한층 이해하기 쉽고, 날카롭고, 설득력 있게 구성해야 한다.

6. 초점을 잡아라

정확성, 적절성, 이해성, 간결성을 확보해서 청중이 내가 하는 말의 본질에 최대한 집중하도록 이끌어야 한다.

이 책에 소개한 여러 전략을 이용하면 여섯 단계에 따라 즉석에서 소통하는 데 어느 정도 도움이 될 것이다. 즉흥적으로 말을 잘하는 것은 타고난 재주라고들 한다. 물론 태생부터 재치와 말주변이 좋은 사람도 있지만, 성공적인 소통의 진정한 비결은 어디까지나 '연습과 준비'다. 시간을 투자하고, 해묵은 습관을 버리고 의식적으로 반복하면 누구나 즉석에서 설득력 있게 말할 수 있다. 역설적이지만 즉석에서 멋지게 말하려면 사전 준비가 필요하다. 내생각과 본모습을 자유롭게 내보일 기술을 열심히 연마해야 하는 것이다.

새로운 기술을 배울 때 항상 그렇듯 너무 부담을 갖지 않는 게 좋다. 커뮤니케이션을 단번에 마스터하겠다며 스트레스를 받을 필요는 없다. 소통 능력을 올리려고 애쓰는 것만으로도 큰 의미가 있다. 대부분의 사람은 즉석 대화에 신경 쓰지 않거나, 신경을 쓴다 해도 용기를 내어 행동을 개시하지 못한다. 이 책을 펼친 당신은 문제의식과 용기를 모두 갖추고 있다. 게다가 이 책을 읽고 직접 연습하는 사이, 긴장을 풀고 소통하는 실력이 붙었을 거라 믿는다.

앞으로도 지속적으로 테크닉을 연습해 보자. 공식과 테크닉을 시험해 볼 수 있는 환경에 뛰어들자. 가물에 콩 나듯 가끔 실천하는 것만으로는 부족하다. 테크닉을 머리에 새겨두고, 가능하면 자주 연습하자. 내가 진행하는 팟캐스트와 비슷한 주제를 다루는 방송을 듣고, 온라인 강의를 수강하고, 믿음직한 친구들에게 피드백을 구하면 어떨까. 조만간 SNL에 출연할 일이 없더라도, 즉석 코미디 수업을 들어보는 것도 좋다. 이 책은 시작점이며, 앞으로 이어질 성장과 발전이라는, 지속적 과정의 첫발을 떼도록 도와줄 것이다. 나아가는 동안, 또 기억을 되살려야 할 때 이 책을 자주 들쳐 보길 바란다. 실력이 붙으면서 성공적인 소통의 가치를 실감하면 계속 나아갈 힘을 얻을 것이다.

즉석에서 말하는 것이 익숙해지려면 인내, 노력, 용기가 필요하다. 하지만 내가 코치했던 이들이 보여주듯 제대로 된 소통 하나로 인생을 바꿔놓을 수 있다. 앞서 언급한 아나벨 윌리엄스가 좋은 예다. 그는 생방송 시청자 앞에서 즉흥적으로 말을 해야 한다는 압박감 아래 얼어붙거나 의기소침하지 않았다. 수년간 불안감을 관리하고, 긍정적인 방식으로 소통을 재해석하고, 초점에 맞게 말하는 연습을 해왔기에 예상 밖의 상황에 재빨리 적응할 자신감이 있었던 것이다. 윌리엄스는 차분함을 잃지 않고 비치발리볼과 100미터 허들 경기에 대해 우연히 알고 있었던 내용 몇 가지를 떠올렸다. 어려운 순간을 자신이 아는 내용을 시청자와 함께 나눌 기회로 받아들인 덕분에, 윌리엄스는 적절한 말을 할 수 있었다. 그런 다음 화면을 현장 인터뷰로 돌렸다. 모든 것이 매끄럽게 흘러갔다. 두려운 순간은 지나갔고 결과는 성공이었다. 커먼웰스 게임 방송이 끝나기까지 나흘간, 윌리엄스는 황금 시간대 중계의 공동 진행을 맡았다. 그의 말대로 '근사한 경험'이었다.[1] 성공을 딛고 다음에는 어디에 가닿을지 그 누가 알겠는가.

　마음속 한 귀퉁이에 큰 자리를 차지하고 있는 작은 이야기로 책을 맺어야겠다. 검은띠를 땄을 때, 스승님은 악수를 건네며 말했다. "축하하네. 잘했어. 자, 이제부터 시작이네." 그때까지 나는 검은띠를 따는 게 엄청난 성과이자 오랜 기간 쌓아온 훈련의 결과라고 생각했다. 그러나 검은띠는 첫걸음에 불과했다. 배울 것은 무한히 남아 있었다. 즉석에서 말하는 것도 마찬가지다. 축하한다. 당신은 이 책을 다 읽었다. 이제 현장에 집중하고, 본모습을 드러내고, 남들의 시선을 한 몸에 받을 때 제대로 소통하는 법에 대해 좀 더 잘 알게 되었다.

　자, 이제부터 시작이다.

상황별 즉석 대화 공식

상황	공식
잡담	주제: 주제나 논점을 소개한다. 설명: 내가 제시하는 정보의 중요성을 설명한다. 확장: 새로 얻은 지식으로 청중이 무엇을 할 수 있을지 보여준다. 청중이 새로운 지식으로 무엇을 할지 제시한다(이제)
축사, 건배사, 헌사, 소개말	모임의 이유: 왜 여기 모였는지 설명한다. 자기 소개: 내가 어떤 관계인지 밝힌다. 교훈/일화: 주인공, 단체, 행사와 관련된 일화나 내가 얻은 교훈을 소개한다. 감사/덕담: 주인공, 단체, 행사에 감사하고 덕담을 한다.
설득	문제: 내가 해결할 청중의 난관, 이슈, 문제점을 지적한다. 해결책: 구체적 조치, 과정/제품, 방법 등 문제에 대한 해결책을 제시한다. 혜택: 문제가 해결되면 앞으로 누릴 혜택을 설명한다. 보너스 공식: 신규 또는 성장 중인 벤처에 관련해 지원을 얻으려고 상대를 설득할 때는 아래 문구를 활용한다. - "만약 ~을 할 수 있다면…" - "그래서…" - "예를 들어…" - "그뿐 아니라…"

질의응답	문장-사례-혜택 문장: 한 문장으로 질문에 답한다. 사례: 답변을 뒷받침하는 사례를 든다. 혜택: 내 답이 상대에게도 의미가 있다는 것을 보여주는 혜택을 제시한다.
조언, 피드백	사실: 사실관계를 밝힌다. 영향: 잘못이 미치는 영향을 설명한다. 권유: 잘못을 수정하도록 권유한다. 결과: 향후 이어질 결과를 제시한다.
사과	잘못 시인: 잘못된 행동을 시인한다. 피해 인정: 상대에게 내 잘못이 어떤 영향을 주었는지 인정한다. 해결 방안: 보상할 방법을 자세하게 설명한다. 상황을 회복하기 위해 내가 취하거나 삼갈 행동, 내 생각이 어떻게 바뀌었는지 구체적으로 열거한다.

'빠르게 생각하고 똑똑하게 말하라'
전용 웹사이트

　자신감 넘치고 효과적인 즉석 토크를 하는 데 도움이 되도록 《빠르게 생각하고 똑똑하게 말하라》 전용 웹사이트를 개설했다. 새로운 아이디어, 조언, 도구, 조언을 지속적으로 업데이트할 예정이다. 이 책에 담긴 내용과 추가적인 테크닉과 영상 등을 접할 수 있으니 필요할 때마다 이 책을 뒤적이듯 웹사이트도 자주 들러 보길 바란다.

　스마트폰 카메라로 아래 QR 코드를 인식하면 더욱 손쉽게 접속할 수 있다.

주

프롤로그 **즉석에서 횡설수설하지 않고 똑똑하게 말하는 법**

1. Christopher Ingraham, "America's Top Fears: Public Speaking, Heights and Bugs," *Washington Post*, October 30, 2014, https://www.washingtonpost.com/news/wonk/wp/2014/10/30/clowns-are-twice-as-scary-to-democrats-as-they-are-to-republicans/

2. "Why Are Speakers 19% Less Confident in Impromtu Settings?," *Quantified*, September 13, 2016, https://www.quantified.ai/blog/why-are-speakers-19-less-confident-in-impromptu-settings/

3. Verge, "Michael Bay CES Meltdown," YouTube video, 1:19, January 6, 2014, https://www.youtube.com/watch?v=23ypkgYO4Rc;Rory. Carroll, "Michael Bay Walks Off CES Stage After AutocueFails at Samsung TV Talk," *Guardian*, January 6, 2014, https://www.theguardian.com/film/2014/jan/07/michael-bay-walks-out-ces-samsung-presentation

PART 1 **이론편 : 스탠퍼드식 커뮤니케이션 6가지 기술**
제1강 침착 : 불안한 짐승을 길들여라

1. 연구 결과에 따르면 긴장은 "인지적 과제 수행에 방해가 되며 자신의 능력에 비해 낮은 성과를 달성하도록 유도한다." 작업 기억과 과제를 수행하는 뇌 영역을 약화하기 때문이다. 다음 참조. Erin A. Maloney, Jason R. Sattizahn, and Sian L. Beilock, "Anxiety and Cognition," *WIREs Cognitive Science* 5, no. 4 (July/August 2014): 403 – 1, https://doi.org/10.1002/wcs.1299

2. Kenneth Savitsky and Thomas Gilovich, "The Illusion of Transparency and the Alleviation of Speech Anxiety," *Journal of Experimental Social Psychology* 39, no. 6 (November 2003): 619, https://doi.org/10.1016/S0022-1031(03)00056-8

3. Alyson Meister and Maude Lavanchy, "The Science of Choking Under Pressure," *Harvard Business Review*. April 7, 2022, https://hbr.org/2022/04/the-science-of-choking-under-pressure, 긴장했을 때 호흡 곤란의 메커니즘에 대한 내용은 다음을 참조할 것. Marcus S. Decaro et al., "Choking Under Pressure: Multiple Routes to Skill Failure," *Journal of Experimental Psychology* 140, no. 3, 390 – 06, https://doi.org/10.1037/a0023466

4. Ann Pietrangelo, "What the Yerkes-Dodson Law Says About Stress and Performance," *Healthline*, October 22, 2020, https://www.healthline.com/health/yerkes-dodson-law. See also Nick Morgan, "Are You Anxious? What Are the Uses of Anxiety, if Any?" *Public Words*, May 17, 2022, https://publicwords.com/2022/05/17 /are-you-anxious-what-are-

the-uses-of-anxiety-if-any/

5. Elizabeth D. Kirby et al., "Acute Stress Enhances Adult Rat Hippocampal Neurogenesis and Activation of Newborn Neurons via Secreted Astrocytic FGF2," *eLife* 2: e00362. For a summary of this research, see Robert Sanders, "Researchers Find Out Why Some Stress Is Good for You," *Berkeley News*, April 16, 2013, https://news.berkeley.edu/2013/04/16/researchers-find-out-why-some-stress-is-good-for-you/

6. 연구진은 공식 연설에 따르는 긴장도 비슷한 유형으로 구분했다. Graham D. Bodie, "A Racing Heart, Rattling Knees, and Ruminative Thoughts: Defining Explaining, and Treating Public Speaking Anxiety, *Communication Education* 59, no. 1 (2010): 70–05, https://doi.org/10.1080/03634520903443849

7. 다른 이들도 같은 방법을 추천했다. Alyson Meister and Maude Lavanchy, "The Science of Choking Under Pressure," *Harvard Business Review*, April 7, 2022, https://hbr.org/2022/04/the–science-of-choking-under-pressure

8. S. Christian Wheeler (StrataCom Professor of Management and Professor of Marketing at Stanford Graduate School of Business), 저자와의 인터뷰, June 7, 2022.

9. The Brady Bunch, season 5, episode 15, "The Driver's Seat," directed by Jack Arnold, aired January 11, 1974.

10. Alison Wood Brooks, "Get Excited: Reappraising Pre-Performance Anxiety as Excitement," *Journal of Experimental Psychology: General* 143, no. 1 (2013), DOI:10.1037/a0035325

11. Andrew Huberman, interview with Matt Abrahams, "Hacking Your Speaking Anxiety: How Lessons from Neuroscience Can Help You Communicate Confidently," *Think Fast, Talk Smart*, podcast, May 14, 2021, https://www.gsb.stanford.edu/insights /hacking-your-speaking-anxiety-how-lessons-neuroscience-can –help-you-communicate

12. Huberman, "Hacking Your Speaking Anxiety."

13. 자기암시는 리더로서 사람들을 환영하고 팀에 맞아들이는 데도 유용하다. 다음 참조. Deborah Gruenfeld, "Using a Mantra to Be a More Inclusive Leader," *Harvard Business Review*, February 24, 2022, https://hbr.org/2022/02/using-a-mantra-to-be-a-more-inclusive-leader

14. Thomas Gilovich et al., "The Spotlight Effect Revisited: Overestimating the Manifest Variability of Our Actions and Appearance," *Journal of Experimental Social Psychology* 38, no. 1 (January 2002): 93–9, https://www.sciencedirect.com/science/article/abs/pii / S0022103101914908

제2강 마음 열기 : 최대한 평범해져야 한다

1. Keith Johnstone, Impro: Improvisation and the Theatre (New York: Routledge, 1987).

2. Federica Scarpina and Sofia Tagini, "The Stroop Color and Word Test," *Frontiers in Psychology* 8, article 557 (April 2017), https://doi.org/10.3389/fpsyg.2017.00557

3. 인지 부하 이론에 관해서는 다음을 참고할 것 For more on Cognitive Load Theory, see Fred Paas and Jeroen J. G. van Merriëboer, "Cognitive-Load Theory: Methods to Manage Working Memory Load in the Learning of Complex Tasks," *Current Directions in Psychological Science* 29, no. 4 (July 8, 2020), https://doi.org/10.1177/0963721420922183; George Christodoulides, "Effects of Cognitive Load on Speech Production and Perception" (PhD diss., Catholic University of Louvain, 2016), https://www .afcp-parole.org/doc/theses/these_GC16.pdf; Paul A. Kirschner, "Cognitive Load Theory: Implications of Cognitive Load Theory on the Design of Learning," *Learning and Instruction* 12, no. 1 (February 2002): 1 – 0; and "What to Do When Cognitive Overload Threatens Your Productivity," *Atlassian.com*, downloaded October 24, 2022, https://www.atlassian.com/blog/productivity/cognitive-overload

4. 휴리스틱스에 관해서는 다음을 참고할 것. Steve Dale, "Heuristics and Biases: The Science of Decision-Making," *Business Information Review* 32, no. 2 (2015): 93 – 9, https://doi.org/10.1177/0266382115592536, and Fatima M. Albar and Antonie J. Jetter, "Heuristics in Decision Making," *Proceedings of Portland International Conference on Management of Engineering & Technology* (2009): 578 – 4, DOI:10.1109/ PICMET.2009.5262123. 인지 부하를 줄이는 휴리스틱의 역할에 대해서는 다음을 참고할 것. Justin Sentz and Jill Stefaniak, "Instructional Heuristics for the Use of Worked Examples to Manage Instructional Designers' Cognitive Load while Problem-Solving," *TechTrends* 63 (2019), https://doi.org/10.1007/s11528-018-0348-8

5. Susan Weinschenk, "The Power of the Word 'Because' to Get People to Do Stuff," *Psychology Today*, October 15, 2013, https://www.psychologytoday.com/us/blog/brain-wise/201310/the-power-the-word-because-get-people-do-stuff

6. 이 일화의 출처는 다음을 참고할 것. Tina Seelig, "Tina Seelig:Classroom Experiments in Entrepreneurship," *YouTube*, 6:11, May 31, 2011, https://www.youtube.com/watch?v=VVgIX0s1wY8

7. Maura Cass and Owen Sanderson, "To Transform Your Industry, Look at Someone Else's," *IDEO*, May 22, 2019, https://www.ideo.com/journal/to-transform-your-industry-look-at-someone-elses

8. "평범해질 용기를 내라"라는 구절을 처음 본 것은 티나 페이의 저서 《티나 페이의 보시팬츠》였다. 내가 공동 강의하는 '임기응변 말하기' 수업에서도 이 개념을 종종 활용한다. '사람들과 어울릴 때 항상 정신을 차리고 근사한 말을 해야 한다'는 압박에 시달리지 않아도 된다고 가르치기 위함이다. 아래 참조. Tina Fey, *Bossypants* (New York: Little, Brown and Company, 2011).

9. Matt Abrahams, "Speaking without a Net: How to Master Impromptu Communication," *Stanford Business*, January 17, 2020, https://www .gsb.stanford.edu/insights/speaking-without-net-how-master-im promptu-communication. 클라인은 여기서 또 다른 임기응변의 대가인 키스 존스톤Keith Johnstone을 언급했다.

10. Matt Abrahams, "Managing in the Moment: How to Get Comfortable with Being

Uncomfortable," *Stanford Business*, August 28, 2020, https://www.gsb.stanford.edu/ insights/managing-moment-how-get-comfortable-being-uncomfortable

11. 다음 참조. Matt Abrahams, "The Trick to Public Speaking Is to Stop Memorizing," *Quartz*, updated July 20, 2022, https://qz.com/work/1642074/the-trick-to-public-speaking-is-to-stop-memoriz ing/.

12. "Our Mission," *FLS Academy*, accessed November 28, 2022, https://fls.academy/our-mission

13. Anthony Veneziale, "'Stumbling Towards Intimacy': An Improvised TED Talk," *YouTube*, 11:02, https://www.ted.com/talks/anthony_veneziale_stumbling_towards_intimacy_an_improvised_ted_talk

14. 비벡 베뉴고팔, 2022년 5월 20일 저자와의 인터뷰 중.

15. 즉석 소통 전문가 애덤 토빈도 저자의 팟캐스트에 출연하여 비슷한 주장을 폈다. 다음 참조. Matt Abrahams, "Speaking without a Net: How to Master Impromptu Communication," *Stanford Business*, January 17, 2020, https://www.gsb.stanford.edu /insights/speaking-without-net-how-master-impromptu-communication

제3강 재정의 : 관점을 바꾸면 대화 주도권을 되찾을 수 있다

1. 댄이 경험한 저자에 관한 기록은 다음을 참고할 것. "Speaking without a Net: How to Master Impromptu Communication," *Stanford Business*, January 17, 2020, https://www.gsb. stanford.edu/insights/speaking-without-net-how-master-impromptu-communication

2. 댄 클라인 (임기응변 전문가 겸 스탠퍼드 경영대학원 강사), 2022년 6월 19일 저자와의 인터뷰 중.

3. 트레버 월리스, 2022년 6월 22일 저자와의 인터뷰 중.

4. Clay Drinko, "Is the 'Yes, And' Improv Rule a Rule for Life?," Play Your Way Sane (blog), September 2, 2020, https://www.playyourwaysane.com/blog/is-the-yes-and-improv-rule-a-rule-for-life

5. Craig O. Stewart et al., "Growth Mindset: Associations with Apprehension, Self-Perceived Competence, and Beliefs about Public Speaking," *Basic Communication Course Annual* 31, no. 6 (2019), https://ecommons.udayton.edu/bcca/vol31/iss1/6

6. Carol Dweck, Mindset: The New Psychology of Success (New York:Ballantine Books, 2016); "The Power of Believing That You Can Improve," *TEDxNorrkoping*, 10:11, https://www. ted.com/talks/carol_dweck_the_power_of_believing_that _you_can_im prove. 이 부분에서 다음과 같이 드웩의 작업 요약을 다룬다. "Carol Dweck: A Summary of Growth and Fixed Mindsets," fs (blog), https://fs.blog/carol-dweck-mindset/

7. Jennifer Aaker, "Step by Step: Think of Goals as Part of the Journey, Not the Destination," *Character Lab*, May 22, 2022, https://characterlab.org/tips-of-the-week/ step-by-step/

8. Szu-chi Huang and Jennifer Aaker, "It's the Journey, Not the Destination:How Metaphor Drives Growth After Goal Attainment," *American Psychological Association* 117, no. 4 (2019): 697 – 20,https://doi.org/10.1037/pspa0000164

9. 퍼트리셔 라이언 매드슨(임기응변 전문가 및 스탠퍼드대학교 명예교수), 2022년 5월 27일 저자와의 인터뷰 중.

10. 퍼트리셔 라이언 매드슨, 2022년 6월 19일 저자와 나눈 이메일 중.

11. 캐시 보나노, 2022년 6월 17일 저자와의 인터뷰 중.

12. Kelly Leonard, Yes, And: How Improvisation Reverses "o, But" *Thinking and Improves Creativity and Collaboration* (New York: Harper Business, 2015).

13. 퍼트리셔 라이언 매드슨, 2022년 6월 12일 저자와의 인터뷰 중. 이 내용은 매드슨의 저서 《일상을 기적처럼》에도 소개되어 있다.

14. Michael Kruse, "The Next Play: Over 42 Years, Mike Krzyzewski Sustained Excellence by Looking Ahead," *Duke Magazine*, March 16, 2022, https://alumni.duke.edu/magazine/articles/next-play.

15. Kruse, "The Next Play."

16. 사례는 아래 참조. Maitti Showhopper, "New Choice," *Improwiki*, updated September 23, 2015, https://improwiki.com/en/wiki /improv/new_choice.

17. 타이 킴(캘리포니아 의료재단 최고재무책임자), 2022년 5월 27일, 저자와의 인터뷰.

18. Jade Panugan, "'The Story of the Chinese Farmer' by Alan Watts," *Craftdeology*, https://www.craftdeology.com/the-story-of-the-chi nese-farmer-by-alan-watts/

제4강 경청 : 아무 말도 하지 않는 것이 최고의 소통이다

1. Fred Dust, Making Conversation: Seven Essential Elements of Meaningful Communication (New York: Harper Business, 2020).

2. 프레드 더스트(아이디오사의 전 글로벌 상무이사), 2022년 6월 17일, 저자와의 인터뷰.

3. 애리 플라이셔(조지 W. 부시 행정부 백악관 공보비서관), 2022년 6월 7일 저자와의 인터뷰.

4. Matt Abrahams, "Speaking without a Net: How to Master Impromptu Communication," *Stanford Business*, January 17, 2020, https://www.gsb.stanford.edu/insights/speaking-without-net -how-master-impromptu-communication

5. Guy Itzchakov and Avraham N. (Avi) Kluger, "The Power of Listening in Helping People Change," *Harvard Business Review*, May 17, 2018, https://hbr.org/2018/05/the-power-of-listening –in-helping-people-change

6. 일본에서 명함을 주고받는 예절에 관한 내용은 아래 참조. "Business Card Etiquette in Japan—how to Exchange Business Cards," *Japan Living Guide*, June 21, 2021, https://www.japanlivingguide.net/business/business-in-japan/japan-business-card-etiquette/

7. Collins Dobbs and Matt Abrahams, "Space, Pace, and Grace:How to Handle Challenging Conversations," *Stanford Business*, October 15, 2021, https://www.gsb.stanford.edu/insights/space -pace-grace-how-handle-challenging-conversations

8. Debra Schifrin and Matt Abrahams, "Question Everything: Why Curiosity Is Communication's Secret Weapon," *Stanford Business*, March 12, 2021, https://www.gsb.stanford.edu/insights/question-everything-why-curiosity-communications-secret-weapon

9. Guy Itzchakov and Avraham N. (Avi) Kluger, "The Power of Listening in Helping People Change," *Harvard Business Review*, May 17, 2018, https://hbr.org/2018/05/the-power-of-listening -in -helping-people-change.

10. Tania Israel, "How to Listen—Really Listen—to Someone You Don't Agree With," *Ideas. Ted*, October 12, 2020, https://ideas.ted.com/how-to-listen-really-listen-to-someone-you-dont-agree-with/

11. 구이 이츠하코브(이스라엘 하이파대학교 경영학 강사), 2022년 6월 24일 저자와의 인터뷰.

12. 밥 백슬리(전 애플, 핀터레스트, 야후사 디자인 부장), 2022년 6월 23일, 저자와의 인터뷰.

13. Matt Abrahams, "Speaking without a Net: How to Master Impromptu Communication," *Stanford Business*, January 17, 2020, https://www.gsb.stanford.edu/insights/speaking-without-net-how-master-impromptu-communication

14. Matt Abrahams, "Building Successful Relationships: How to Effectively Communicate in Your Professional and Personal Life," *Stanford Business*, February 18, 2021, https://www.gsb.stanford.edu/insights/building-successful-relationships-how-effectively-communicate-your-professional-personal

15. Kim Zetter, "Robin Williams Saves the Day at TED When Tech Fails," *Wired*, February 28, 2008, https://www.wired.com/2008/02/robin-williams/. 로빈 윌리엄스의 영상은 다음 참조. Garr Reynolds, "Robin Williams on the TED Stage," *Presentation Zen*, August 2014, https://www.presentationzen.com/presenta tionzen/2014/08/robin-williams-on-the-ted-stage.html

제5강 구조화 : 대화에도 공식이 필요하다

1. 메건 탈라로프스키(놀이터 디자이너 겸 루도 스튜디오 창립자), 2022년 7월 29일, 저자와의 인터뷰.

2. 수 스탠리(토스트마스터스 인터내셔널의 수석 수업 설계전문가), 2022년 6월 29일 저자와의 인터뷰.

3. "Music 101: What Is Song Structure?" *Masterclass*, August 9, 2021, https://www.masterclass.com/articles/music-101-what-is-song-structure

4. 이 구조에 관해서는 다음을 참조할 것. Avani Pandya, "Understanding the ABDCE Plot Structure (with Some Context on Mentoring a Course)," *LinkedIn*, October 21, 2021, https://

www.linkedin.com/pulse/understanding-abdce-plot-structure-some-context-mentoring-pandya/

5.   데이비드 라바리(스탠퍼드대학교 교육학과 교수), 2022년 8월 2일, 저자와의 인터뷰.

6.   Dalmeet Singh Chawla, "To Remember, the Brain Must Actively Forget," *Quanta*, July 24, 2018, https://www.quantamagazine.org/to-remember-the-brain-must-actively-forget-20180724/

7.   Rachel Barclay, "Your Memory Is Unreliable, and Science Could Make It More So," *Healthline*, September 13, 2013, https://www.healthline.com/health-news/mental-memory-is-unreliable-and-it-could-be-worse-091313

8.   "Brains Love Stories: How Leveraging Neuroscience Can Capture People's Emotions," *Stanford Business*, September 2, 2021, https://www.gsb.stanford.edu/insights/brains-love-stories-how-leveraging-neuroscience-can-capture-peoples-emotions

9.   "Jennifer Aaker—ersuasion and the Power of Story," *Future of Storytelling* video, 5:08, https://futureofstorytelling.org/video/jennifer-aaker-the-power-of-story

10. 프랭크 롱고(스탠퍼드대학교 신경외과 교수), 2022년 7월 21일, 저자와의 인터뷰.

11. Jennifer Aaker, "Faculty Profile," *Stanford Business*, accessed October 4, 2022, https://www.gsb.stanford.edu/faculty-research/faculty/jennifer-aaker; "Jennifer Aaker—Persuasion and the Power of Story."

12. "Jennifer Aaker—Persuasion and the Power of Story."

13. 레이먼드 나스르(전 구글 커뮤니케이션 부장), 2022년 6월 8일, 저자와의 인터뷰.

14. Myka Carroll, New York City for Dummies (Hoboken, NJ: Wiley,2010).

15. Myka Carroll, New York City for Dummies (Hoboken, NJ: Wiley,2010).

16. 요제프 파비치 (스탠퍼드 학교 신경학과 교수), 2022년 8월 5일, 저자와의 인터뷰.

17. 제임스 위팅턴(즉석 연기 및 연극 강사), 2022년 7월 12일, 저자와의 인터뷰.

18. 이 부분에서는 다음 자료를 참조했다. Matt Button, "Impromptu Speaking Techniques," *Mattbutton.com*, February 23, 2019, https://www.mattbutton.com/2019/02/23/impromptu-speaking-techniques/;Leah, "4 Ways Structure Can Improve Your Communication," *Userlike*, September 4, 2019, https://www.userlike.com/en/blog/talk-with-structure; and "How to Use the STAR Interview Technique in Interviews," September 23, 2022, https://uk.indeed.com/career-advice/interviewing/star-technique

19. 관련 자료는 다음 출처를 참고하자. "Table Topics," *Virtual Speech*, accessed October 4, 2022, https://virtualspeech.com /tools/table-topics and "Interview Warmup," Google (certificate), accessed October 4, 2022, https://grow.google/certificates/interview-warmup/

20. 캐런 딘(대선 토 론준비 전문가), 2022년 6월 6일, 저자와의 인터뷰.

21. 레이먼드 나스르(전 구글 커뮤니케이션 부장), 2022년 6월 8일, 저자와의 인터뷰.

22. Andrew Bright, "The Story Spine," *Panic Squad Improv Comedy*, accessed October 4, 2022, https://careynieuwhof.com/wp-content/uploads/2016/08/Improv-Story-Spine.pdf

제6강 초첨 : 청중의 시선을 잡아라

1. Joshua VanDeBrake, "Steve Jobs' Blueprint for Revolutionary Marketing," *Better Marketing*, August 24, 2019, https://bettermarketing.pub/steve-jobs-blueprint-for-revolutionary-mar keting-b88ec38f335; Vejay Anand, "Iconic Ads: iPod—housand Songs in Your Pocket," *Only Kutts*, July 30, 2021, https://only kutts.com/index.php/2021/07/30/ipod-a-thousand-songs-in-your - pocket/

2. 바바 시브, 저자와의 인터뷰, "Feelings First: How Emotion Shapes Our Communication, Decisions, and Experiences," *Think Fast, Talk Smart*, podcast, November 20, 2020, https://www.gsb.stanford.edu/insights/feelings-first-how -emo tion-shapes-communication-decisions-experiences

3. Scott Magids, Alan Zorfas, and Daniel Leemon, "The New Science of Customer Emotions," *Harvard Business Review* (November 2015), https://hbr.org/2015/11/the-new-science-of-customer-emotions. 연구에 따르면 정치 광고는 '감정에 호소해 유권자를 설득하고 동기를 유발한다.' 다음 참조. Youn-Kyung Kim and Pauline Sullivan, "Emotional Branding Speaks to Consumers' Heart: The Case of Fashion Brands," *Fashion and Textiles* 6, no. 2 (February 2019), https://doi.org/10.1186/s40691-018-0164-y

4. Jim Koch, Quench Your Own Thirst: Business Lessons Learned over a Beer or Two (New York: Flatiron Books, 2016), 72 – 4.

5. 이 용어는 칩 히스, 댄 히스의 저서 《스틱!》 2장에서 처음 접하게 되었다.

6. Carmine Gallo, "Neuroscience Proves You Should Follow TED's 18-Minute Rule to Win Your Pitch," *Inc.*, accessed October 6, 2022, https://www.inc.com/carmine-gallo/why-your-next-pitch-should-follow-teds-18-minute-rule.html

7. "Glossary of Demographic Terms," *PRB*, accessed October 6, 2022, https://www.prb.org/resources/glossary/

8. 저스틴 케스틀러(학습 가이드 '클리프 노츠' 운영), 2022년 8월 4일 저자와의 인터뷰.

9. 앤서니 돌비(레고 그룹 디자이너), 2022년 8월 10일 저자와의 인터뷰.

10. 추가 전략은 다음 참조. Matt Abrahams, "Hit the Mark: Make Complex Ideas Understandable," *Stanford Business*, March 29, 2018, https://www.gsb.stanford.edu/insights/hit-mark-make -complex-ideas-understandable

11. 이 점은 재커리 토말라에게서 영감을 얻었다. 추가 정보는 다음 참조. Richard E. Petty et al., "Motivation to Think and Order Effects in Persuasion: The Moderating Role of Chunking," *Personality and Social Psychology Bulletin* 27, no. 3 (March 2001): 332 – 4, DOI:10.1177/0146167201273007.

12. 요제프 파비치 (스탠퍼드대학교 신경학과 교수), 2022년 8월 5일, 저자와의 인터뷰.

13. "About," *Six Word Stories*, December 28, 2008, http://www.six wordstories.net/about/.

14. "Largest Companies by Market Cap," Companies Market Cap, accessed October 6, 2022, https://companiesmarketcap.com/

15. 레이먼드 나스르(전 구글 커뮤니케이션 부장), 2022년 6월 8일, 저자와의 인터뷰.

16. "Maximize Access to Information," *Google*, accessed October 4, 2022, https://www.google.com/search/howsearchworks/our-approach/

PART 2 실전편 : 상황별 즉석 대화법
훈련 1 잡담 : 인맥의 기초를 쌓다

1. 나를 드러내지 않으면 상대도 속내를 보여주지 않는다. Elizabeth Bernstein, "Have Better Conversations with Friends—r Anyone," *Wall Street Journal*, July 26, 2022, https://www.wsj.com/articles/have-better-conversations-with-friendsor-anyone-11658845993

2. 학자들은 교대 활동의 측면에서 대화에 접근하기도 했다. Michael Yeomans et al., "The Conversational Circumplex: Identifying, Prioritizing, and Pursuing Informational and Relational Motives in Conversation," *Current Opinion in Psychology* 44 (2022): 293 – 02, https://doi.org/10.1016/j.copsyc.2021.10.001

3. Celeste Headlee, "Why We Should All Stop Saying 'I Know Exactly How You Feel,'" *Ideas.Ted*, September 21, 2017, https://ideas.ted.com/why-we-should-all-stop-saying-i-know-exactly-how-you-feel/

4. 2022년 8월 12일 및 12월 2일, 그린월드와의 이메일 중.

5. Ibid.

6. Michael Yeoman et al., "Conversational Receptiveness: Improving Engagement with Opposing Views," *Organizational Behavior and Human Decision Processes* 160 (September 2020): 131 – 8, https://doi.org/10.1016/j.obhdp.2020.03.011

훈련 3 설득 : 완벽을 뛰어넘는 설득이란 무엇인가

1. 사례는 다음 참조. Robert B. Cialdini, *Influence* (New York: Collins, 2007); Chip Heath and Dan Health, *Switch: How to Change Things When Change Is Hard* (New York: Broadway Books, 2010); and Zoe Chance, *Influence Is Your Superpower: The Science of Winning Hearts, Sparking Change, and Making Good Things Happen* (New York: Random House, 2022).

2. Andy Raskin, "Want a Better Pitch?" *Medium*, July 13, 2015, https://medium.com/firm-narrative/want-a-better-pitch-watch-this-328b95c2fd0b.

3. 다음 참조. J. L. Freedman and S. C. Fraser, "Compliance without Pressure: The oot-in-the-Door Technique," *Journal of Personality and Social Psychology* 4, no. 2 (1966): 195 – 202.

4. 이 부분과 이어지는 비결에 관한 내용은 저자의 저서를 참조할 것. *Speaking Up without Freak-*

ing Out: 50 Techniques for Confident and Compelling Presenting (Dubuque, IA: Kendall Hunt, 2016).

5. 장애물을 해결하는 다른 방법에 관해서는 아래를 참조할 것. Andy Raskin, "The Greatest Sales Deck I've Ever Seen," *Medium*, September 15, 2016, https://medium.com/the-mission/the-greatest-sales-deck-ive-ever-seen-4f4ef3391ba0

훈련 4 질의응답 : 유종의 미를 거두자

1. 저자의 저서에 딸린 부록도 참고할 만하다. 〈Speaking Up without Freaking Out: 50 Techniques for Confident and Compelling Presenting〉(Dubuque, IA: Kendall Hunt, 2016). 이 내용은 저자의 전작과 직접 제작한 비디오 훈련 및 수업자료에도 활용된 바 있다.

훈련 5 조언 : 적을 만들지 않는 쓴소리

1. 루빈 니에베스(스탠퍼드대학교와 캘리포니아 주립대학교 배구팀 코치), 2022년 5월 31일, 저자와의 인터뷰 중.

2. Therese Huston, "Giving Critical Feedback Is Even Harder Remotely," *Harvard Business Review*, January 26, 2021, https://hbr.org/2021/01/giving-critical-feedback-is-even-harder-remotely

훈련 6 사과 : 전화위복의 기회로 만들다

1. John Baldoni, "What John Wayne Got Wrong About Apologizing," *Forbes*, April 3, 2019, https://www.forbes.com/sites/johnbaldoni/2019/04/03/what-john-wayne-got-wrong-about-apologizing/

2. 이 부분을 집필하면서 아래 자료에 큰 도움을 받았다. Lolly Daskol, "The Right and Wrong Way to Apologize and Why It Matters," *Inc.*, November 27, 2017, https://www.inc.com/lolly-daskal/the-right-wrong-way-to-apologize-why-it-matters.html

에필로그 성공적인 소통의 비결은 연습과 준비다

1. Annabelle Williams, "Reflecting on the past couple of weeks," *LinkedIn*, accessed October 6, 2022, https://www.linkedin.com /posts/annabellewilliams_community-mentorship-sponsorship -activity-6964726246865846272-acYp/

**빠르게 생각하고
똑똑하게 말하라**

초판 1쇄 발행 2024년 9월 10일
초판 8쇄 발행 2025년 1월 10일

지은이 맷 에이브러햄스
옮긴이 진정성
펴낸이 권미경
기획편집 김효단
마케팅 심지훈, 강소연, 김재이
디자인 this-cover
펴낸곳 (주)웨일북
출판등록 2015년 10월 12일 제2015-000316호
주소 서울시 마포구 토정로 47 서일빌딩 701호
전화 02-322-7187 **팩스** 02-337-8187
메일 sea@whalebook.co.kr **인스타그램** instagram.com/whalebooks

ISBN 979-11-92097-90-9 (03190)

소중한 원고를 보내주세요.
좋은 저자에게서 좋은 책이 나온다는 믿음으로, 항상 진심을 다해 구하겠습니다.